教育部人文社会科学研究青年基金项目(15YJC630153)
国家社会科学基金一般项目(19BGL125)
陕西师范大学一流学科建设经费资助出版

新生代员工的工作承诺

阎亮　著

图书在版编目(CIP)数据

新生代员工的工作承诺 / 阎亮著. —天津 ：天津大学出版社，2021.4
ISBN 978-7-5618-6898-0

Ⅰ.①新… Ⅱ.①阎… Ⅲ.①企业管理－人事管理－激励－研究－中国 Ⅳ.①F279.23

中国版本图书馆CIP数据核字(2021)第066016号

出版发行	天津大学出版社
地　　址	天津市卫津路92号天津大学内(邮编:300072)
电　　话	发行部:022-27403647
网　　址	www.tjupress.com.cn
印　　刷	北京盛通商印快线网络科技有限公司
经　　销	全国各地新华书店
开　　本	185mm×260mm
印　　张	10
字　　数	216千
版　　次	2021年4月第1版
印　　次	2021年4月第1次
定　　价	32.00元

前　言

承诺理论不仅是组织行为学研究的重点和持续的热点之一,而且呈现出多领域、多对象的特征,在此基础上工作多维度承诺得以发展并受到关注。在关于工作多维度承诺的研究取得了较为丰富的理论成果的同时,也存在着对其构成及其之间相互关系的不同观点,而且几乎没有研究在中国情境下探讨过工作多维度承诺的相关理论问题。究竟工作承诺应该有怎样的结构?各维度之间的影响关系如何?对产出变量存在怎样的影响机制?是否存在对它们之间关系影响的情境因素?这些问题都值得深入探讨。

本研究基于社会交换理论,运用以往研究的结论并结合中国的文化环境与现阶段新生代员工特点,构建了本研究的工作多维度承诺模型。以此为基础建立了工作多维度承诺的理论模型和关系模型。采用因子相关分析、结构方程模型和分层回归模型的研究方法,在432对有效样本基础上进行数据分析,检验了工作承诺各维度之间、承诺与产出变量之间和调节变量的调节效应的理论假设。本研究实现了研究的目的,主要理论创新表现在以下四个方面。

(1)重构并验证了工作多维度承诺结构。本研究在充分回顾工作多维度承诺研究基础上,保留了在研究中得到广泛共识的四个承诺维度,并结合现阶段劳动力资源最显著的追求自我目标的实现和个性的保留与延续的特点基础上加入个人目标承诺维度;同时结合中国的文化环境加入了主管承诺维度,由此构成了本研究的工作多维度承诺模型。通过备择模型的比较验证了本研究的工作多维度承诺理论模型。该模型突破了以往研究中仅关注个人对交换对象承诺的局限性,不仅从理论上而且从情境上丰富了工作多维度承诺研究。

(2)构建并验证了工作承诺各维度之间的关系模型,其以目标承诺和工作伦理为驱动、以工作卷入为中介,将对不同对象的承诺形成一个有机的整体。本研究依据社会交换理论,在社会交换过程中对各维度之间的关系进行解读,提出员工在工作环境的社会交换中,是以自身需求和伦理为推动力的理论观点。研究发现,目标承诺对于工作卷入、组织承诺和职业承诺均具有积极的影响,也验证了工作伦理、工作卷入对主管承诺有积极的影响,同时工作卷入的中介作用也得到了证实。这些关系的验证具有一定的开创意义,从而更为清晰地揭示了社会交换过程当中工作承诺各维度之间的相互影响及其复杂的影响机制。

（3）构建并验证了工作多维度承诺与产出变量的关系模型。根据以往承诺研究中承诺与产出变量关系的近因性假设和对象一致性假设，构建了工作多维度承诺与产出变量的复杂影响机制模型，检验了承诺与多个结果变量之间一系列的关系假设。研究所证实的组织承诺不仅对产出变量具有直接影响而且是主管承诺与产出变量之间的重要中介，这一发现弥补了以往研究的不足。对于理论假设的检验，进一步发展了承诺与组织行为学研究中重要产出的关系。同时，该模型为组织人力资源管理实践提供理论依据，也为更好地理解人与工作环境的关系提供了借鉴。

（4）探索性地分析并验证了个人对工作环境的感知和主管的相关因素对承诺之间、承诺与产出之间关系的影响。本研究探索性地引入人与组织的匹配、感知到的组织对员工发展的投入、感知到的组织支持、感知到的主管支持以及主管的组织承诺对承诺之间、承诺与产出之间的关系进行更为详细的解读，弥补了以往工作多维度承诺研究仅聚焦于承诺之间及其对产出变量影响的不足，更为细致地反映了员工与组织之间通过多维度承诺的相互作用。研究的结论丰富了工作多维度承诺理论体系，拓展了工作多维度承诺构成的理论观点，揭示了工作多维度承诺各维度之间、承诺维度与产出变量之间的影响关系，为管理实践提供了有效的理论依据和方法指导。

目　　录

1 绪　论

员工在工作环境中的多维度承诺(Work Multiple Commitment)得到广泛的研究,是因为它有助于组织的人力资源管理政策制定和实践实施,同时有助于更好地理解人们在工作环境中在不同的对象间选择所认同的对象、寻找生活的价值和目标的过程,从而更好地认识社会。本研究的主要工作是从基于中国情境,探索工作多维度承诺的结构,研究各维度之间、承诺与产出之间的关系,以及承诺间和与产出间关系的情境因素。本章主要介绍了工作多维度承诺的背景和现状,针对性提出了研究问题、研究内容等重要内容。

1.1 研究背景

1.1.1 现实背景

1. 知识经济的时代背景下员工承诺问题日益受到重视

21 世纪知识经济时代的来临,推动着全球第四次工业革命的进程。技术革命和经济全球化改变着组织运行的环境,尤其是全球经济波动给组织带来了空前的竞争压力。在这样的时代环境之中,社会的推动力量在于知识的创造,而知识的创造者与知识的载体——人将取代组织所拥有的其他资源(如土地、原材料、房屋、机器等)成为最重要的战略性资源。也就是说,在这样的竞争环境中,人力资源逐渐变为组织的核心资源并成为组织核心竞争力的来源。

中国的改革开放已经取得了举世瞩目的成就,而在快速发展的过程中,中国进入新世纪后面临经济转型的重大问题。中国粗犷的经济发展模式需要由可持续的发展模式所取代,需要不断推进财税体制、金融体制、对外经济、收入分配、法律环境等制度环境的建设,从而为经济的成功转型注入动力。同时,经济转型所提出的建设创新型国家即以技术创新为经济社会发展核心驱动力的战略规划,也为组织的发展提供了机会和平台。而在这样的转型经济与制度环境不确定的情况下,组织要想生存并发展,必须依靠组织中的员工即人的因素。

在这样的背景下,人才对于竞争的重要意义也得到广泛的认同。创建了微软帝国的比尔·盖茨曾经说:“让我带走 100 个人才,我便能重新缔造一个微软。”这为人才的重要性做出了注解。全球范围内的人才争夺愈演愈烈。然而,寻找到组织期望的人才仅仅是一个良好的开端。更重要的是人才能够与组织相适应,愿意为组织奉献自己的才能与知识,发挥出潜能和提高生产率。管理学大师 Drucker 就已经表明了知识型员工在竞争中的作用,认为其在工作环境中的生产率甚至是组织成败的决定性因素。员工对组织的承诺和对其工作环境中多个交换对象的承诺是人力资源充分发挥其效力,提高“资源利用率”的基础条件,对于人力资源管理政策的制定和实践措施的实行具有重要意义。

2. 时代背景下新生代员工在工作环境中承诺的挑战

中国改革开放的不断深化、经济逐步发展使人们在接收信息方面比以往更快速和便捷。新生代员工作为在改革开放大潮中成长起来的一代人，是社会变革中最强有力的代表。

新生代员工与以往人力资源相比具体以下特点。

（1）更具创新精神。快速变革和快速信息交换的社会时代主体之中成长起来的新生代员工具备更加灵活的思维，用于打破固定的思维模式和已有经验。

（2）强烈的高层次需求动机。他们在成就需要和权力需要方面较之以往有很大不同，进入组织、进入工作环境更是为了自我提升，满足高层次的需求。进入组织不仅仅是为了满足个人基本层次的需求，更是为了自身能力的提升，进而满足自身高层次的需求。

（3）更富流动性。知识经济时代来临，市场经济不断完善，员工拥有更强的职业选择主动权，更多地思考个人发展的空间和平台，追求的是个人的成长和职业目标，即个人需求的满足、个人目标的实现程度。这样的情况下，若需求不能得到满足，则员工很可能离职。

以往的研究大多从组织承诺的角度去思考如何通过降低员工的离职意愿的方式来降低其离职率。但 21 世纪的劳动大军受教育水平更高、更为老练、灵活性更强，组织承诺已经不能成为左右员工去留意愿的唯一重要因素。因此，组织需要在现今中国情境下全方位考虑工作环境中各种承诺形式同时对员工态度和行为的影响，关注在中国新的时代环境下，在工作环境中能够影响员工态度和行为的重要承诺形式有哪些，它们之间的关系如何，驱动力究竟是什么，它们对员工的态度和行为产生影响的机制为何。

3. 需求变化与传统员工—组织关系的现状与矛盾

组织在管理活动中，更多关心员工是否有好的绩效水平，能否有组织满意的产出，而忽视了员工能够提供良好产出的原因并以此作为人力资源管理实践的切入点。员工在工作中对不同对象的承诺展现了个人对不同对象的“需求”和“依附”程度。员工和每个对象进行的交换和依附都是为了满足个人需求、提升满足感。因此，当不同对象之间的需求关系即依附关系能够相互影响、产生冲突的时候，个人为了减轻这种冲突带来的压力、焦虑和不稳定感，就会选择自我调整的方式进行冲突调节，其中离开某个交换对象就是一个常用的方式。因此，组织需要关注员工在工作环境中的工作状态，不仅仅是其对组织的态度，其对职业的态度，对工作的态度，对工作本身的看法，对自身需求和目标的追求程度，都很有可能影响员工在组织工作环境中的状态，影响他们对组织的看法和决定。

1.1.2 理论背景

针对上述现实问题，本研究对工作多维度承诺的现状进行分析。自 20 世纪 80 年代以来，工作多维度承诺在承诺领域各种承诺蓬勃发展的基础上得到关注，并成为承诺研究领域的一个持续的研究焦点，获得了可观的研究成果。当然研究当中也遇到一些问题。多重承诺所组成的结构，其概念繁杂程度、概念之间的重叠程度和多种多样的理论使得研究者较为困惑，对于一些理论问题并未达成一致意见。

1. 工作多维度承诺的兴起与发展

纵观工作多维度承诺理论的发展历程，大致可以分为以下四个阶段。

（1）工作多维度承诺概念的提出阶段，以 Morrow 和 Reichers 为代表。

（2）工作多维度承诺模型的发展阶段，以 Randall 和 Cote、Becker、Morrow 为代表。

（3）工作多维度承诺模型的验证发展阶段，以 Cohen（1993，1999a，2000）为代表。

（4）新发展阶段，通过引入新分析方法推进整个研究，以 Morin 等为代表。

工作多维度承诺研究第一阶段的代表学者是 Morrow 和 Reichers。其中前者是工作多维度承诺研究的奠基人。Morrow 在借鉴工作描述指数（Job Descriptive Index）的基础上，建立关于员工工作承诺的指标模型，提出了一个工作承诺模型的一般形式。而 Reichers 在同样理论基础上提出了一个详尽的概念模型。两位研究学者的观点都强调了个人会在工作环境中对多个聚焦（Foci）即对象产生承诺，但两者在看待组织承诺的观点上不同，对后期工作多维度承诺研究的发展起到了不同的推动作用。

第二阶段以 Randall 和 Cote、Becker 和 Morrow 的研究为标志。Randall 和 Cote 提出以组织承诺、职业生涯特点（Career Salience）、工作群体承诺、工作卷入和工作伦理为组成部分的工作多维度承诺模型。与之相似，Morrow 模型包含工作卷入即工作承诺，对组织的情感承诺、持续承诺，对职业的承诺与对工作的道德投入（Work Ethic Endorsement）。两个研究有着相似的工作多维度承诺结构，也都仅从承诺聚焦角度对多维度承诺进行研究，且都认为组织是虚拟的对象，员工能够对组织产生承诺。而 Becker 的研究则从多基础（Base）和多聚焦两个角度，认为组织应被视为一个不同组成部分的组合。以上的研究均从不同角度对承诺之间的关系进行了探讨，构建了工作多维度承诺的关系模型。由此引出工作多维度承诺研究围绕这些模型进行不断发展与探讨。

前两个阶段的研究是对工作多维度承诺的概念和理论结构发展阶段的研究，而以 Cohen（1993，1999a，2000）为代表的研究，不断对第二阶段提出的各种模型进行验证和发展。其中以 Cohen、Freund 为代表的研究者在多个研究中不断尝试验证并改进 Morrow、Randall 与 Cote 工作多维度承诺关系模型。另一方面，以 Hunt 和 Morgan 为代表的研究者则在 Becker 研究模型上进行验证与探索，引出了工作多维度承诺借鉴 O'Reilly 和 Chatman 与 Meyer 和 Allen 划分承诺基础的方式，进一步拓展模型。但既考虑承诺聚焦又考虑承诺基础的工作多维度承诺模型往往过于复杂，而且承诺结构之间的冗余性往往比较严重，因此众多学者都建议单纯以划分聚焦的方式来研究工作多维度。

Morin 等以新的方法和新的视角对工作多维度承诺研究，开启了工作多维度承诺研究的新阶段，即第四阶段。Morin 等采用了潜在剖面分析（Latent Profile Analysis，简称 LPA）的方法，一改以往研究以变量为中心的研究方式，采用以人为中心的研究方式，按照样本的各承诺维度特征将样本归类，研究不同类型样本（即承诺剖面）中，不同前因和结果之间的差异。Morin 等的研究为工作多维度承诺提供了新的发展方向，但由于其是近来所做出的研究，尚未有研究沿着其步伐进行拓展，因此其研究尚处于探索阶段，尚未有对其研究的评价。

工作多维度承诺理论蕴含着以下两个基本理论假设。

(1)人在工作环境中能够对不同的聚焦产生承诺。

(2)其不同承诺之间彼此相互联系、相互影响。承诺研究领域针对不同聚焦承诺的各种研究蓬勃发展也为两个基本假设做了良好的铺垫。Wiener 和 Vardi 表示,员工在工作环境中与组织进行社会交换的过程会同时发展出针对不同对象的承诺形式。这两个基本假设体现在 Morrow 的研究之中,工作多维度承诺研究也建立在其之上。自此, Reichers、Blau、Randall 和 Cote、Meyer 和 Allen 等一系列研究不断涌现,为工作多维度承诺研究奠定基础并推动其发展。在此基础上,研究者使用工作多维度承诺理论对员工的态度和行为结果进行预测,如工作满意度、离职意愿、组织公民行为等等。众多研究的出现,构成了工作多维度承诺研究的繁茂理论体系。

综合看来,在过去的三十年中,工作多维度承诺研究自创立起,不断发展,众多学术研究成果和理论层出不穷,成为组织行为学中,尤其是在承诺研究领域持续的焦点。当前研究已经从不同方面、不同视角、不同研究方法讨论了工作多维度承诺,也不断探讨它们之间的关系和其与结果变量之间的关系,取得了较为丰硕的成果,但仍有许多值得深入探讨的有意义并富有挑战性的命题。

2. 工作多维度承诺的主要内容和成果

以往工作多维度承诺研究的重点主要集中在三个方面:其一,探讨工作多维度承诺的构成,即维度问题;其二,研究各承诺维度相互之间的影响关系;其三,研究工作多维度承诺与产出变量的关系。而对于工作多维度承诺的前因,虽有研究涉及,但它并不是工作多维度承诺研究的重点。

(1)工作多维度承诺的构成。关于工作多维度承诺研究,其最为本质的内容在于对构成工作多维度承诺的普遍(Universal)承诺形式。不同研究的观点并不一致,可以分为两类:其一,仅从承诺聚焦研究工作多维度承诺的构成,如 Randall 和 Cote 和 Morrow 的研究;其二,从承诺聚焦和基础两个方面研究工作多维度承诺的构成,如 Cohen 工作多维度承诺矩阵模型,Clugston、Howell 和 Dorfman 的多维度承诺模型。从不同出发点对工作多维度承诺结构的定义,使得该研究领域不断发展。学者们也一直在对工作多维度承诺的构成进行探讨,积累了众多的观点。

(2)工作多维度承诺各维度之间的关系。工作多维度承诺研究的第二个重点是对各维度承诺之间关系的探讨。Morrow 以场理论的思想构建了工作多维度承诺的关系模型,认为与员工越靠近的影响因素越能够对员工的行为产生更显著的影响,进而认为是从工作伦理到职业承诺,再到组织情感承诺和持续承诺,最终到工作卷入的影响关系。与之对应的,Randall 和 Cote 以社会交换理论的思想构建其关系模型,认为工作卷入在各个承诺之中起到了中介的作用,表达了从群体承诺、工作伦理到工作卷入,进而到职业承诺和组织承诺的影响关系。在随后的研究中,不断有研究对两个模型进行探讨并做出发展,发现了模型中存在的一些问题,并提出了相应的研究建议。关于工作多维度承诺各维度之间关系的研究,为揭示承诺到产出变量的影响机制奠定了基础。

(3)工作多维度承诺与产出变量的关系。Wiener 和 Vardi 表示,员工在工作环境中与组织进行社会交换的过程会同时发展出针对不同对象的承诺形式。以往工作多维度承诺研究关注的产出变量大致可分为态度和行为两类。在态度方面,它主要集中在工作满意度和离职意愿方面,尤其是离职意愿。工作多维度承诺对于离职意愿影响的研究将离职意愿详细分类,分别研究了其对于从组织的离开意愿、从职业的离开意愿、从工作的离开意愿等的影响。而在行为方面,工作多维度承诺研究对工作绩效有着积极影响,对组织公民行为同样有着积极影响,而对离职则有减少、降低的影响效果。通过对工作多维度承诺与产出变量的研究表明,员工对不同聚焦的承诺有助于促进员工各种组织满意的产出,也为组织制定针对性的人力资源管理政策与实践提供了依据。

(4)前因变量与工作多维度承诺的关系。前因变量并非工作多维度承诺研究的重点。为数不多的研究关注了工作多维度承诺研究。Clugston, Howell 和 Dorfman, Van Vuuren 和 Veldkamp、Cohen 均探讨了文化价值观对作多维度承诺的影响。Vandenberghe, Bentein 和 Stinglhamber 探讨了感知到的组织支持,领导成员交换的情感、忠诚、贡献和职业尊重维度和感知到的工作群体凝聚力对多维度承诺的影响。工作多维度承诺前因的研究为组织人力资源管理政策与实践提供借鉴,可以通过有效的而又有针对性的人力资源管理政策和实践来提高员工的多种承诺水平。

3. 当前工作多维度承诺研究现状亟待解决的问题

纵观工作多维度承诺研究的现状,本研究发现在这一综合性的承诺研究领域虽取得了丰富的研究成果,但与此同时也面临着一些挑战,由此得出一些值得深入研究的问题。

(1)工作多维度承诺构成模型众多,其构成成分有待整理和讨论。工作多维度承诺结构本身就是多个承诺的综合体,它反映着员工在组织工作环境中的普遍承诺形式,而对于每个承诺聚焦均是一个研究领域。就只关注承诺聚焦的研究领域而言,虽然有两个应用较为广泛的模型,但他们自身也存在一定的问题。而就同时关注承诺聚焦和基础的领域而言,过于复杂的模型结构和概念之间的冗余是需要讨论之处。因此,进一步整理与分析的必要性就凸显出来了,特别是针对中国情境之中的新生代员工,需要进一步整理构成成分。

(2)对于工作多维度承诺各维度之间关系的观点不一。工作多维度承诺研究的重点不仅在于结构的构成,还在于各维度承诺之间的关系。以往研究对于承诺之间关系研究最为常用的理论就是 Lewin 的场理论和社会交换理论,他们也是 Morrow 研究和 Randall 与 Cote 研究对各维度间关系假设不同的基础。根据对比可以看出(见表 1-1),同样是基于聚焦的工作多维度承诺研究,且成分构成较为相似,承诺之间的关系却大不相同。综观工作多维度承诺研究,承诺之间的相互关系一直存在争议,因此在所构建的模型基础上对承诺之间的相互关系进行探讨将十分有必要。

承诺模型 内容项目	Morrow（1993）	Randall和Cote（1991）
成分构成	工作卷入 组织情感承诺 组织持续承诺 职业承诺 工作的道德投入（Work Ethic Endorsement）	组织承诺 职业特性（Career Salience） 工作群体承诺 工作卷入 工作伦理
理论基础	Lewin（1943）场理论。与员工越接近的因素对员工影响越大	Blau（1956）社会交换理论。工作在社会交换过程中起到手段和媒介作用
理论贡献	构建工作多维度承诺模型，以场理论解释承诺各维度间的关系	构建工作多维度承诺模型，以社会交换理论解释承诺间关系
模型问题	持续承诺与其他承诺几乎不相关，不受其他承诺影响，对产出变量影响也很小	群体承诺作为组成成分的适当性受到质疑，不能与其他承诺形式相互联系
后续研究	Cohen（1999a，2000）；Freund和Carmeli（2003，2004）等	Cohen（1999b，2000）；Hackett和Lapierre（2001）等
模型对比	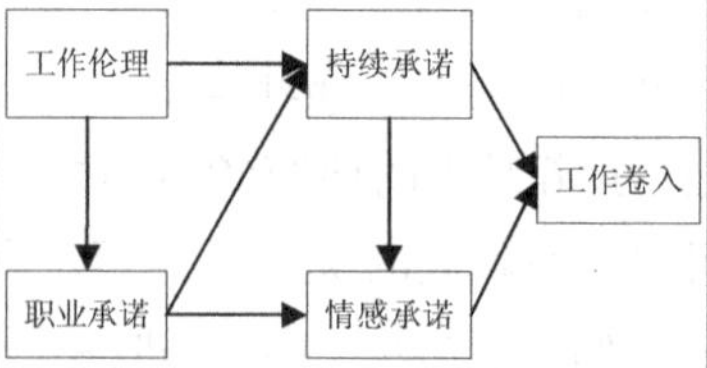 工作伦理 持续承诺 工作卷入 职业承诺 情感承诺	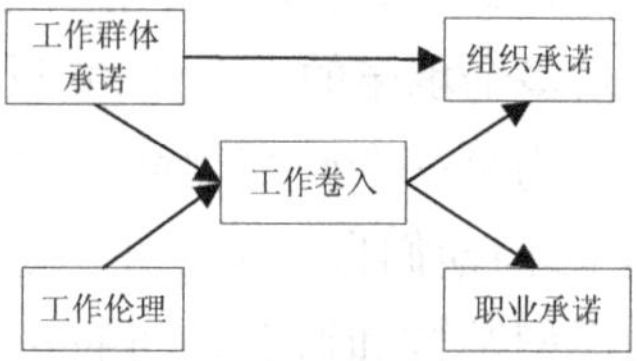 工作群体承诺 组织承诺 工作卷入 工作伦理 职业承诺

图 1-1 工作多维度承诺关系研究对比

（3）对于承诺之间关系的情境因素少有涉及。在以往工作多维度承诺研究当中，少有研究对承诺之间情景因素进行解读。即便是在各个承诺自身的研究领域，关于承诺之间关系的情境因素也未得到重视。正如Cohen关于组织承诺与主管承诺的研究所表达的观点，主管承诺与组织承诺之间存在情境因素，比如主管的组织承诺。该因素可能调节主管承诺和组织承诺之间的关系。但在工作多维度承诺研究领域几乎未见研究涉及该因素。因此，为了更加深入地探讨承诺之间和承诺与产出变量之间的关系，有必要对变量之间的情境因素，即调节变量进行探讨。

（4）国内少有关于工作多维度承诺的研究。国外关于工作多维度的研究众多，但在国内却少见关于工作多维度承诺的研究。即使是时关注多个承诺形式的研究也为数不多。龙立荣、方俐洛和凌文铨关注了组织职业生涯管理与组织承诺、职业承诺、工作卷入的关系，但未对承诺之间的关系进行讨论。唐琳琳、王重鸣和孟晓斌基于信息技术企业和传统制造业的样本对比研究了组织承诺、团队承诺和职业承诺组合对员工离职意愿的影响及其差异。Cohen认为，工作多维度承诺研究对其结构的讨论，要针对不同的情境加入不同特殊的承诺形式。截至目前，罕有研究在中国情景下讨论工作多维度承诺的问题，特别是针对新生代员工探讨该问题。从文化背景出发探讨工作多维度承诺的构成和承诺之间的关系，是对工作多维度承诺进行理论贡献，而非简单应用西方理论，这符合 Tsui 希望中国管理研究需要做出理论贡献而非简单应用理论的观点。因此，从该方面进行探索也具有较强的创新意义和理论贡献。

1.2 研究目的和问题

1.2.1 研究目的

基于上文对于迄今国内外关于工作多维度承诺研究的现状分析，本研究认为十分有必要对工作多维度承诺结构的成分构成进行详细的讨论，尤其是在中国情境下对该概念构成进行讨论，从而更好地体现员工在组织工作环境中的状态。员工与工作环境的互动情况，形成一个更为综合的框架。同时，进一步讨论工作多维度承诺各维度之间的关系，使得框架的脉络更为清晰。另外，还需要基于新的框架对其影响效果进行研究，同时需要注重该框架的情境因素。通过以上工作，本研究致力于为工作多维度承诺研究提供新的理论，形成中国情境下的工作多维度承诺理论模型，同时也为组织管理实践提供有效的理论支持。本研究的工作将围绕以下四个研究目的展开。

1. 整理工作多维度承诺的定义和构成，在中国情景下探讨其构成的特殊性

工作多维度承诺研究沿着关注承诺聚焦与基础展开。对于工作多维度承诺的构成更是观点众多。但几乎没有国内研究在中国情境下针对新生代员工探讨过该问题。因此，本研究将在对工作多维度承诺结构构成进行详细、具体的分析、整合基础上，构建一个中国情境下新生代员工工作多维度承诺结构模型。

2. 全面地探讨各承诺维度之间的相互联系

基于以往研究中对承诺之间关系的研究，期望通过成熟的理论对承诺之间的关系进行解读。由于所构建的工作多维度承诺模型结合了一般性和特殊性，因此特殊的承诺结构的引入必定带来新的承诺关系的命题，则需要根据文化背景和以往研究对两两关系进行新的解读，期待建立起新的承诺之间的影响关系模型。

3. 建立承诺与产出变量关系的理论模型

在构建关系模型基础上，检验他们之间的影响关系。特别是检验通过承诺之间和承诺与产出之间的传导机制，展现从承诺相互影响到产出变量的过程。根据对以往文献的梳理，建立起相关承诺与产出变量之间的关系，再根据科学合理的检验方法，按照科学的研究程序，得出科学的研究结论。

4. 探讨情境因素对承诺之间影响关系

本研究进一步研究情境因素对承诺与产出变量之间相互关系的调节作用。选择工作环境中与员工紧密相关的情境因素，探讨它们对承诺与产出变量之间相互关系的影响，期待从

更为细致的角度对现有关系进行解读,也为更好地理解承诺与产出之间的关系做出贡献。

1.2.2 研究问题

综上所述,本研究拟在以往研究基础之上回答以下问题。

(1)中国情境下新生代员工工作多维度承诺构成成分为何?

(2)基于工作多维度承诺结构的各维度承诺之间的关系如何? 影响机制为何?

(3)在工作多维度承诺关系模型的基础上,其对产出变量的影响如何? 能否建立起一个合理并被广泛接受的理论框架?

(4)情境因素是否会对承诺之间的关系起到影响作用? 是加强了还是减弱了?

关于以上问题的回答,即是本研究所希望达到的研究目的,即所预期的研究理论创新。有关工作多维度承诺结构成分的讨论,有可能建立起中国情境下员工多维度承诺结构。承诺之间的关系有可能得到新的解答。如果达到本研究的目的,即可预期承诺与产出变量之间的关系,会带来若干理论创新。

1.3 研究内容、方法

1.3.1 研究内容与方法

本研究首先厘清了承诺研究的相关理论和工作多维度承诺研究的研究成果,通过综述分析发现了工作多维度承诺研究的进展和动态,并阐明了以往研究的不足;其次,结合中国文化背景和新生代员工特征,提出中国情境下的工作多维度承诺结构;再次,以社会交换理论为基础,在社会交换过程中对工作多维度承诺各维度之间和承诺与产出变量之间的影响关系进行论述并提出了相关假设;最后,探讨情境变量对承诺之间和承诺与结果变量之间的调节作用,并做出相关研究假设。

本研究主要采用问卷调研方法收集相关数据,分别针对不同的理论假设运用适当的统计方法进行假设检验。具体而言,首先针对量表信度检验,保证量表的可靠性;随后使用验证性因子分析对结构的效度进行检验;同时使用探索性因子分析对共同方法偏差问题进行检验;使用因子相关分析对变量之间的相关性进行检验;之后使用结构方程模型中的潜变量关系模型对所构建理论模型进行检验;在探索情境因素对承诺之间和承诺与产出之间关系的影响问题上,本研究采用 SPSS 所实现的分层回归模型进行调节效应的检验。本研究采用多种统计方法对研究的不同问题进行检验,其目的是对假设进行更适宜的检验,以保证验证结果得到支持。

2 文献综述

2.1 承诺的定义与工作多维度承诺的概念

2.1.1 承诺的定义

承诺的概念最早由 Becker 从社会学研究中引入组织行为领域，为个人因为在组织中有较强的单边投入而不愿离开组织，以避免投入的损失，即产生承诺。在随后的研究中，不同的概念框架对承诺进行了定义，从维度性（即认为承诺是单维的还是多维的）、聚焦性（即承诺的聚焦（Focus/Foci）不同，例如组织、主管、职业等等）、观点（即认为承诺是态度还是行为）等角度对承诺进行定义。在此基础上，有学者对承诺给出了一般定义，以期整合整个承诺研究领域。

1. 从维度性角度定义

承诺就维度性而言，可分为单维度观和多维度观。单维度观方面，Becker 认为组织承诺是员工与组织间一种基于经济交换基础上的契约关系。Blau 将职业承诺定义为个人对职业的态度。Kanungo 认为工作卷入是个人心理认同其工作的认知或信念状态。无论承诺聚焦如何，他们都认为承诺是一个单维度的结构。而从多维度方面，O'Reilly 和 Chatman 从顺从、认同和内部化三方面定义组织承诺。Carson 和 Bedeian 则从职业认同、职业规划和职业活力三个方面定义职业承诺。综合起来看，无论承诺聚焦如何，承诺概念的发展都经过了从单维度到多维度的过程。

2. 从聚焦性角度定义

就聚焦性而言，承诺可以分为针对不同对象的承诺形式。组织行为研究当中常见的承诺形式有职业承诺、工作卷入、组织承诺、主管承诺等等。Lee，Carswell 和 Allen 认为职业承诺是个人对其职业的一种心理联系，而这种联系是基于个人对于职业的情感反应。Lawler 和 Hall 认为工作卷入是个人对工作的心理认同的程度与工作在个人和其身份定义中核心位置的认同感程度。Porter 等人将组织承诺定义为个人认同和投入特定组织的相对强度。Chen 认为主管承诺是下属对其主管认同、依附和贡献的相对强度。

随着承诺多聚焦性的表现，对于不同聚焦承诺之间关系形成了两派观点，一派以 Gouldner 代表，认为个体对不同聚焦（对象）的承诺是非此即彼、相互冲突的。但另一派的学者认为，个体对于不同对象之间的承诺是能够相互兼容、相互共存的。即使出现承诺对象冲突的状况，个体仍旧能够通过自我调适达到各个承诺之间结构的稳定，这为工作多维度承诺研究奠定了基础，同时也在工作多维度承诺研究中得到了证实。

3. 从观点角度定义

就看待承诺的观点而言，以往研究可以分为两类。一类是态度观，另一类是行为观。持态度观的学者，侧重从员工对承诺对象的认同、情感和接近的程度来定义承诺。他们关注的焦点是考虑个体与承诺对象之间心理交换关系。而持行为观的学者则侧重于员工个人的成本问题，包含离开交换对象所包含的显性与隐性的成本或者针对承诺对象的行为。这种承诺产生的根源在于员工受到某些束缚。

基于态度观，Porter 等人认为，按照个体对组织的认同和投入程度来定义组织承诺，其中包括相信并接受组织的目标和价值观，愿意为组织付出更多努力，维持组织成员身份的愿望。Mowday、Steers 和 Porter 认为，组织承诺是反映雇员和组织之间联系的一种态度。

基于行为观，Wiener 认为组织承诺是个人表现出特定的行为，并非出于对自我利益的考量，而是出于自身的道德水准和责任感。Lowrey 和 Becker 认为，职业承诺是个体有意愿参与本职业相关活动。

综合看来，能够从对待承诺的观点方面区分承诺定义。但在实证研究中，基于态度观的承诺得到了更广泛的研究，而且与承诺的前因和结果变量的关系更强，尤其是员工态度和行为产出的预测性更强。

综上所述，承诺的定义能够从不同的角度进行区分，而众多承诺相关研究揭示了承诺的共同特点。Meyer 和 Herscovitch 认为，即便承诺有着不同的维度、形式，但是承诺仍旧存在着其核心本质，使得其与其他结构能够相互区分。他们认为承诺存在两个共同特点：其一，承诺是一种稳定的约束力；其二承诺都为行为指明了方向。许多学者也给出了承诺的一般定义。Blau 认为，承诺是社会交换过程中个体与其他对象之间形成的一种固定联系，该对象可以是个体、组织等等。这种联系一旦形成，能够抵御个体对于其他同类对象的交换，从而促使目前的结构保持稳定。综合众多承诺研究，Meyer 和 Herscovitch 提出了一般工作场所承诺的定义，即承诺是使个人实施一系列相关行为的约束力，而约束力来自心态（Mind-set）。本研究认为该定义较好地反映了承诺的核心本质，对于各种形式的承诺研究都有较强的借鉴意义。

2.1.2 工作多维度承诺的概念

工作承诺（Work Commitment）最早得到 Morrow 的关注。Morrow（1983）在研究中将以往研究中众多的承诺形式归结为 5 个方面（Facet），分别为价值聚焦（Value Focus）、职业聚焦（Career Focus）、工作聚焦（Job Focus）、组织聚焦（Organization Focus）、工会聚焦（Union Focus）。同时，他还讨论了它们每一类概念定义和测量方式的相似性和联系，每一类独特的前因变量，为推进工作承诺的研究提出了中肯的建议。由此，Morrow（1993）认为，工作承诺是一组承诺的综合概念，它包含着指向不同聚焦的承诺形式。而这些聚焦（对象）都存在于个体的工作环境当中，或与工作相关，或与个人相关，或者是雇佣员工的组织。总之，它们都是在员工与组织进行社会交换的过程中产生的最为一般的承诺形式。

与之相应的，在承诺研究中还存在一个相关概念，即多维度承诺（Multiple Commitment），它同样是以多重承诺形式组合来进行研究的方法。Reichers 表示,多维度承诺的方法是更为准确和有意义的,因为员工能够发展出工作承诺的不同形式,而这些不同形式的承诺能够直接影响工作产出,能够更好地为解释员工工作产出做出贡献。因此,有一些研究就使用多维度承诺的名称和方式来进行研究。

本研究认为,工作承诺和多维度承诺在关注焦点、研究方法上基本一致,都是关注员工对不同对象的承诺。对于两者的区别,仅在于工作承诺限定了工作环境或者工作场所(Workplace)。而多维度承诺强调了承诺的多聚焦、多维度的特性。虽然多维度承诺没有限定范围,但是基本所有的多维度承诺研究也都以工作环境或者组织范围为讨论背景。因此,本研究认为两者实际上表达了相同的内容,关注了同样的问题。本研究认为工作多维度承诺是个体在工作环境中普遍承诺形式的组合,其表达了个体在工作环境中承诺的多聚焦性,即个人对不同对象同时产生承诺。

2.2 承诺研究的相关理论

承诺研究发展过程中,多个理论从不同角度对承诺的形成进行了解释,其中较有代表性的有单边投入理论、社会交换理论和心理契约理论,同时"场理论"也为工作多维度承诺研究中承诺之间关系的探讨奠定了理论基础。

2.2.1 单边投入理论

Becker 最早将承诺的概念引入组织行为学研究领域。他通过单边投入理论对个人承诺于组织的原因进行解释。按照 Becker 的理论,员工与组织之间的关系是基于一种经济交换行为的契约。员工之所以承诺是因为他们的隐性投入,即一种单边投入(Side-bets)。而这所谓的单边投入就是个人所重视的那些对组织或职业等对象积累下来的投入。正是因为这样隐性的投入使得他们要留在组织或职业当中。

Becker 的理论对于承诺研究是开创性的。他从个人与组织之间的经济交换的角度解释了个人留在组织中、承诺于组织的原因,为后续的研究奠定了坚实的基础。其后的研究尝试探索不同的经济投入对组织承诺的影响,研究显示,经济回报、生活便利都对组织持续承诺有显著的积极影响。但 Becker 的理论仅从个人对于投入组织的经济成本角度考虑,只关注到了个人与组织之间经济性的契约或者交换关系。在随后承诺理论发展中,许多研究从其他角度进行了补充。

2.2.2 社会交换理论

社会交换理论被认为是组织行为学中最有影响力的理论之一。该理论综合了社会学、心理学等理论来研究个体态度与行为,它被用来解释雇佣关系中众多变量的形成机制,其中就包括承诺。社会交换是一种互惠性的行为,一方对另一方付出,期望对方给予相应的回馈。交换的目的是达到各方利益的满足,以双方提供自由的资源为前提,交换的核心是自我利益和相互依赖。在雇佣关系中,员工向组织提供自己的劳动和努力,来交换组织所提供的报酬;组织为员工提供关心与支持,来交换员工对组织的情感依附与忠诚。Rhoades 和 Eisenberger 从组织支持的角度认为,员工与组织间相互依赖的关系就是社会交换关系。而从单方面考虑员工对组织的依赖,则就是员工对组织的情感承诺。对于个人与其他交换对象的交换关系,与个人与组织的交换关系和过程较为相似。

按照社会交换理论来审视承诺的形成,能够将社会交换分为两类。一类是建立在经济性交换之上的,员工对交换对象的投入与积累。该方面单边投入理论进行了详细的解读。另一类则是建立在社会性交换之上,聚焦于员工与组织频繁稳定的交换关系中产生的情感连接。在研究过程中,众多结果表明基于社会性交换关系的情感连接式的承诺更能有效地对于员工对承诺对象的态度与行为做出预测。

以往研究中有不少已经关注社会交换的相关内容对承诺的影响。Stinglhamber 和 Vandenberghe 关注了感知到的组织支持、感知到的主管支持对员工组织承诺、主管承诺的影响。Restubog、Bordia 和 Tang 探讨了心理契约破坏对情感承诺的影响,进而影响到员工的离职意愿。Shore 和 Barksdale 则基于员工组织关系的责任大小及平衡性,研究了员工组织承诺之间的差异。Graen 和 Uhl-Bien 探讨了领导成员交换与组织承诺之间的关系。总体看来,社会交换理论对承诺研究有重要影响,员工总是在与特定对象的社会交换关系中产生承诺。

2.2.3 心理契约理论

心理契约理论(Psychological Contract Theory)与承诺理论相互关系也十分密切。Argyris 使用“心理工作契约”(Psychological Work Contract)来描述雇佣关系中双方(个人和组织)对感知到的权力和价值的嵌入性。Levinson 等人认为心理契约是双方对相互关系期望的总和。Schein 和 Schein 将心理契约定义为组织和个人之间一系列的相互期盼,不但包含工作的内容、薪水,而且还包含整体的相互责任、权力等等。随着研究的深入,对于心理契约形成了两派观点:一派认为心理契约是个体对双方交换关系中彼此义务的理解与信念(Belief);另一派则认为心理契约是双方对于交换关系中彼此义务的理解。两方观点差异在于视角问题。在理论研究中,以 Rousseau 为代表的个人信念派占据了研究的主流,其包含两方面内容:一是组织的给予,即组织给予员工所期望的资源,为员工发展提供条件;二是员工的回馈,即员工相信组织能够帮助他们实现期盼,并有为组织的发展做出自己的奉献的责任感。按照 Guest 的观点,心理契约十分适合解释雇佣关系,它表明雇佣关系是一个双向交换、聚焦于双方的回馈承诺和责任感。

心理契约与承诺之间既存在联系又有着差异。心理契约是个体对双方交换关系中彼此义务的理解与信念(李原和郭德俊,2002)。二者的联系是均包含个体对员工和组织关系的认知与态度,而二者的差异在于,承诺仅强调员工对于承诺对象的情感,而心理契约则是从两方面对两者的关系进行考量,即员工对于自我责任的信念以及组织应该承担责任的信念。在研究过程中,不少研究表明,员工对双方心理契约的履行程度会进行自我评判,而心理契约的履行与破坏,都会影响员工对交换关系和自我责任的判断,从而影响员工承诺的产生。

综上所述,三种理论从不同角度对员工在工作环境承诺产生的机制给予解释。理论引导的承诺发展过程中,单边投入理论和社会交换理论从内容上对于承诺有了更为全面的解释,而心理契约理论则丰富了审视交换关系的视角,丰富了承诺理论。因此,三个理论相辅相成,对于承诺理论的发展有着很好的推动作用。

2.2.4 场理论

社会心理学奠基人之一的Lewin,最早将个人意愿、个性和目标统一起来研究。按照其观点,他认为人自身就是一个场,其各种心理活动都是在生活空间中发生的,而生活空间包含个人与其所处的环境。而个人行为(B)则取决于其生活的空间,也就是取决于个人(P)和环境(E)。Lewin(1943年)给出了这种影响的基本公式,也即B=F(P,E)。其中,B代表个人行为,F表达了函数关系,P代表个人特征等相关因素,E代表外界环境。由此形成了独特的"场理论"。

"场理论"作为承诺相关研究的借鉴理论被用在了工作多维度承诺的研究当中,用以解释各种承诺之间的关系。按照"场理论"的观点,环境因素也是由不同的场组成的,它们之间的影响存在传递效应,任何一部分的变化都必将引起其他部分的变化。对于个体态度行为的影响中,那些与个体心理距离最为紧密的"场"起到的作用最大。因此,有研究认为承诺之间是能够相互传递的,离个人"距离"越近的因素对于个体的影响越大。因此,个体更易于产生对其的承诺,而其他对象对于个体的影响都是通过较近因素起作用的。这也就是工作多维度承诺相互关系中近因性假设的理论基础。

"场理论"为工作多维度承诺之间和承诺与个体态度行为产出之间的关系解读提供了理论支持。在随后的研究中,用研究借鉴社会交换理论,在社会交换过程中解读工作多维度承诺之间的关系。不同的理论形成了不同的模型,为工作多维度承诺的研究做出了重要的贡献。本研究在进行工作多维度承诺研究过程中也会借鉴以上重要理论。

2.3 工作多维度承诺重要研究综述

现阶段,承诺相关研究的一个共识就是承诺是一个多维度结构并能够针对不同的对象表现出不同的形式。尤其在工作环境中,有更多的对象与个人产生联系与交换,有更多的机会使个人产生承诺。针对以往的研究,按照研究是仅关注承诺的聚焦,还是既关注承诺聚焦又关注承诺的基础可以分为两个大类。表2-1是对两类研究的总结。

表 2-1 工作多维度承诺研究分类总结

研究内容	划分标准		研究
工作多维度承诺结构	仅关注承诺聚焦	组织承诺是独立结构	Morrow(1983); Randall 和 Cote(1991); Cohen(1993, 1998, 1999a, 1999b, 2000); Boshoff 和 Mels(2000); Hackett, Lapierre 和 Hausdorf(2001); Siders, George 和 Dharwadkar(2001); Freund 和 Carmeli(2003, 2004); Carmeli 和 Gefen(2005); Cohen 和 Freund(2005); Redman 和 Snape(2005); Cohen(2009)
		多维度承诺是组织承诺组成部分	Reichers(1985); Gregerson(1993)
	既关注承诺聚焦又关注基础	依照 O'Reilly 和 Chatman 观点划分承诺基础	Becker(1992, 1995, 1996); Hunt 和 Morgan(1994); Cohen(1993)
		依照 Meyer 和 Allen 的观点划分承诺基础	Meyer, Allen 和 Smith(1993); Meyer 和 Allen(1997); Clugston, Howell 和 Dorfman(2000); Vandenberghe 等人(2001); Stinglhamber, Bentein 和 Vandenberghe(2003); van Vuuren 等(2008)

资料来源:本研究总结

2.3.1 基于聚焦的代表性研究

1.Morrow 的研究

Morrow(1983)在以往研究的基础上将研究者的视野进行了拓展,将承诺研究从以往的关注组织承诺、职业承诺等具体的、针对某一特定对象的承诺形式扩展到了多维度承诺结构。此后引发了学者们对该研究问题的持续关注和思考。研究对工作场合多维度承诺进行了思考,提出了几个最为重要的理论问题:①多维度承诺结构所包含的成分或包含哪些维度?②哪些才是稳定的?③概念的边界在什么地方?这些问题当中,多维度概念所包含的成分或者维度是最为重要的问题。Morrow 在她的研究中尝试在借鉴工作描述指数(Job Descriptive Index)的基础上,建立关于员工工作承诺的指标模型(Smith, Kendall 和 Hulin, 1969)。但是她在研究中对概念的构成并未做出详细的解释,仅从类比工作描述指数的角度提出了一个工作承诺模型的一般形式。

Morrow(1993)在其所提出的多维度工作承诺概念模型基础上,认为多维度工作承诺(Work Commitment)包含与大多数员工日常工作相关的重要承诺形式,包括工作卷入(Job Involvement),对组织的情感承诺、持续承诺,对职业的承诺与对工作的道德投入(Work Ethic Endorsement)。它们的结构如图 2-1 所示。她认为在任何工作环境中都应该包含这 5 种承诺形式,同时也建议工作多维度承诺研究中需要涵盖这 5 种承诺形式,在此基础上如果有需要,可以增加其他的承诺形式。

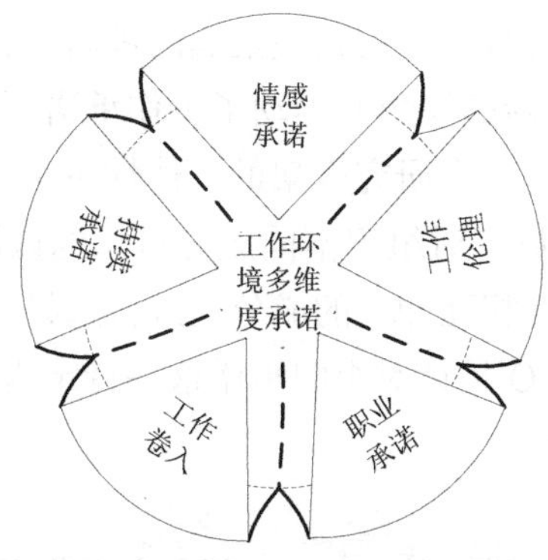

图 2-1 Morrow 工作多维度承诺概念模型(资料来源:Morrow(1993))

Morrow 的研究为承诺相关研究打开了新的局面,尝试从整合的角度讨论员工在工作场合中重要的承诺形式,为后续的研究者们提供了承诺研究新的思路,能够沿着她的轨迹推进工作承诺的研究。但她的模型也受到了挑战。在后续的实证研究过程中,她提出的概念模型中的持续承诺成分并未得到实证很好的支持。

2.Reichers 的研究

Reichers 也提出了工作承诺模型,改变了以往研究中认为组织是单一承诺对象的思想,同样在借鉴工作描述指数发展过程的基础上提出了一个详尽的概念模型。该模型以组织为讨论焦点,认为对于多数员工来说,组织是一个抽象的集合,而该集合在现实中由构成组织的群体和个人组成。组织应被视为一个不同组成部分的组合,每个组成部分均有着与其他组织组成部分不同的目标与价值观。个人对组织的承诺应被视为一个整体性的组织承诺(Global Organizational Commitment),它是由个人对组成组织的不同部分的承诺所构成的,模型如图 2-2 所示。该模型中的各个组成部分根据与个人心理的远近程度进行区分,从而划定组织的边界。模型中所提到的承诺聚焦或者对象包含:高管、同事、工会、顾客等等。

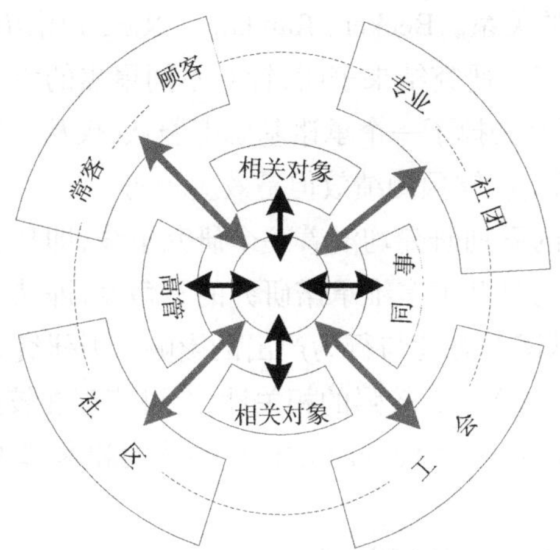

图 2-2 Reichers 工作多维度承诺概念模型(资料来源:Reichers(1985))

该研究提出了工作场合中承诺的概念框架,为理论研究提供了指引。这些承诺形式确实在组织情境中都有所表现。但该研究仅关注了对构成组织的各成分的承诺,承诺的聚焦仅局限于组织，缺少了员工对与自我密切相关聚焦的承诺，诸如工作伦理、职业承诺等。它虽然为组织承诺的研究提供了新的视角并推动了工作承诺研究的发展，但是缺少了与员工自我密切相关的承诺形式，使得整个研究框架的整体性不足。另外，在测量方面，Reichers采用改编OCQ的方式来测量员工对组织不同成分目标的认同，同时使用强制排序的方式进行测量，让受试者在两个目标相互冲突的成分间进行选择。这样的测量方式是否适用于工作承诺也有待商榷，因为OCQ是针对组织承诺这一特定概念开发的量表，能否广泛用于其他承诺的测量需要实证检验。

3.Randall和Cote的研究

Randall和Cote的工作承诺模型与Morrow所研究工作承诺模型较为相似，但在一般承诺形式成分方面与Morrow稍有不同。在研究中，构建的工作承诺模型选取了组织承诺、职业生涯特点（Career Salience）、工作群体承诺、工作卷入和工作伦理等5个组成部分。对比Morrow的研究，两研究仅在选择工作群体承诺和持续承诺上稍有差异。

2.3.2 基于聚焦和基础的代表性研究

1.Becker（1992，1995，1996）及相关研究

Becker（1992）关于工作承诺的研究，采用区分承诺聚焦和基础两种思路的综合。在研究中，他接受Reichers的分类法，也认为员工作为组织的成员能够承诺于多重目标和价值观的集合，但他认为承诺并不是非此即彼的，而是能够在组织中同时出现高水平的不同对象的承诺。该系列研究不仅定义了承诺的各个聚焦，而且关注承诺发展的来源和过程，通过聚焦和基础的区分，获得了多维度承诺的矩阵。对于产出变量的预测方面，该研究表明，出于不同基础针对不同聚焦的承诺能够预测员工的满意度和离职意愿。

Becker等（1995，1996）的研究同样采用了相同的概念和测量方法来研究员工承诺形式和其态度与行为产出之间的关系。Becker、Randall和Riegel用访谈的方法确定了三个聚焦即组织、管理层、非管理员工。研究结果表明，针对不同聚焦的承诺能够有效地预测组织公民行为。而Becker等的研究去掉了一个承诺基础即服从，仅从认同和内部化方面来研究承诺基础。研究结果表明，承诺能够预测绩效但是效应较弱。

从整体上看，Becker的系列研究均沿着一个研究主线，即从承诺剖面上研究多维度承诺，且做出了一定的贡献：①打开了多维承诺研究的新角度，即从不同聚焦和基础同时研究承诺；②实证研究了多维承诺对态度与行为产出的影响。但研究也存在一定的问题。实证结果表明，承诺的聚焦和基础之间有较强的相关性，有可能存在较强的概念间冗余问题。另外对于承诺基础而言，O'Reilly和Chatman的研究中认同和内部化的相关性一般都较强，更加容易产生概念冗余问题。

Hunt和Morgan借鉴Becker的研究，在此基础上对承诺之间关系做出了一定的修正。Becker在研究中将组织承诺与其他几种承诺形式并列，探讨它们对产出变量的影响。Hunt和Morgan的研究发展出了另一个模型，提出组织承诺在其他聚焦承诺（高管、主管和工作群体）和产出变量（组织公民行为：利他主义、勤奋，离职意愿等）之间起到中介作用的模型。

并且尝试通过心理距离远近来解释不同聚焦承诺对组织承诺影响强弱不同的问题，认为伴随员工感知的承诺聚焦和组织的心理距离越远，该聚焦的承诺对组织承诺的影响就更弱。另外该研究也表明了对象一致性的影响即对特定聚焦的承诺影响针对该聚焦的产出变量的强度更强。

Boshoff 和 Mels 借鉴了 Hunt 和 Morgan 关于多维度承诺之间关系的假设，对比了直接模型（多种承诺直接影响离职意愿）和间接模型（组织承诺在其余承诺与离职意愿之间起到中介作用）。他们选择了对组织的态度承诺即个人对组织目标、价值观的认同，工作卷入，主管承诺与专业承诺等四种承诺作为多维度承诺的组成部分。通过实证分析，组织承诺在工作卷入、主管承诺和专业承诺对于离职意愿影响的过程中起到中介作用的模型与直接作用模型同样得到了数据良好的支持。由于两个模型形式不同，并非嵌套模型，因此仅从拟合指数上进行比较得出两个模型的优劣相仿，这与 Hunt 和 Morgan 得到的间接模型更优的结论稍有差异。该研究从承诺聚焦的方面提出了自己的工作承诺模型并研究了各成分与离职意愿之间的关系，进一步推进了 Hunt 和 Morgan 的研究。

通过以上研究，本研究认为 Becker 和 Reichers 的研究观点并不适宜在工作承诺研究中应用。因为他们将组织视为一个由多个组成部分构成的整体，员工对组织的承诺可分解为对各个组成部分的承诺。他们研究的边界就在于组织，然而他们忽视了员工个体自我的承诺形式，例如工作卷入、工作伦理等和组织作为一个虚拟且独立的承诺对象的研究价值。因此，本研究将组织作为一个独立的承诺聚焦同其他聚焦并列。

2.Cohen 的研究

Cohen 提出了工作承诺多维矩阵式的模型，也从承诺聚焦和承诺基础两个方面同时提出工作承诺的模型。从承诺聚焦方面看，Cohen 提出工作环境中员工承诺代表性的聚焦为组织、职业、工会（Union）和工作（Job）；从承诺基础方面看，该研究借鉴 O'Reilly 和 Chatman 组织承诺三维度模型，其中修改了该研究服从、认同和内部化三个维度中的服从维度，因为该概念与持续承诺的概念有所重叠，包含了离开组织倾向性即离职意愿的成分。因此，Cohen 提出从认同、从属和道德卷入三个维度研究每种承诺。由此，构建了工作承诺的剖面模型即员工在组织内部会对不同聚焦产生不同基础的承诺。但该研究的不足之处在于，该研究的承诺矩阵的相关概念之间存在冗余，因为这种区分方法本身就容易产生概念之间的冗余。而且在后续研究过程中采用该种方式进行承诺的研究太少。虽然存在不足，但模型仍旧为工作承诺的研究做出了理论和操作方面的贡献。

3.Meyer 和 Allen 及相关研究

Meyer 和 Allen 从组织承诺研究入手，讨论并丰富了多维度承诺研究。该研究认同 Becker 关于多维度承诺研究的观点，也认为承诺能够从聚焦和基础两个方面进行区分。Meyer 和 Allen 认为员工在工作场所中能够发展出对不同聚焦的承诺，同时对于不同聚焦的承诺又是出于不同基础的。他们所提出的框架同样是一个矩阵式的结构，承诺的聚焦（Foci 或者 Focus）选择了组织、高管、部门、部门管理者、工作团队、团队领导，而承诺基础则选择 Meyer 和 Allen 三维度组织承诺模型的情感、持续和规范三个维度进行研究，发展出了多维度承诺剖面的框架，如表 2-2 所示。但在该研究中，Meyer 和 Allen 仅给出理论框架并未做出实证方面的工作。在研究中,有研究者使用他们的研究框架进行了实证研究,得到了关于该多维度承诺的相关研究结论。

	承诺基础(Nature of Commitment)		
承诺的聚焦	情感	持续	规范
组织			
高管			
部门(Unit)			
部门管理者			
工作团队			
团队领导			

表 2-2 Meyer 和 Allen(1997)多维度承诺矩阵(资料来源:Meyer 和 Allen(1997))

Meyer、Allen 和 Smith 就在他们的研究中表示三维度组织承诺的思想能够推广到测量对其他聚焦的承诺。他们将承诺聚焦从组织拓展到职业,在他们的研究中讨论了员工对组织和职业的情感、持续和规范承诺的前因和结果变量。虽然在结果检验过程中,六个承诺的因子模型得到了区分效度的验证,但是两规范承诺、两持续承诺之间较高相关性(0.618 与 0.743)表明了一定的冗余性问题。如果将三维度承诺的模型推广到更多的承诺聚焦,那么可能会引起更严重的承诺形式之间的冗余。

Clugston、Howell 和 Dorfman 也同样沿用 Meyer 和 Allen 的多维度承诺的理论框架进行跨文化的承诺研究。在他们的研究当中,选择了组织、主管、工作群体作为承诺的聚焦,情感、持续、规范的承诺基础,构成了员工的承诺剖面。他们在研究中所得到的九因子模型在删除了引起潜变量之间交叉负载的题项之后,方才得到了能够接受的拟合效度。这同样说明了多维度承诺剖面之间存在一定的概念相互交叉问题。

Vandenberghe 等人使用同样的多维度承诺剖面模型在欧洲所采的样本基础上进行跨文化承诺研究。他们的承诺聚焦受样本的影响(欧盟委员会的翻译员)除了工作环境中的组织、职业、工作群体外还有欧洲。研究的数据分析结果显示,员工对组织和职业的规范、持续承诺之间没有区分效度,只有将组织规范承诺和职业规范承诺、组织持续承诺与职业持续承诺合并之后,与其余的承诺形式形成的八因子模型能够获得良好的拟合效度。由此,也能说明一定的概念冗余问题。

综上所述, Morrow 的研究表明一些承诺形式是普遍的(Universal),也就是说对于任何组织中的员工都一样,都存在这样的承诺形式。她的理论和提出的五维度工作承诺模型为工作承诺研究奠定了基础。但在她所提出的五维度模型中,持续承诺的多重维度问题和自身与离职意愿等概念间的重叠问题导致该研究框架并不完美,仅得到了四种普遍的承诺形式,即组织情感承诺、职业承诺、工作卷入和工作伦理。在 Randall 和 Cote 的研究中,希望以工作群体承诺代替持续承诺,但在实证研究中,该模型也并未得到很好的支持。在此基础上, Becker 等一系列研究将工作承诺的研究视野拓展到了承诺聚焦和基础两个方面,随后 Cohen、Meyer 和 Allen 的研究都沿用了这样的思想,提出了各自的概念框架。但该系列的研究均存在一个普遍的问题就是概念之间的冗余或者变量之间可能存在的多重共线性问题较为严重。

通过对以往工作多维度承诺模型的总结对比,本研究认为有三个问题需要特别关注,具体如下。

首先,是承诺聚焦问题,即工作多维度承诺所包含承诺形式的问题。Randall 建议需要好好选取承诺聚焦。但是该问题在研究中通常被忽略了,从而往往会引起研究问题的不一致。综合看来,以往工作多维度承诺结构研究中,多个承诺聚焦得到了研究,较为一致的承诺形式有组织承诺、工作卷入、工作道德、职业承诺等。

其次,是多重共线性问题。该问题的出现可能由于并未对概念进行清楚的定义,或者同一个变量借鉴过多的测量方式,使得概念的独立性受到制约。另外,如 Becker 等的工作承诺研究不仅区分了承诺聚焦还区分了承诺的不同基础,这样使得本身就较为复杂的多聚焦承诺研究更加复杂,引起了概念间的冗余、区分效度交叉等问题。因此, Cohen 认为这种过度的复杂性是没有必要的。因为就承诺基础的选择来说,无论是服从、认同和内部化方式还是情感、持续和规范方式都存在一定的多重共线性问题。关于服从、认同和内部化的区分方式的实证检验较少,而且认同和内部化的相关系数较高。而情感、持续和规范的区分方式中,出于情感的承诺形式和规范的承诺形式之间也存在较高的相关性。因此, Cohen 认为,在研究工作承诺的时候并不需要在已经很复杂的多聚焦承诺模型上引入不同维度。Morrow 和 Blau 也同样表达了相似的观点。即便是提出承诺剖面模型的 Meyer 和 Allen 也认为在一个研究中同时考虑承诺的聚焦和基础是并不可取的,因为这样使得模型太过复杂。研究者应该选择一个角度对工作多维度承诺进行研究。

最后,本研究发现工作多维度承诺的研究大多基于西方文化背景,几乎没有研究在中国情景下关注该问题,更没有针对新生代员工提出相应的工作多维度承诺模型。因而,该领域研究存在发展的空间。

综合以上分析,本研究认为,构建工作承诺模型框架应该专注于鉴别每种承诺聚焦的代表性,选择工作场所与个人相关性更强的承诺聚焦,对它们进行定义,从而提出一个普遍性更强的整合的工作场合中的多维度承诺模型。另外,本研究认为无论是基于聚焦的研究还是基于聚焦和基础的研究,都以承诺聚焦为研究的基点,只有在清楚地讨论了员工在工作环境中承诺所应该包含的聚焦基础上方能进一步讨论承诺基础的问题。在工作多维度承诺所包含聚焦尚未达成共识的情况下,应该以讨论承诺聚焦为重点。而且加之并不是所有承诺聚焦都进行了分基础的研究,分基础研究在某些承诺聚焦领域并不成熟,因此本研究仅从选择员工工作承诺的聚焦出发,进行多维度承诺模型的构建。对于每个承诺形式,选择能够反映其核心本质或最具代表性的研究,不再区分其不同的维度,在此基础上讨论不同承诺之间和承诺与产出变量之间的影响关系。当然,该模型的提出也要基于研究的背景即中国现阶段情境,在关注与以往研究相同的承诺形式的同时,讨论那些可能遗漏或者存在文化差异的承诺组成部分,使得模型更加切合中国情境,增强其实用性和普适性。

2.4 工作多维度承诺重要承诺形式综述

虽然单一承诺的预测性和解释力不及多维度承诺,但每个承诺形式的研究发展是整个工作多维度承诺的研究基础。工作多维度承诺研究这种整合性的研究方法有赖于各种承诺结构在其各自领域中的发展。有了概念与方法上的发展,方能推动整合模型的不断推进。以往研究中,不同研究所引入的承诺形式稍有差异,但共同的形式有工作伦理、职业承诺、工作卷入、组织承诺、主管承诺等。

2.4.1 工作伦理相关研究述评

1. 工作伦理的定义

新教工作伦理(Protestant Work Ethic,简称工作伦理)即工作伦理,由韦伯综合历史学和神学观点后提出。后经不断发展,当勤奋工作的态度和信仰成为社会规范的时候,工作伦理就成了更为宽泛的工作伦理。Feather 认为,这种工作伦理应该具有勤奋、节俭、禁欲主义和理性主义的特征。工作伦理研究众多,但作为一种承诺形式它得到的关注较少。随着在工作多维度承诺研究的兴起,其在承诺研究领域逐渐受到了重视,被认为是重要的工作承诺的构成因素之一。因为工作伦理对员工在工作场合中的情感反应起着重要的影响作用。

众多研究学者对该概念进行了定义。按照最早将该概念引入管理研究的 Blood 的定义,工作伦理是个人感知到个人价值源于忘我工作或职业成就的程度。Mirels 和 Garrett 提出,工作伦理是一个稳定的个性特征。由此,Furnham 做出了相似的定义,认为工作伦理是包含了工作重要性、节俭性等信念的个性特征,而这些对于工作的信念能够让个体自觉地抗拒惰性、感性和宗教怀疑。相对应的,Hill 和 Petty 从另一个角度定义了工作伦理,认为工作伦理是一种文化规范,个体对其工作应该具有责任感。McCortney 和 Engels 认为工作伦理是员工在工作环境中对职权行为与人际互动的价值判断,包括个体态度或价值观以及表现的行为。综合以上定义,能够看出对工作伦理的定义大致可分为两类:一类认为工作伦理是员工所具有的稳定的个体特质或属性,它反映了个体对于积极工作的态度和判断;另一类则认为,工作伦理是一种社会文化规范。王明辉等人对于工作伦理的定义综合了两方的观点,即工作伦理是个体所习得的一种信念系统或行为规范,它涉及个体对工作意义、职权行为和人际互动的价值判断或行为倾向。目前最普遍的定义侧重于描述个体对待工作的态度和工作的努力程度。工作伦理程度较高的个体会具有诸如诚实、禁欲、勤勉和正直等个性品质。基于以上的定义,本研究认为工作伦理的核心就是认为努力工作是理所应当的信念程度,这一信念能够影响员工外在努力工作的程度,而这信念来源于社会各类规范下个人社会化过程,是一个较为稳定的个体特征。个人的工作、职业、组织等都是其付出自己努力的环境与平台。由此,本研究也认为工作伦理是工作多维度承诺的必要组成部分。

2. 工作伦理的维度和测量

工作伦理维度的研究以 Webber 提出的基础概念为起点不断完善。众多研究予以关注并提出了自己的分类法。20 世纪 90 年代之前，工作伦理研究大多围绕新教工作伦理展开，而 90 年代后，随着工作伦理概念更为宽泛化，工作伦理研究重点围绕现代工作伦理展开。90 年代前，两个研究较有代表性。Blood 提出将工作伦理分为前新教伦理（Pro-Protestant Ethic）和非新教伦理（Non-Protestant Ethic）两个维度。测量上，前者侧重测量个人努力工作表现个人价值，后者侧重个体对休闲安逸的态度。另外，Mirels 和 Garrett 提出工作伦理的 5 维度划分，分别为：努力工作取得成功、工作自始至终（Work as an End in Itself）、节约时间与金钱、内控聚焦（Internal Locus of Control）、对闲暇的否定态度（Negative Attitude towards Leisure）。测量上，开发了 19 个题项的量表，是应用最为广泛的量表之一。该问卷在得到广泛应用的同时也受到一定批评：问卷未反映韦伯所概括的工作伦理的要素，如守时、合法经营等。进入 20 世纪 90 年代后，以 Furnham 为代表的研究者极大地推动了工作伦理的研究。Furnham 将以往 7 种不同的测量工具进行整合，在 77 个题项的量表基础上运用实证分析方法得到了 5 个维度的工作伦理划分，为：尊重、羡慕和愿意努力工作，不屑闲暇（Disdain for Leisure），宗教信仰与道德，独立于他人，禁欲主义并节约时间金钱。但得到的量表包含 59 个题项，过长的量表使得实用性方面不足。因此 Blau 和 Ryan 就将量表缩短到 18 个题项并建议了一个更短的 12 题项量表以方便使用。另外，Miller，Woehr 和 Hudspeth 同样基于对于以往测量的分析，提出了多维工作伦理剖面图（Multidimensional Work Ethic Profile），认为工作伦理分为 7 个维度，分别为：工作中心性（Centrality of Work）、自我依靠、努力工作、休闲、道德、满意延迟（Delay of Gratification）和珍惜时间

纵观以往关于工作伦理维度的研究可以得出，研究基本都认为工作伦理是一个多维度的结构，但总结看来，无论如何划分努力工作、工作在生活中的中心地位这一维度是工作伦理的核心内容。Kanungo 认为，工作卷入（Work Involvement）作为一种工作价值观的表现形式，与工作伦理表达着同样的核心内容，而工作卷入作为一个单维度结构反映了个人对工作在生活中核心地位的规范性信念。Cohen 表明，作为工作多维度承诺结构的组成部分，单维度的工作卷入适合作为工作多维度承诺的组成部分。本研究认为，工作卷入（Work Involvement）所表达的内容容易在研究中与工作卷入（Job Involvement）产生混淆或者重叠，另外 Jaros 表明工作伦理很适合被纳入工作多维度承诺研究，能够很好地反映工作价值观（Work Values）的内容。因此，本研究选取能够反映工作伦理核心本质的维度即努力工作作为个体的工作伦理，反映个体对待工作的价值观，研究它与其他工作多维度承诺结构组成部分之间的关系。测量方面，采用 Mirels 和 Garrett 关于工作伦理的努力工作取得成功测量维度并参考 Blau 和 Ryan 的测量。

3. 工作伦理的前因和后果

工作伦理作为一个稳定的个体特征，其影响因素大多与个人的相关变量有关。工作伦理影响因素的研究所得结论能够大致将工作伦理的影响因素分为两个大类。其一是员工个体相关因素，可进一步划分为以下两类。

1)人口统计学特征变量

人口统计学特征变量中最为常见的是性别、年龄和教育水平。Boatwright 和 Slate 表明,工作伦理存在性别上的差异。在其研究中,得出女性的工作伦理水平高于男性的结论。而在年龄方面,并未得出一致性的结论。对于教育水平,不同研究的结论也不相同。有研究表明、教育水平应和工作伦理呈倒“U”形关系。

2)个人特征变量

Furnham 的研究关注政治认同、经济信仰、成就需要、多种控制聚焦以及满意延迟对工作伦理的影响。实证结果支持了内控聚焦、外控聚焦、经济信仰、满意延迟对工作伦理的影响。此外,组织变量对工作伦理也存在影响。以往研究中,发现了组织伦理氛围和工作性质对工作伦理的影响。

结果变量方面,工作伦理的影响主要集中于工作伦理信仰和工作习惯、工作满意度、组织承诺等变量间的关系。Rokhman 集中研究了工作伦理同满意度、组织承诺、离职意愿之间的关系。结论表明,工作伦理能够显著预测工作满意度和组织承诺,而对于离职意愿的影响并不显著。而 Miller、Woehr 和 Hudspeth 在构建了工作伦理七维度模型的基础上,进行了实证研究,结果表明努力工作维度对工作满意度、组织承诺、工作卷入(Job Involvement)和组织公民行为中的勤奋(Conscientiousness)维度均有显著的积极影响。也有研究关注工作伦理和失业员工信仰间的关系,发现年轻人中失业者整体较就业者的工作伦理得分低,在失业者中工作伦理越强的人就业追求越积极。

综上所述,与工作伦理相关的个人的、环境的因素都得到了研究。通过影响因素的研究,也能够说明工作伦理是较为稳定的个人特征,其更多受到个体因素的影响。因此,在工作多维度承诺模型当中,其应当是抛开环境因素影响的稳定的承诺形式,它对于其他受到环境影响的承诺形式会产生影响。正如实证研究结果表明工作伦理对组织承诺的正向影响。另外,研究工作伦理的前因和结果变量,有助于组织能够通过影响员工工作伦理,引导工作伦理发挥作用来提升其对其他组织合意产出的直接或者间接影响,提高组织效益和生产率。

2.4.2 职业承诺相关研究述评

1.职业承诺的定义

以往关于职业承诺的研究中,有三个重要的概念得到持续关注,分别是 Career Commitment, Occupational Commitment 和 Professional Commitment,三种承诺均可称为职业承诺,但三个概念稍有不同。职业(Career)表达了一种计划好的工作形态,贯穿整个职业生涯;职业(Profession)的专业性更强,能被称为专业,仅涉及少数专业性很强的职业;而职业(Occupation)更具概括性,即某人经常做或训练有素的工作。虽然,Career,Occupation 和 Profession 存在一定的差异,但在工作多维度承诺研究中能够相互替代。Morrow 在其研究中就将三个对象的承诺作为一种承诺对待。Cooper-Hakim 和 Viswesvaran 关于工作环境中各种承诺的后分析中也将三种承诺都合并为同一类讨论与其他承诺之间的关系。因此,在本研究中就不区分三种职业承诺,以职业承诺(Occupational Commitment)作为代表,其一是因为在很多研究中它们能够相互替换；其二，职业（Occupational）较之专业（Profession）包含内容更广，包含专业性与非专业性的职业；其三，职业（Career）往往包含职业选择后持续一生的意味。而在现今的多变环境中，个人选择职业、组织的变化都是相对容易的。因此，本研究选择职业承诺（Occupational Commitment）作为代表。

以往研究中，职业承诺的定义大致可以分为两类：一类是态度观，一类是行为观。持态度观的学者聚焦于职业情感方面，Blau将职业承诺定义为个人对职业的态度。它与其他的工作态度如工作卷入和组织承诺等能够相互区分。Colarelli和Bishop将职业承诺定义为个人对个人职业目标的依附、认同和卷入程度。Meyer、Allen和Smith借鉴Allen和Meyer的三维度组织承诺研究定义了职业情感承诺，即个人保持职业角色的意愿。而Lee、Carswell和Allen认为职业承诺是个人对其职业的一种心理联系，而这种联系是基于个人对职业的情感反应。龙立荣等将职业承诺定义为个人对职业的认同和情感依赖，对职业的投入和由社会规范内化而不愿改变职业的程度。而另一方面，持行为观的学者们则较为注重职业承诺的代价和回报。de Rong认为，职业承诺是个人卷入职业的程度，反映着职业在个人生活和未来的中心程度。Lowrey和Becker认为职业承诺是个体有意愿参与本职业相关活动。通过对以往研究中对职业承诺的定义能够看出，更多学者基于态度观来研究职业承诺。本研究认为基于态度观的承诺更切合一般承诺的本质。而在众多基于态度的职业承诺定义中，基本都反映了职业承诺是个体对职业的态度，是对职业的情感依附和认同程度这样的核心本质。因此，本研究认为职业承诺是个体对职业的态度，是个人与职业之间的情感联系。

2.职业承诺的维度与测量

对于职业承诺维度的研究也可以分为两类，即单维度论与多维度论。就单维度论而言，Morrow提出了对职业承诺与职业退出意愿和与工作卷入、组织承诺等操作定义之间的重叠。因此Blau排除了以往测量中多余的成分而聚焦于对职业的情感，开发了单维度的职业承诺量表，Blau量表分为8个题项，而在Blau的研究中修正为7个题项。他在两个研究中都将其与工作卷入和组织承诺与职业承诺一起进行检验，验证了职业承诺与其他两个概念是能够相互区分的。另外，Aranya，Pollock和Amernic也认为职业承诺是一个单维度的结构，测量方面他们在借鉴Porter等人关于组织承诺的测量，将该测量中的组织换成职业。测量收到了较好的效果，应用较为广泛。Colarelli和Bishop也按照该方式进行职业承诺的测量，实证结果支持了单维度论的观点。

而多维度论方面，Meyer、Allen和Smith在组织承诺结构基础上，发展出三维度的职业承诺结构，即职业情感承诺（个人对职业的情感依附）、职业规范承诺（对职业的责任感）和职业持续承诺（离开职业的成本认知）。测量上，他们将组织承诺三维的测量应用到职业承诺上，发展出了18题项的职业承诺量表。Carson和Bedeian认为职业承诺分为三个维度，即职业认同、职业规划和职业活力。其中，职业认同是对职业的情感联系；职业规划是明确职业目标与个人发展需要；职业活力是指在职业中遇到困难勇敢面对不退缩。他们也提出了36个题项的测量，获得了理想的信效度。Blau在前人研究的基础上提出发展出四维度的职业承诺模型，分别为职业情感承诺、职业规范承诺、职业累计成本和职业的有限可选择性。该分类法与四维度分法的组织承诺模型颇为相似。测量方面，职业情感与规范承诺借鉴了 Meyer、Allen 和 Smith 的研究测量,而累计成本和可选择性则借鉴了 Carson 和 Carson 的测量。总体测量包含 24 个题项,研究中获得了较好的信效度。裴艳、刘晓虹和陶红使用 Blau 的量表在护士样本中使用探索性因子分析得到了 5 维度的职业承诺模型,分别为:职业情感承诺、职业规范承诺、经济代价承诺、情感代价承诺与机会承诺。与 Blau 相比,该研究的结论是进一步将累计成本分为情感性和经济性的成本。

纵观职业承诺的维度研究,可以看出越来越多的研究尝试从多维度方面研究职业承诺。组织承诺的研究成果极大地推动了职业承诺的多维度研究。与职业承诺定义所反映的共同点一致,众多的职业承诺维度研究都包含对职业的情感或认同维度。鉴于在工作多维度承诺研究中, Cohen 与 Morrow 等关于各承诺形式单维度的推荐意见,本研究选择单维度的职业承诺。另外, Jaros 和 Cohen 表明 Blau 的测量适合在工作多维度承诺的研究中使用。因此,本研究选择 Blau 的测量作为职业承诺的操作定义进行后续研究。

3. 职业承诺的前因与结果变量述评

职业承诺受到广泛关注,其影响因素和结果变量更得到了研究者的深入讨论。对于职业承诺的前因变量,总结以往研究所关注的因素,可分为三类。第一类是个人特征变量,包含人口统计学变量、人格特征变量等。其中,受教育程度,性别、年龄、任期均对职业承诺有着积极的影响。而人格特征方面,工作伦理、自尊和成长需求强度对工作卷入均有积极影响。第二类是与工作相关的态度。其中对工作、薪水的满意度,对个人的工作伦理、职业的满意度,对职业承诺会产生积极的影响;而情感消耗、成就感的缺失会降低个人的职业承诺水平。第三类是工作体验。其中工作挑战性、参与式决策、主管支持、工作自治对职业承诺有着积极的效应,而压力、角色模糊、冲突对职业承诺有消极的影响。

而结果变量方面,职业承诺具有许多产出变量。Lee 表明,职业承诺与工作卷入有着正相关关系,而组织承诺中情感承诺和规范承诺存在正相关关系,与持续承诺是负相关关系。Cohen 发现职业承诺对于离开职业的倾向有着负向的意向,而且对于离开组织的意愿也有着显著的溢出效应;同时还发现职业承诺有助于降低工作引起的压力。Freund 和 Carmeli 发现职业承诺能够显著地预测组织公民行为。Cohen 则发现职业承诺能够降低员工离开职业、工作、组织的意愿和离职水平,并能提高员工的生活满意度。

综上所述,许多职业承诺相关的影响因素和结果变量都得到了实证研究。就其对工作多维度承诺研究来讲,职业承诺与工作卷入、组织承诺、工作伦理都有相关关系,反映了其能够成为工作多维度承诺组成部分。职业承诺对众多组织关心的员工的产出有着显著的影响,而且还能调节其他承诺与产出变量之间的关系。因此,本研究认为职业承诺是工作多维度承诺模型的必要组成部分。对职业承诺前因和结果的审视有助于确定职业承诺在工作多维度承诺各个承诺形式之间的影响关系中的位置。

2.4.3 工作卷入相关研究述评

1. 工作卷入的定义

工作卷入又称工作承诺(Job Commitment)。工作卷入这一概念需要首先明确的是英文中两种工作的区别。Work 与 Job 在中文概念中均可成为工作，但两者存在区别：工作（Work）指的是体力或脑力劳动，是更为宽泛的概念，又有作为职业概念的“工作”的意思，多指工作的性质或场所。而工作（Job）指的是为进行某种活动或达成某项任务，个人所需扮演的某些角色及被分配的若干职位。

在以往的工作多维度承诺研究当中，工作承诺（Work Commitment）与工作承诺（Job Commitment）是两个不同的概念。Work Commitment 在研究中有两种不同的含义：其一，Morrow 的研究中，该工作承诺指的是工作环境中的承诺（Workplace Commitment），即本研究所要研究的主题；其二，该工作承诺与工作卷入（Work Involvement）相同，指的是一种工作的价值观，是个人对工作在生活中核心地位的规范性信念，受到以往文化环境或社会化的影响。而至于另一类工作承诺（Job Commitment），则等同于工作卷入（Job Involvement）。本研究所研究的主题是工作多维度承诺形式，所关注的工作承诺（Job Commitment）即工作卷入（Job Involvement），是工作环境承诺的重要形式和组成部分。以下论述到的工作卷入即工作承诺（Job Commitment）如未说明则均指工作卷入（Job Involvement）。

工作卷入的概念最早由 Lodahl 和 Kejner 提出，他们认为工作卷入是工作重要性价值观的内化程度或工作在个人价值中的重要性。Lawler 和 Hall 认为工作卷入是个人对工作的心理认同的程度与工作在个人和其身份定义中核心位置的认同感程度。它是一种内部动机，当个体感知到工作以及产生的绩效能够让自我价值得到体现、自尊需求得到满足，且通过个人的努力能够获得回报，工作卷入即会产生。Saleh 和 Hosek 认为工作卷入是个体认同工作，积极地参与工作，并认识到工作绩效对自我价值的重要程度。以上概念大多包含了态度的认知和情感成分，也有概念加入了动机和行为成分。按照 Kanungo 的观点，他认为以往对工作卷入的定义较为复杂，并混入了内部动机、工作伦理等相关概念，因而其除了 Lodahl 和 Kejner 研究中概念多余的部分，将工作卷入定义为个人心理认同其工作的认知或信念状态。而 Morrow 在工作多维度承诺研究中认为工作卷入是个人在日常工作活动中专注的程度。综合以往关于工作卷入的研究定义来看，无论多维度还是单维度的研究，都包含工作卷入的核心本质，即个人对工作的心理认同程度。该内涵表现出个体对工作本身的认知，即对工作（Job）的态度，它与个体对于工作（Work）的价值观有所不同。对于工作（Job）的卷入会随个体需求被满足的程度而有所不同，随工作体验的改变而变化。而对于工作（Work）的价值观反映了个人认为一般工作在人生中的地位。因此，本研究认为 Kanungo 的定义很好地反映了工作卷入的核心本质，且很好地契合了承诺的一般定义，而且其对于工作卷入的定义在工作多维度承诺中得到广泛应用。因此，本研究也认为工作卷入是个体对作的心理认同程度，该结构能够作为工作多维度承诺的组成部分。

2. 工作卷入的维度和测量

从维度和测量方面探讨工作卷入，以往的研究能够大致分为两类：一类认为工作卷入是多维度结构；另一类持单维度观点。多维度方面，Lodahl 和 Kejner 作为工作卷入研究的奠基者，认为工作卷入能够分为两个维度，其一是工作绩效影响个人自尊的程度，其二是个人心理认同其工作的程度。测量上，他们提出了 20 个题项的量表。虽然该量表应用较为广泛，但是受到了有些学者的批评，他们认为该量表尤其是原量表包含了过多的内容，已经超出了“个人对工作心理认同的信念”的概念范畴,容易与其他变量相关性过高,引起区分效度不佳、多重共线性严重的问题。该量表有 6 题项的短版本,该版本得到了更为广泛的应用,而该短量表仅聚焦于工作卷入中对于工作的心理认同维度。随后, Saleh 和 Hosek 提出工作卷入可以分为四个维度,即工作在生活意义的中心性(Work as a Central Life Interest)、个人融入工作的程度(the Extent of a Person' s Active Participation in the Job)、绩效与自尊的联系程度(Extent of Performance-Self-esteem Contingency)与工作绩效与自我概念的一致性。进而他们开发了自己的量表对四个维度进行测量。但量表仍旧受到了 Kanungo 的批评,因为该测量包含了过多的内容,包含工作卷入的前因和结果,容易与其他结构产生混淆。由于多维度工作卷入的不足, Kanungo 沿着 Lawler 和 Hall 对工作承诺的定义,提出了单维度的工作承诺,并使用 10 个题项量表进行测量。该量表有较理想的聚合效度和区分效度,因而被广泛使用。

通过以往的研究可以看出,关于工作卷入的研究无论是单维度还是多维度的都包含对个人工作心理认同的程度与工作在生活中重要性程度的工作卷入核心本质。因此,本研究认为工作卷入是个人对自己所从事工作的认同程度,工作在生活中中心性的认同程度。本研究在选取工作卷入测量方面选取 Kanungo 的测量。因为该结构很好地反映了工作卷入的核心本质,且该结构是单维度的,同时该量表是工作卷入研究中最为常用的量表。Blau 对比了 Kanungo 与 Lodahl 和 Kejner 的工作卷入量表后,也表示 Kanungo 的量表在信度效度方面表现更优,因此推荐在工作多维承诺研究中测量工作卷入的时候使用。正因为如此,其在以往工作多维度承诺研究当中得到了广泛的应用。因此,本研究在 Kanungo 的测量基础上进行后续研究。

3. 工作卷入的前因变量与结果变量

以往众多研究关注了工作卷入的影响因素和结果变量,有些因素被视为工作卷入的相关变量。

1)工作卷入的前因变量

工作卷入的前因变量大致可以分为四类:即个性特征、工作特征、主管因素和角色感知。

(1)个性特征。工作伦理、内部控制聚焦、自尊和成长需求强度均对工作卷入有积极影响。

(2)工作特征。自治、反馈、任务重要性、挑战性、任务复杂性都能激起个体的工作卷入。

(3)主管因素。主管体谅、沟通等都能增加个体工作卷入的程度。

(4)角色感知。工作模糊与工作冲突都会降低个体的工作卷入水平。

2)工作卷入的结果变量

工作卷入的结果变量大致可分为以下三类。

(1)工作行为产出:绩效、离职、组织公民行为。

(2)工作态度:工作满意度、主管满意度、组织承诺、离职意愿等。

(3)溢出效应:工作家庭冲突、压力、生活满意度等。

另外, Brown 的研究综述以往研究的结果发现,许多人口统计学变量,如年龄、任期、教育水平、婚姻状况等与工作卷入是相关的,尤其是职业承诺也是工作卷入的相关变量。

综上所述,众多与工作卷入相关的个人的、环境的因素都得到了实证研究。通过影响因素的研究,能够得出对于工作多维度承诺研究而言,工作承诺位于工作伦理与组织承诺之间,起到了中介的作用,由此可以推理,其有可能起到多个承诺之间的桥梁作用。另外,工作卷入被视为激发员工动机的关键因素,并且是在商业竞争中建立竞争优势的重要途径。研究工作卷入的前因和结果变量,有助于组织通过提高工作卷入的方式来提高组织效益和生产率,因为工作卷入程度的提高意味着员工全身心投入工作,使得工作更有意义,充满体验。

2.4.4 组织承诺相关研究述评

1. 组织承诺的定义

组织承诺一直是承诺研究领域得到最多研究的承诺形式。组织承诺的研究整体推动了各种相关承诺的研究,它们彼此之间相互借鉴,不断丰富着整个承诺研究。对于组织承诺,不同的学者提出了不同的定义,基于不同视角可以分为以下三类。

1)经济视角

Becker 最早提出了组织承诺的定义,认为组织承诺是个人对组织的单边投入。个人与组织的关系建立在经济交换的契约之上。个人之所以做出承诺是因为他们在组织中隐藏的或者部分隐藏的投入。以此为基础, Hrebiniak 和 Alutto 认为组织承诺是个人与组织交易并且由于单边投入随时间改变而出现的现象。

2)情感依附视角

Porter 等组织承诺研究的视角从经济投入转到了与组织的情感联系上。他们对组织承诺的定义为个人认同和投入特定组织的相对强度。Mowday 等人认为组织承诺应该包含三个部分:对组织价值观、目标的认同与接受,为组织利益付出和留在组织中的意愿。

3)规范性视角

Wiener 对组织承诺进行定义:个人表现出特定的行为,他们这样做是因为其认为这是正确的和道德的,而非出于对自己有利。

综合以上视角, O'Reilly 和 Chatman 认为组织承诺是出于获得奖励或避免惩罚的服从,出于依附意愿的认同,出于价值观一致的内部化。而 Meyer 和 Allen 认为组织承诺是对组织的认同、融入与感情上的依附,对于组织的责任感和对离开组织成本的感知。综合看来,从单边投入到情感依附,组织承诺不断完善,但有组织承诺最为核心的本质是个人对于组织的情感,依附和认同的程度,它很好地契合了承诺的一般定义。因此,本研究选取 Meyer 和 Allen 关于组织情感承诺的定义,因为其在研究中广泛应用,是员工最为直接的产出,而且是员工组织关系的重要指标。组织情感承诺在工作多维度承诺研究当中得到了广泛的研究。

2. 组织承诺的维度与测量

大量的研究讨论了组织承诺的维度和测量问题。对于该问题,众位学者的观点能够分为两大类:一类持单维度观点,另一类持多维度观点。持单维度观点的学者以 Becker、Porter 等人和 Wiener 等为代表。他们均认为组织承诺是个体对组织的一种态度或者行为,而这种态度或者行为能够进行整体性测量。Becker 提出了组织承诺概念。Ritzer 和 Trice 提出了针对性的测量量表（Ritzer-Trice Scale），用于测量员工投入组织的成本。Hrebiniak 和 Alutto 对该测量进行了修订，用以测量计算承诺。该承诺同样反映员工投入组织的成本。另外，沿着 Porter 等人的定义，Mowday、Steers 和 Porter 开发出的 15 个题项的组织承诺调查问卷（Organizational Commitment Questionnaire，即 OCQ），是组织承诺研究领域应用较为广泛的量表之一。但后来有研究对该量表提出批评，指出其容易和离职意愿产生概念冗余。因此，后面大量研究使用 9 题项的简化量表，获得了良好的效果。

而持多维度观点的学者以 O'Reilly 和 Chatman，Meyer 和 Allen 等为代表。其中，O'Reilly 和 Chatman 认为组织承诺包含三个维度，即顺从、认同和内部化。顺从即对组织人力资源政策的服从，目的是获得激励或避免惩罚。认同即对组织价值观和目标的认同。内部化即组织和个体价值观的一致。同时该研究开发了 21 个题项的量表进行测量。在后期应用中，多使用 12 题项的简化量表。Meyer 和 Allen 的研究是组织承诺研究领域最具影响力的研究之一。他们将组织承诺分为：情感承诺、持续承诺与规范承诺。情感承诺描述组织成员对组织的依附、认同与融入；持续承诺描述成员对离开组织成本的感知；而规范承诺则描述了组织成员对于组织的责任感。他们在前期 Meyer 和 Allen 的研究基础上提出了 24 题项的量表，分别用 8 个题项测量组织承诺的不同维度。他们又进一步提出了简化的 18 题项量表。也有学者将持续承诺进一步分为“高牺牲”和“低选择”维度，进一步构成四维度的组织承诺结构。凌文辁、张治灿和方俐洛通过半开放式问卷所搜集的中国样本，经过主成分分析，在实证研究结果基础上提出了五维度的组织承诺模型，即感情承诺、理想承诺、规范承诺、经济承诺和机会承诺。其中感情承诺表达对组织认同和情感依附；理想承诺表达重视个人的成长，追求理想的实现；规范承诺表达个人对组织的责任感；经济承诺表达留在组织是因为害怕经济损失；而机会承诺表达没有合适的替代工作。他们在研究中给出了组织承诺的测量，量表共有 25 个题项，但量表的整体信度并不理想（α=0.67）。

通过以上关于组织承诺维度和测量的总结，能够看出大多数研究认为组织承诺是个人对组织的一种态度。而且大多研究都包含个人对于组织认同、情感依附的成分。Porter 的组织承诺，O'Reilly 和 Chatman 的认同和内部化，Meyer 和 Allen 的组织情感承诺十分相似，被认为是表达了同样的承诺的核心内容。而且大多数的研究在提到组织承诺时除非有特别强调，一般都指情感承诺。Meyer 等与 Ng 和 Feldman 都认为情感承诺是最适合的组织承诺形式，而且其与其他员工的态度和行为之间的相关性也最强。另外，就测量而言，Cohen 推荐在工作多维度承诺研究中，使用组织情感承诺量表进行研究。正如 Jaros 所表达的观点一样，组织情感承诺量表是一个操作性强、聚焦清晰而准确的量表。因此，本研究选择 Meyer 和 Allen 的组织情感承诺作为组织承诺的代表，进行后续工作多维度承诺的研究。

3. 组织承诺的前因和结果变量

1）组织承诺的前因变量

由于关于组织承诺的研究众多，众多变量与组织承诺的关系得到了关注与研究。纵观组织承诺领域较有影响力的综述和后分析研究，能够将组织承诺相关前因变量分为 3 大类。

（1）个体属性。个体属性包含人口统计学变量，如年龄、性别、受教育程度、婚姻状况、职位任期、组织任期和个人特征变量,如成就需要、权力需要、工作伦理、感知的个人能力、薪水、控制聚焦(Locus of Control)、自我效能感等。对于人口统计学变量,研究结论显示,女性的组织承诺水平整体高于男性,已婚人群的组织承诺水平更高。其他人口统计学变量都对组织承诺有正向影响。对于个性特征变量,仅控制聚焦对组织承诺有负向影响,其余均有正向影响。

(2)与工作相关的变量。与工作相关的变量包含角色状态,如角色模糊、角色冲突、角色超载等;工作特征,如工作认同(Task Identity)、反馈、工作压力、技术多样性、工作自治、工作挑战、工作范围(Job Scope)等;工作体验,如组织支持、领导方式、交互公平、分配公平、程序公平,组织可靠性等。对于角色状态变量,它们三者均会降低个体的组织承诺。对于工作特征变量,工作压力会降低组织承诺水平,其余变量对于组织承诺有着积极影响。

(3)群体领导关系,群体领导关系包括群体态度、领导奖惩行为、群体凝聚力、领导方式等。这些变量有助于个体提高组织承诺水平。

2)组织承诺的结果变量

结果变量同样聚焦于常见的组织行为学产出,如留职意愿、离职、离职意愿、退出认知、旷工、自评价绩效、主管评价绩效、组织公民行为、工作满意度、工作压力、工作家庭冲突等。Meyer 等, Mathieu 和 Zajac 对产出变量的后分析表明,它对于积极的产出(留职意愿、自评价绩效、主管评价绩效、组织公民行为、工作满意度)均有积极的推动作用;相反对于消极的产出(离职意愿、退出认知、离职、旷工、工作压力、工作家庭冲突)有着负向影响,能够降低它们的水平。

另外,有一些变量被认为是与组织承诺相关的变量,尤其是几种工作多维度承诺的组成形式,如工作卷入、职业承诺,整体工作满意度,对薪水、同事、升职、主管等的满意度等。它们与组织承诺都呈正相关关系。

综上所述,众多组织承诺的前因和结果及相关变量都得到了研究。通过影响因素的研究,能够得出工作伦理对于推动组织承诺的形成有着积极的作用,而且组织承诺与工作卷入、职业承诺之间有正向的相关关系,也从一方面表明了组织承诺在工作多维度承诺结构中的重要性。组织承诺作为与组织所关心的员工产出变量,如个人绩效、组织公民行为、离职意愿等联系最为紧密的承诺形式,可能在工作多维度承诺各个组成部分与员工产出变量间起到桥梁即中介作用,能够更好地解释各维度承诺与产出变量之间的影响关系。另外,对组织承诺前因和结果变量的研究,有助于组织通过提高组织承诺而提高组织效益和生产率。

2.4.5 主管承诺相关研究述评

组织行为学从很早就开始关注领导和成员之间的关系以及领导对员工的影响作用,因为领导尤其是员工的直接主管是对其职业生涯影响最大的因素。但在承诺研究领域,一直到 20 世纪 80 年代才开始有部分学者注意到该聚焦的承诺。这也是伴随工作承诺研究的展开,员工承诺对象多元化趋势而出现的。在 Morrow 确立了五维度工作承诺的概念基础上,Reichers 在他的工作承诺五分法(即高级管理层、主管、同事、顾客、组织中其他群体或个人)

模型中提及了主管作为承诺对象的概念。由此,逐渐有学者开始进行有关主管承诺的研究。

1. 主管承诺的定义

Becker 和 Becker 等在研究中涉及了主管承诺的概念,借鉴 O'Reilly 和 Chatman 关于组织承诺三维度的划分,将组织承诺的概念借鉴到主管承诺上,从服从、认同、内部化三个维度对主管承诺进行定义。但 Becker 等认为,应将"顺从"维度去掉,因为服从是以潜在的奖励或报酬为目的的而不是以社会实体为目的的。从认同和内部化角度来看, Becker 认为当下属对主管的态度、行为、特质等方面产生敬佩的时候,认同感就产生了;当下属觉得自己的价值观与主管一致时,则行为上较易出现对主管的模仿,此时下属将主管的价值观内部化为自我价值观。Clugston、Howell 和 Dorfman 借鉴 Allen 和 Meyer 的三维度组织承诺模型,将承诺对象转换为主管对主管承诺进行定义。因此,主管承诺就是被定义为员工对主管认同和依附的水平、员工对主管的责任感和义务与感知到的离开主管的成本三个方面。Chen 在其前期对华人社会的研究基础上,表明华人社会表现出权力距离较大、主管是更为接近员工的影响因素,因此员工可能更倾向于对距离自己更近的主管做出承诺。他对主管承诺的定义为:下属对其主管认同、依附和贡献的相对强度。在随后的研究中, Chen、Tsui 和 Farh 认为员工与主管之间的心理依附关系应该被称为"对主管的忠诚"(Loyalty to Supervisor 或 Supervisor Loyalty),但有许多学者认为承诺与忠诚在组织行为研究时应被视为同义词,郑伯勋等人也在其研究中仍沿用主管承诺的用法。综合以上观点来看,主管承诺的研究是在借鉴组织承诺的基础上,由工作环境中多对象承诺研究的开展而受到重视不断深入的。各种承诺定义的共同之处在于都认为主管承诺的本质在于下属对其主管的认同和依附, Chen 的定义就很好地反映了主管承诺的本质,且较好地契合了承诺的一般定义。因此本研究认为主管承诺就是员工对其主管认同和依附的程度。

2. 主管承诺维度及测量

由于主管承诺的发展是建立在组织承诺发展基础上的,因此主管承诺的维度研究也借鉴了组织承诺的研究成果,其中最具代表性的是以下三类研究。

(1)基于 O'Reilly 和 Chatman 的三维度划分。O'Reilly 和 Chatman 在借鉴态度转变所经历过程研究结果的基础上,将组织承诺划分为顺从、认同和内部化三个维度。Bekcer 和 Billings 就在其研究中将承诺的对象换成主管对主管承诺进行划分,随后许多研究也采纳了这种划分方法,而郑伯勋等人在其研究中借鉴了对主管认同和内部化的维度。

(2)基于 Allen 和 Meyer 的三维度划分。Allen 和 Meyer 所提出的组织承诺三维度模型是对组织承诺乃至承诺研究领域都有很大影响的模型之一。Clugston、Howell 和 Dorfman 就按照该模型将承诺对象换成主管,分别从情感、持续、规范三个方面对主管承诺进行研究。之后的研究中,更多的研究者尤其是西方的研究学者都倾向于采用该分类法进行主管承诺的研究,而且在研究中对主管的组织情感承诺和规范承诺有更多的关注,这也是受到组织承诺研究中持续承诺在研究中存在争议的影响所致。在最近的研究中, Landry 等提出四个维度的主管承诺模型,但该模型还是基于 Meyer 和 Allen 的承诺模型,只是将持续承诺进一步划分为两个维度,即高牺牲和低选择,即从情感、规范、高牺牲和低选择四个方面研究主管承诺。该研究虽然进一步推进了主管承诺的研究,但是并未跳出 Meyer 和 Allen 关于组织承诺研究的模型。

(3)Chen、Tsui 和 Farh 的五维度划分。香港学者陈振雄等人在研究华人社会员工特点的基础上,结合 Meyer 和 Allen, O'Reilly 和 Chatman 的研究,提出了主管承诺的五维度模型,分别是对主管的奉献、对主管的额外努力、对主管的依附、认同主管和内化主管的价值观。他们认为持续承诺不能算是承诺或者忠诚,是因为员工如果基于成本感知,就会过于关心自我得失,做出的行为都是出于不得已而为之。陈振雄等人的五维度主管承诺模型,在以往主管承诺态度维度(如认同、内部化或情感、规范等)基础上加入了行为维度的成分,使得该模型更适合华人社会。

综合看来,三种主管承诺的模型均有深厚的组织承诺研究基础,共同点在于都关注到了主管承诺的核心本质,即员工对主管的认同和依附。因此,鉴于工作承诺研究的多聚焦性,本研究借鉴 Meyer、Allen 和 Smith 组织承诺模型中组织情感承诺的部分,以此作为主管承诺的测量纳入工作多维度承诺的组成部分进行研究。选择该成分的原因有以下三点。

(1)主管的组织情感承诺概念与测量均基于组织情感承诺,该维度和测量的广泛性以及获得实证的支持性更好。

(2)主管的组织情感承诺表达了 Becker 对主管的认同和依附维度相似的内容,具有代表性,同时很好地契合了承诺的一般定义。

(3)在以往的实证研究当中,该结构与其他承诺结构有较好的区分效度。该结构的以上特性能够满足工作承诺研究所推荐的每个承诺聚焦自身更具代表性,与其他承诺聚焦能相互区分的观点。

3. 主管承诺的前因和结果变量

1)主管承诺的前因变量

主管承诺的相关研究不断增多,主管承诺影响因素和其结果变量逐渐得到研究。主管承诺的前因变量主要分为以下两大类。

(1)文化因素。Clugston、Howell 和 Dorfman 研究了文化的不同维度对主管承诺的影响。研究结论表明,四个文化维度(权力距离、不确定性规避、集体主义-个体主义和阳刚-阴柔)中,仅集体主义-个体主义维度对主管组织情感承诺有显著影响,即集体主义越高,员工主管组织情感承诺水平越强;而权力距离、不确定性规避对主管持续承诺有显著影响;权力距离和集体主义-个体主义维度对主管规范承诺有显著影响。

(2)与主管相关的变量。其中, Stinglhamber 和 Vandenberghe 发现感知到的主管支持(Perceived Supervisor Support)显著且积极影响员工的主管组织情感承诺,并且在固有令人满意的工作条件与主管承诺之间起到中介作用。Vandenberghe、Bentein 和 Stinglhamber 采用 Liden 和 Maslyn 关于领导成员交换四分法,证实领导成员交换的情感和专业尊敬(Professional Respect)维度对主管组织情感承诺有显著影响。而 Jiang 和 Cheng 的研究中得出主管的伦理行为、感知到的主管支持、人际公平感知和对于等级的尊重程度能够积极影响主管承诺。另外,对于员工对于主管的信任、基于主管的自尊对主管承诺的积极效应也得到了证实。

2)主管承诺的结果变量

而结果变量方面,几个重要的组织行为学产出都得到了研究。

(1)绩效。Becker 等表明主管承诺对绩效有着积极影响,而且比组织承诺的解释力更强。同样, Wong、Becker 和 Kernan 得到了相似的结论,也发现主管承诺对绩效有着显著的积极影响而且效应强于组织承诺。

(2)组织公民行为。Becker 得到主管承诺与组织公民行为正相关的结论。在随后的研究中,该研究结论也不断得到支持。

(3)工作满意度。Becker 的研究表明员工的主管承诺与他们的工作满意感呈正相关。Chen 的研究不仅证实了主管承诺对于工作满意度的积极效应而且表明主管承诺的影响强于组织承诺。而 Cheng、Jiang 和 Riley 得到了相反的结论,认为组织承诺对工作满意度的影响强于主管承诺。虽然存在分歧,但主管承诺对于工作满意度的积极效应是得到了众多研究支持的。

(4)离职意愿。对于主管承诺对离职意愿的影响,众多研究都得出了负向显著影响的结论。

综合看来,主管承诺由于研究起步较晚,影响因素和结果变量的研究积累并不十分丰富。但从其影响来看,其对于大多组织行为学通常关注的产出变量均有显著的影响,而且有些影响强于组织承诺。就工作多维度承诺研究而言,以往的经典模型中少有模型将主管承诺纳入研究模型,因此少见其与其他承诺变量之间的关系研究。但仍有研究关注了其与组织承诺之间的关系,例如, Cheng、Jiang 和 Riley(2003)就表明了主管承诺与组织承诺之间的正相关关系。本研究认为,在中国社会,主管与个人在组织环境中的生存状态与个人发展的相关性更为密切,个人与主管之间的联系较之西方更加紧密,因此在工作环境中,个人对主管的态度应该成为个人工作多维度承诺结构的组成部分。对该变量相关因素的梳理,有助于工作多维度承诺的构建,并为管理实践提高员工承诺水平提供借鉴。

2.5 工作多维度承诺各形式之间相互关系

Morrow 在其研究中表示,在确立了工作多维度承诺组成成分的基础上,有两个问题需要解决:其一是工作多维度承诺结构的各维度间能否相互区分,即是否存在概念上的冗余,实证上区分效度是否良好;其二,是否需要探讨各维度承诺之间的关系,它们之间的相互影响如何,中间的影响机制如何。因此,在探讨各承诺之间关系之前,需要就各个承诺形式之间的区分效度进行探讨。

2.5.1 多维度承诺概念重叠及区分效度

在工作多维度承诺研究中,尤其是在同一个研究中考虑了多个承诺形式的时候,由于概念之间有一定的相似性,所以概念间的冗余问题或概念间的区分性就是一个重要的问题。该问题之所以重要,是因为工作承诺各维度承诺间的区分性决定了研究的质量和价值。如果存在较高的多重共线性，那么其对研究的影响可能是致命的，研究所得出的结论的可靠性和借鉴意义也会大打折扣。

Cohen 认为，之所以会产生概念的冗余和多重共线性的问题，有两个原因：其一是多维度承诺的各个组成部分所采用的概念定义本身就不清晰，容易产生概念之间的重叠；其二是在操作定义方面，对于结构测量发展过程中采用了多个来源量表的题项进行测量，然后进行主成分因子分析得到结构的测量题项。而各题项来源于不同的研究且各研究对结构的定义不尽相同，因此会增加结构之间冗余和多重共线的可能性。另外，有些研究测量所使用的题项还包含了认同、行为倾向等相关的题项，增加了承诺与结果变量之间概念冗余和多重共线的可能性。

因此，Morrow 的研究对工作多维度承诺研究提出了重要的建议。首先，研究专注于承诺聚焦，不要再将承诺的基础引入。否则，会在已经很复杂的工作多维度承诺模型上增加结构间的冗余和多重共线性的可能。其次，在研究中需要严格地检查不同承诺形式之间的可区分性，即检验承诺变量之间的区分效度，保证概念之间的冗余不给后续研究造成困扰。该观点也得到了 Blau 和 Cohen 的认同，他们也认为工作多维度承诺模型需要更加专注于承诺聚焦的讨论。Cohen 针对减少承诺之间概念的冗余提出了建议，即进行研究的时候需要使用那些概念发展、定义和测量都经过以往实证研究多次检验的成熟的量表。

众多工作多维度承诺研究都遵循了 Morrow 和 Cohen 的建议，在他们的研究中检验各种形式承诺之间的区分效度，以确保概念之间的冗余性不会对研究产生影响。其中较有代表性的研究有以下几个。

（1）Cohen 的研究，以组织承诺为核心，研究了组织承诺与职业承诺、工作卷入（Job Involvement）、工作卷入（Work Involvement）和工作伦理之间的区分效度。针对组织承诺，他分别使用 Allen 和 Meyer，Porter 等关于组织承诺的量表分别进行测量，通过在 238 个护士样本上进行分析的结果得出，基于 Allen 和 Meyer 测量的三维度组织承诺与其余四种承诺形式所组成的七因子模型优于将三维度合并为一维度的五因子模型，说明该测量与其他四种承诺有较强的区分效度。同样对于 Porter 等的测量也能得出同样的结论，然而对比拟合指数来看，Cohen 得出 Allen 和 Meyer 的组织承诺的区分效度模型拟合优于 Porter 等人的测量，即在与其他四种承诺的区分效度方面，Allen 和 Meyer 的测量方式更佳，推荐在进行工作多维度承诺研究时使用该测量。

（2）Cohen 对 Morrow 与 Randall 和 Cote 的模型进行了对比。在该研究中，Cohen 针对组织情感承诺、持续承诺、职业承诺、工作卷入和工作伦理之间的区分效度进行了检验，同时探讨了持续承诺的两维度性对模型的影响。检验结果显示，将持续承诺分为高牺牲和低选择两个结构，与其他四种承诺组成的六因子模型相较于五因子模型更优。可以得到，组织情感承诺、职业承诺、工作卷入、工作伦理之间的区分效度是较强的。

（3）Hackett、Lapierre 和 Hausdorf 在研究当中，对组织承诺、职业承诺、工作卷入、工作伦理之间的区分效度使用探索性因子分析，并结合因子相关分析得出四个承诺能够相互区分的结论。组织承诺能够显著地预测从组织离职的意愿。

（4）Vandenberghe 等不仅考虑了多承诺聚焦，而且考虑了不同的承诺基础。研究关注了对组织和职业的情感、规范、持续承诺，对工作群体的情感、规范承诺与对欧洲的情感、规范承诺等十种承诺形式，在580名欧盟委员会翻译部门的工作人员的样本上，通过验证性因子分析结合因子相关分析进行区分效度检验，结果显示仅组织情感承诺、职业情感承诺，对工作群体的情感、规范承诺，对欧洲的情感、规范承诺能够相互有效区分，而组织规范承诺与职业规范承诺，组织持续承诺与职业持续承诺之间存在较高的相关性，区分效度较差。

本研究就以往工作多维度承诺研究中关注区分效度的研究进行总结，如表2-2所示。通过总结能够看出，大多工作多维度承诺研究均重点关注聚焦，都获得了良好的区分效度。有部分研究既关注承诺的聚焦又关注基础，就有区分效度不明显的问题出现。另外，就使用的量表方面来讲，组织承诺的测量多用OCQ或者Allen和Meyer的测量，工作卷入多用Kanungo的测量，而职业承诺多用Blau的测量，工作伦理常用Mirels和Garrett的量表。这也正印证了Cohen、Jaros对工作多维度承诺进行研究时对各个承诺测量的推荐。使用这些量表进行研究，产生概念冗余和多重共线性问题的可能性会大大降低。而在检验方法上，主成分因子分析和验证性因子分析是常用的检验手段。但对于实证研究来讲，Cohen建议使用验证性因子分析对结构之间的区分效度进行验证。因为在现有量表基础上，验证性因子分析能够表明所假设的工作承诺结构能否很好地拟合数据。因此，本研究在进行承诺之间区分效度检验时采用验证性因子分析的方法。

表2-2 工作多维度承诺研究区分效度检验总结

研究	研究的承诺形式	区分效度验证方法	研究所用量表	样本	具有区分效度的结构	区分效度存在问题的结构
Blau(1985)	职业承诺、工作卷入和组织承诺	主成分因子分析	职业承诺(Blau,1985)；工作卷入(Kanungo,1982)；组织承诺(Mowday等,1979)	大型医院119名注册护士	职业承诺、工作卷入和组织承诺	无
Brooke, Russell和Price(1988)	工作满意度、工作卷入和组织承诺	验证性因子分析	工作满意度(Price和Mueller,1981)；工作卷入(Kanungo,1982)；组织承诺(Porter等,1974)	退伍军人医疗管理中心577名员工样本	工作满意度、工作卷入和组织承诺	无
Blau(1988, 1989)	职业承诺、工作卷入和组织承诺	主成分因子分析	职业承诺(Blau,1988)；工作卷入(Kanungo,1982)；组织承诺(Mowday等,1979)	(1)报业流通部分137名一线非工会主管(1988)；(2)大型银行133名全职柜员(1989)	职业承诺、工作卷入和组织承诺	无
Mathieu和Farr(1991)	工作满意度、工作卷入和组织承诺	验证性因子分析	工作满意度(Weiss, Dawes, England和Lofquist,1967)；工作卷入(Lodahl和Kejner,1965)；组织承诺(Porter等,1974)	2个样本：(1)来自7个组织的483名工程师；(2)194名运输汽车司机	工作满意度、工作卷入和组织承诺	无

续表

研究	研究的承诺形式	区分效度验证方法	研究所用量表	样本	具有区分效度的结构	区分效度存在问题的结构
Cohen(1996,1999a)	组织情感承诺、组织规范承诺、组织持续承诺、职业承诺、工作(Job)卷入、工作伦理和工作(Work)卷入	验证性因子分析	组织承诺(1)Allen和Meyer(1990);(2)Mowday等,1979; 职业承诺(Blau,1985); 工作(Job)卷入与工作(Work)卷入(Kanungo,1982); 工作伦理(Mirels和Garrett,1971)	加拿大两家医院238名护士	组织情感承诺、组织规范承诺、组织持续承诺、职业承诺、工作(Job)卷入、工作伦理和工作(Work)卷入	无
Chang(1999)	组织情感承诺、组织持续承诺、职业承诺	主成分因子分析	职业承诺(Blau,1989); 组织情感与持续承诺(Meyer和Allen,1991)	韩国8个商业或经济研究所的227名老师	组织情感承诺 职业承诺	组织持续承诺
Boshoff和Mels(2000)	组织承诺、职业承诺、工作卷入、主管承诺	斜交旋转的探索性因子分析	组织承诺(Mowday等,1982); 工作卷入(Lodahl和Kejner,1965); 职业承诺与主管承诺:改编自OCQ(Mowday等,1982)	382名会计、老师和办公室管理人员	组织承诺 职业承诺 工作卷入 主管承诺	无
Vandenberghe等人(2001)	对组织和职业的情感、规范、持续承诺,对工作群体的情感、规范承诺与对欧洲的情感、规范承诺	验证性因子分析结合因子相关分析	组织承诺三维度(Meyer和Allen,1991); 其余测量将该量表的聚焦替换为职业、工作群体、欧洲	欧盟委员会中翻译部门的580位工作人员	组织情感承诺,职业情感承诺,对工作群体的情感、规范承诺,对欧洲的情感、规范承诺	组织规范承诺与职业规范承诺,组织持续承诺与职业持续承诺
Clugston,Howell和Dorfman(2000)	对组织、主管、工作群体的情感、规范、持续承诺	验证性因子分析	组织承诺三维度(Meyer和Allen,1991); 其余测量将承诺聚焦替换为主管和工作群体	州财税管理部门的175名工作人员	对组织、主管、工作群体的情感、规范、持续承诺	但某些题项在两个潜变量上都有较高载荷,因此予以删除
Hackett,Lapierre和Hausdorf(2001)	组织承诺、职业承诺、工作(Job)卷入、工作(Work)卷入	主成分因子分析结合因子相关分析	组织承诺(Mowday等,1979) 职业承诺(Blau,1985) 工作(Job)卷入与工作(Work)卷入(Kanungo,1982)	852名护士工会全职或兼职护士	组织承诺、职业承诺、工作(Job)卷入、工作(Work)卷入	无
Vandenberghe,Bentein和Stinglhamber(2004)	主管情感承诺、组织情感承诺、工作群体情感承诺	验证性因子分析	组织情感承诺(Meyer,Allen,and Smith,1993); 其他测量将情感承诺聚焦变为主管和工作群体	301大学校友	主管情感承诺、组织情感承诺、工作群体情感承诺	无

续表

研究	研究的承诺形式	区分效度验证方法	研究所用量表	样本	具有区分效度的结构	区分效度存在问题的结构
Chan、Snape 和 Redman (2011)	对组织、主管、工作群体、工会的情感性承诺和工具性承诺	验证性因子分析	情感性承诺(Vandenberghe, Bentein and Stinglhamber, 2004); 工具性承诺自己开发	252 名合资摩托生产企业的员工	对组织、主管、工作群体、工会的情感性承诺和工具性承诺	无

资料来源:本研究总结

此外, Cooper-Hakim 和 Viswesvaran 在以往承诺之间相关关系研究的基础上,进行了后分析研究,对多类承诺进行了分析。研究中总结了 5 大类承诺类型,分别为组织承诺、工作卷入、职业承诺、工作伦理和工会承诺。其中,组织承诺包含以往研究中的五种组织承诺即计算、态度承诺,持续、情感、规范承诺。职业承诺包含以往研究中八种承诺形式,以专业承诺(Professional Commitment)、职业承诺(Occupational commitment)和职业生涯特点(Career Salience)为代表。工作伦理包含以往研究中的四种,以新教工作伦理(工作伦理)和工作卷入(Work Involvement)为代表。研究通过后分析,表明工会承诺和组织承诺中的计算承诺或持续承诺可能无法作为工作多维度承诺的组成形式,因为它们与工作卷入或职业承诺没有相关关系,该结论也支持了 Morrow 将工会承诺排除在工作多维度承诺结构之外的理由。持续承诺因为自身的多维度性,也与其他承诺形式相关性较低或者不相关,因此他们认为该承诺也不太适宜作为工作多维度承诺结构的组成形式。除此之外,检验的各形式承诺之间的相关关系大多是适中的,支持了各个承诺结构能够相互区分的观点,但也发现了组织情感、规范、持续承诺与职业情感、规范、持续承诺的相关性较高,不能相互区分的结果,也证明了工作多维度承诺研究应该以聚焦为重点的观点。

综上所述,工作多维度承诺研究中各个承诺形式之间的区分效度问题是需要重视的问题之一。在以往的研究中,得出了大多承诺结构都能相互区分的结论。众多研究的结果也表明,在研究工作多维度承诺时,更多关注承诺的聚焦,仅从聚焦方面进行多维度承诺模型的构建是降低概念冗余、提高区分性的有效手段。另外,在选择承诺的操作定义即测量方式的时候,要使用那些概念发展、定义和测量都经过以往实证研究多次检验的成熟的量表。因此, Cohen 就推荐在工作多维度承诺研究中使用 Kanungo 的工作卷入量表、Blau 的职业承诺量表,以及 Allen 和 Meyer 的组织情感承诺量表。此外,研究中宜采用验证性因子分析方法,对承诺之间的区分效度进行检验。

2.5.2 工作多维度承诺各承诺形式间关系

按照 Mueller、Wallace 和 Price 的观点,各个承诺形式之间的关系十分重要,因为它们能够影响这些承诺与产出变量之间的关系,但较少研究关注了工作多维度承诺各个承诺形式之间的差异或者尝试探索它们之间的关系。情况随着 Morrow 工作多维度承诺模型的提出得到了改观,不少研究开始关注工作多维度承诺的构成与各成分之间的关系。在工作多维度承诺基础上探讨承诺形式之间关系的研究中,最具代表性也是最为重要的两个研究是Morrow(1993), Randall 和 Cote(1991)。在两者模型之上,后续众多研究对两个模型不断进行验证和比较并提出一些新的模型。

1.Morrow 的研究

Morrow 在其工作多维度承诺模型即包含组织情感承诺、持续承诺、工作卷入、职业承诺和工作伦理的模型基础上,进一步探讨它们之间的关系,提出将五个不同的承诺形式置于五个同心圆中,工作伦理在最内部的圆内,依次向外分别是职业承诺、持续承诺、组织情感承诺,而工作卷入在最外围的圆中。Morrow 认为越靠近圆心处的承诺形式本质上更加具有意向性、文化性,能够保持相对稳定性不随时间变化而改变。而相反的,越远离圆心的承诺形式越容易受情境因素的影响,因而更加容易发生变化。

同样,按照 Morrow 的观点,内层的承诺会影响外层的承诺,而且两承诺越近影响越强。由此能够知道,Morrow 认为内圈承诺对外圈承诺的影响是能够传递的。内圈对外圈承诺有较强的影响,如果再向外圈扩展,影响会减弱。由此可以得出 Morrow 对于五个承诺形式之间关系的模型如图 2-4 所示。

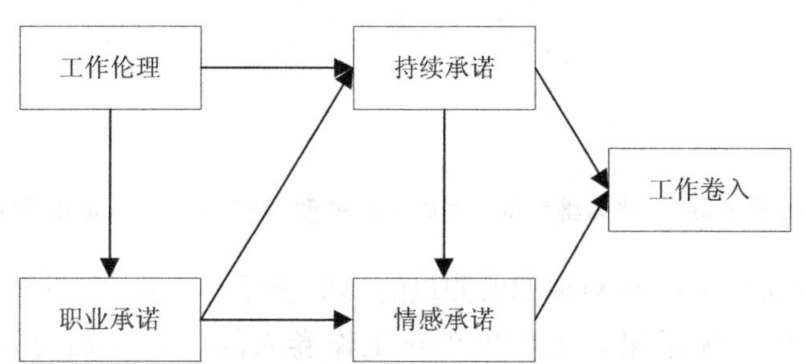

图 2-4 Morrow 工作多维度承诺影响关系模型(资料来源:Cohen(1999a))

Morrow 的模型从两方面推动了工作多维度承诺的发展。首先,她提出了在工作环境中员工众多承诺形式当中最为重要的五种承诺形式;其次,她提出了各个承诺形式之间是如何相互影响的。但是, Morrow 在研究中仅提出了承诺形式之间的相互影响,但并未对影响机理进行解释。在随后的研究中,学者们不断对 Morrow 的模型的构建和之间的关系进行解释,推动了工作多维度承诺的发展。Yoon、Baker 和 Ko 对该模型较近的对象产生较强承诺是因为个体对距离更近对象的个人依附即个人的情感关系更强。这也是个人对社会系统的子群体的依附关系强于社会系统的原因。Gregerson 同样表达相似的观点,认为与员工越靠近的影响因素越能够对员工的行为产生更显著的影响。他从社会交换过程中关注该影响,认为与员工越接近的影响因素,越能为员工提供更多的交换机会,建立更强的交换关系,因此个体会对“距离”较近、有潜在影响的聚焦产生强烈的认同感和情感依附。对于员工来说,工作是更为接近的聚焦,因此工作卷入在最外层。而工作伦理是较远的聚焦形式,因此在最内层。近因性的思想为讨论承诺之间关系和 Morrow 所提出的模型提供了合理的解释。

2.Randall 和 Cote 的研究

Randall 和 Cote 同样在其提出的工作多维度承诺模型之上，探讨五种承诺形式之间的关系。该研究多维度承诺模型的组成部分与 Morrow 的模型有所不同。该模型认为组织承诺是一个整体概念，而且引入了员工对工作群体的承诺作为工作多维度承诺模型的组成部分。但两模型最大的不同在于，Randall 和 Cote 认为工作卷入是各种承诺之间的桥梁即中介变量。他们构建该关系模型是因为他们并未用近因性和时间性这两个包含在 Morrow 模型当中的基本假设，而是按照情境强度的方法来将不同承诺形式联系起来。他们认为工作环境中的体验体现为工作承诺的水平，决定了对于其他工作情境中对象的情感反应。Randall 和 Cote 基于社会交换理论提出工作卷入的中介作用，认为个人总是寻求回馈于那些有益于自己的对象。有着积极或者消极工作体验的人会将原因归于组织或者职业，他们通过表现出较高或者较低的工作卷入的方式来表现他们对组织或者职业的依附程度。其假设模型如图 2-5 所示。

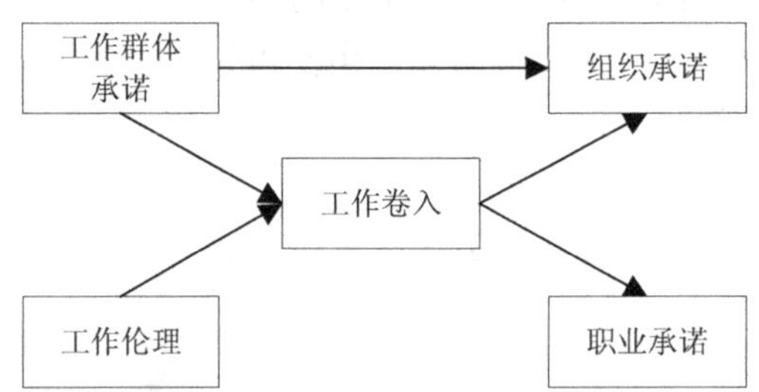

图 2-5 Randall 和 Cote 工作多维度承诺影响关系模型(资料来源:Randall 和 Cote(1991))

在研究中，Randall 和 Cote 对他们所假设的模型进行了检验，五条路径当中的四条都得到了验证，其中工作群体承诺和工作伦理对工作卷入的影响分别为 $\beta=0.14$($p<0.01$)和 $\beta=0.37$($p<0.01$)，而工作卷入对组织承诺和职业承诺的影响分别为 $\beta=0.38$($p<0.01$)和 $\beta=0.51$($p<0.01$)，但工作群体承诺对于组织承诺的影响并不显著，$\beta=0.03$(n.s.)，而且模型整体的拟合性并未达到理想水平($X^2=1\ 549$，$df=58$，$NNFI=0.719$)。他们对该问题的解释认为最重要的原因可能是在工作多维度承诺模型构建的时候忽略了某些重要的承诺形式。

Randall 和 Cote 所提出的模型引入社会交换理论，较好地解释了工作多维度承诺各维度之间的关系，但是实证研究的结果给予工作卷入的中介作用以支持，并未对工作群体承诺对工作卷入的影响予以支持，而且整个模型的拟合性并不好，表明工作群体承诺作为工作多维度承诺成分可能存在问题。另外，正如他们所解释的原因一样，忽略了其他重要的组成成分。

3.Cohen 的研究

Cohen 在加拿大两家医院的 238 名护士样本基础上，对 Morrow 的模型(简写为 M 模型)和调整过的 Randall 和 Cote 的模型(简写为 RC 模型)进行了实证研究。他在研究中按照 Morrow 的工作多维度承诺模型进行成分选择，即选择工作伦理、职业承诺、工作卷入、组织情感承诺和持续承诺作为研究对象，在构建了 M 模型的同时，也按照 Randall 和 Cote 工作卷入是中介变量的思想构建了新的 RC 模型，并对其进行检验。模型如图 2-6 所示。

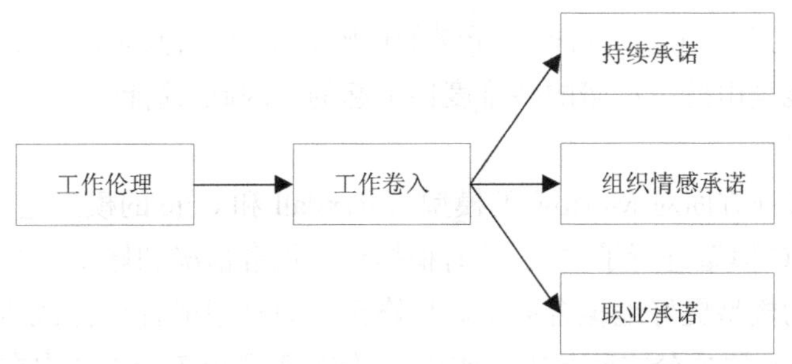

图 2-6　Cohen 工作多维度承诺关系 RC 模型(资料来源:Cohen(1999a))

检验结果表明,从整体拟合性来看，M 模型的整体拟合性并不好,在进行模型比较时并无显著差异,而新 RC 模型有良好的拟合。在路径分析中,就 M 模型来讲,仅三条路径显著,即职业承诺影响持续承诺($\beta=-0.23$，$p<0.05$),职业承诺影响组织情感承诺($\beta=0.62$，$p<0.05$),组织情感承诺影响工作卷入($\beta=0.73$，$p<0.05$);就新 RC 模型来讲,四条路径中有三条显著,即工作伦理影响工作卷入($\beta=0.28$，$p<0.05$),工作卷入影响组织情感承诺($\beta=0.71$，$p<0.05$),工作卷入影响职业承诺($\beta=0.62$，$p<0.05$)。相较而言能够看出,新 RC 模型比 M 模型表现出更好的数据拟合性。

另外，Cohen 表示,虽然新 RC 模型比 M 模型能够更好地拟合数据,但是从整体上讲,两个模型的拟合都并不优秀。因此,其根据结构方程的结果对模型进行了模型修正,得到了修正的 M 模型和修正的 RC 模型。修正后的 M 模型如图 2-7 所示,修正后的新 RC 模型如图 2-8 所示。

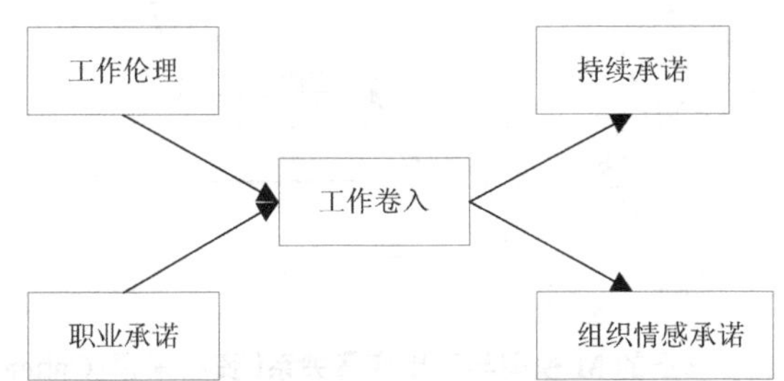

图 2-7　Cohen 工作多维度承诺关系修正 M 模型(资料来源:Cohen(1999a))

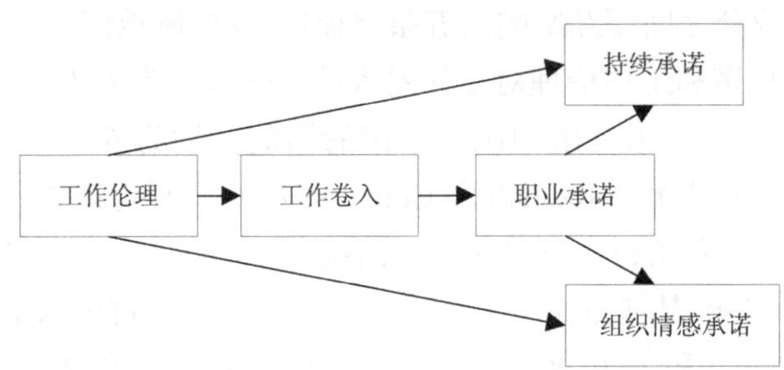

图 2-8　Cohen 工作多维度承诺关系修正 RC 模型(资料来源:Cohen(1999a))

修正后的 M 模型与修正后的新 RC 模型能够更好地拟合数据,而且在修正后的 M 模型的四条路径中,仅工作卷入对持续承诺的路径不显著,其余三条路径均显著。而且修正后的新 RC 模型中，也仅工作卷入对持续承诺的影响并不显著，其余的五条影响路径均显著。不显著的路径可能是由持续承诺的多维度性引起的。因此，这能够表明修正后的两个模型更好地拟合了数据。

该研究仅从实证方面对 Morrow 的模型与 Randall 和 Cote 的模型进行了对比。在研究中，Cohen 对原 RC 模型进行了改编，同时根据模型拟合情况和修正，建议进行了模型修正从而使得修正后的模型更好地拟合数据。从修正后的模型来看，仅从数据验证角度可以表明工作卷入在各个承诺成分之间起中介作用，工作伦理是员工个人的内在特质，是各个承诺的影响因素。另外，通过对模型 M 进行修正后所得模型来看，与 Randall 和 Cote 的模型相似，表明 Randall 和 Cote 的模型可能更能解释承诺各个形式之间的关系。

4.Cohen 的研究

Cohen 进一步基于以色列 283 名护士的样本，同样进行了模型对比，研究了 M 模型和 RC 模型在影响产出变量时的差异。该研究按照 Randall 和 Cote 的思想选取了工作伦理、职业承诺、群体承诺、组织情感承诺和工作卷入作为研究对象，为了能够进行 M 模型和 RC 模型的对比，M 模型也同样采用了该五个工作多维度承诺的组成成分但用群体承诺代替了原 M 模型中的持续承诺。在研究中，Cohen 重新修改了原 M 模型，得到了新 M 模型，该新 M 模型对产出变量的影响如图 2-9 所示。

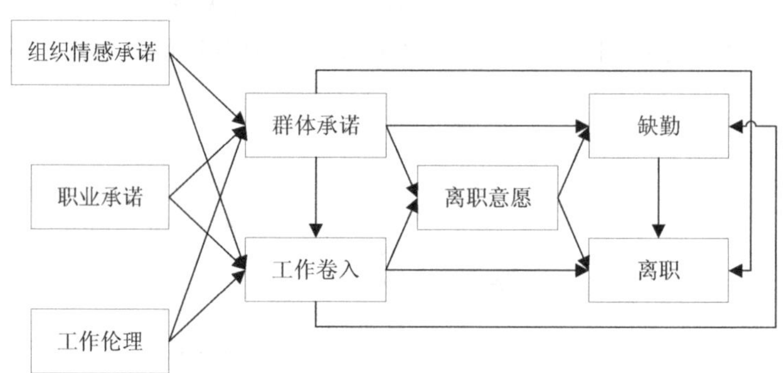

图 2-9 Cohen 修正的 M 模型与产出变量关系（资料来源：Cohen（2000））

根据检验结果，从整体拟合来看，RC 模型整体优于新 M 模型。从影响路径来看，就 RC 模型而言，承诺各个成分之间相互影响的五条路径中，仅群体承诺对组织承诺的路径不显著，其他路径中群体承诺和工作伦理对工作卷入的影响分别为 $\beta=0.29$（$p<0.05$）和 $\beta=0.61$（$p<0.05$），而工作卷入对组织承诺和职业承诺的影响分别为 $\beta=0.63$（$p<0.05$）和 $\beta=0.74$（$p<0.05$），该路径显著的情况与 Randall 和 Cote（1991）实证研究的结果一致；就新 M 模型而言，各承诺之间影响的六条路径当中，有两条不显著，即职业承诺对群体承诺的影响和工作伦理对群体承诺的影响，其他路径均显著。其中，组织承诺对群体承诺和工作卷入的影响分别为 $\beta=0.31$（$p<0.05$）和 $\beta=0.28$（$p<0.05$），职业承诺对工作卷入的影响为 $\beta=0.49$（$p<0.05$），工作伦理对工作卷入的影响为 $\beta=0.34$（$p<0.05$）。但群体承诺对离职意愿的影响不显著，即群体承诺在各承诺形式与离职意愿之间的中介效应没有得到验证。

总体看来，RC 模型的整体拟合效果要优于 M 模型的整体拟合效果，但群体承诺无论是在M模型中还是在RC模型中均不能很好地受承诺形式的预测或者预测其他承诺形式。该验证结果与Randall和Cote的结果相似,进一步回应了群体承诺在工作多维度承诺构成方面的质疑。另外,Cohen基于不同样本的实证检验结果显示,从整体解释力方面来讲,RC模型较M模型更优,从实证角度证明了Randall和Cote从社会交换的角度对工作多维度承诺的各个成分之间的关系进行解释更具合理性。

5. 其他研究

鉴于Cohen所做的工作,Hackett、Lapierre和Hausdorf的研究基于RC模型且在研究中去掉了群体承诺,仅研究了组织情感承诺、职业承诺、工作卷入、工作伦理对从组织和职业退出的影响。研究所得结论是工作卷入中介工作伦理对职业承诺和组织情感承诺的效应,而组织情感承诺和职业承诺分别中介工作卷入对离开组织和职业意愿的影响。在该研究中,简化的RC模型得到了验证。Freund和Carmeli则同样沿着Cohen的研究,采用了Cohen调整后的新RC模型,在此基础上又进行了改进。他们提出的新RC模型如图2-10所示。

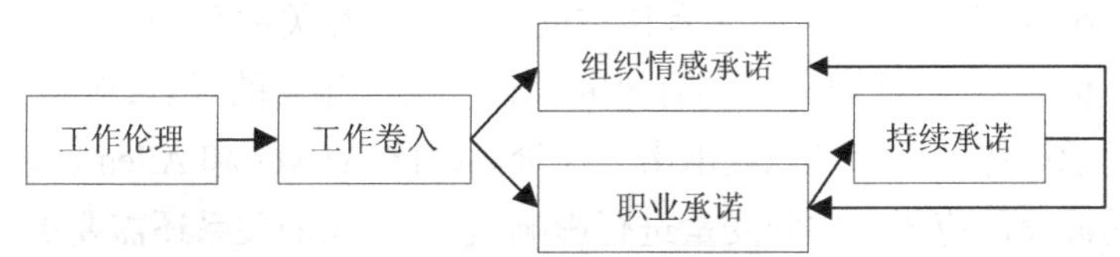

图2-10 Freund和Carmeli修正的RC模型(资料来源:Freund和Carmeli(2003))

验证结果显示,模型整体拟合良好,各条影响路径均显著。其中,工作伦理对工作卷入的影响为β=0.34(p<0.01);工作卷入对组织情感承诺和职业承诺的影响分别为β=0.45(p<0.01)和β=0.43(p<0.01);而职业承诺对持续承诺的影响为β=0.27(p<0.05);另外组织情感承诺和职业承诺的相关性为r=0.22(p<0.05)。该研究同样也说明了RC模型拟合的良好性,同时也对我们进一步探索各种承诺之间关系起到了推动作用。同样,Carmeli和Gefen(2005)继续按照Cohen(1999a)的思路,对比M模型和新RC模型,并尝试解释员工离开组织和职业的意愿,研究结论也支持了新RC模型拟合较M模型更好的结论。

综合以上对于工作多维度承诺结构之间关系以及其对员工产出影响的研究来看,两个最为重要的模型即Morrow(1993)、Randall和Cote(1991)的模型主导着工作多维度承诺各维度之间关系的研究方向。两个模型从不同角度对员工在工作环境中对不同对象产生承诺之间的传导机制进行了解释。通过多个实证分析的结果可以得出以下5点。

(1)整体上RC模型比M模型更好,也能够说明Randall和Cote对承诺之间关系的解释更为合理。M模型中内含的近因性假设似乎没能更好地解释承诺结构之间的关系,但该模型的理论框架仍旧为工作多维度承诺研究做出贡献。

(2)工作卷入的中介效应基本得到了支持。无论是RC原模型还是按照数据分析所修改的模型,工作卷入在各个承诺之间的中介作用在多个研究中都得到了支持,也从另一方面说明了Randall和Cote理论的解释力。

(3)职业承诺的位置需要进一步考虑。在两个模型中,除对于工作卷入的观点不同外,职业承诺的位置也不尽相同。在RC模型和修正后的RC模型中,职业承诺的位置均有所变化，因此也需要进一步探讨。

（4）总结各个研究关于路径影响的结果可以得出，持续承诺与其他承诺关系较弱或者不显著，这可能与其本身的多维度性有关。其自身能够分为高牺牲和低选择两个子维度，而且两个子维度与其他承诺形式之前的关系往往是反向的，这就造成了整体关系不强或者不显著的情况。另外，持续承诺的定义即离开组织成本的感知，该结构尤其在测量方面与离职倾向存在一定的冗余。樊耘、张旭和颜静认为持续承诺是个体产生不得不留在组织中、以避免损失为特征的对组织的心理依附，但不得不留在组织中仅是个体承诺的结果并非承诺本身。

（5）群体承诺较多出现与其他承诺关系不显著的情况，而且对产出变量的影响也不显著。这也引起对工作多维度模型引入群体承诺适当性的质疑。因此，Cohen 提出了以某种承诺形式代替群体承诺作为工作多维度承诺结构的组成部分的建议。

综合以上论述可以得出，组织情感承诺、职业承诺、工作伦理和工作卷入是工作多维度承诺结构的必要组成部分。另外，各个承诺之间多是呈正相关关系，即一种承诺能够推动其他承诺的形成。但是，在以往研究中仍有研究表达了与之相反的观点，例如，Gunz 和 Gunz 就认为对组织的承诺势必以牺牲职业承诺为代价。因此，Meyer 和 Allen 就表明承诺形式之间是兼容的还是冲突的应该有中间变量进行影响，它们之间的关系还需要更加精细的解读。Vandenberghe 和 Scanpello 也表示，情境因素是影响承诺之间关系的重要因素，未来研究需要关注情境因素在不同承诺关系间的调节作用。但以往研究中鲜有关注承诺之间、承诺与产出间的情境因素。综上所述，本研究在构建工作多维度承诺模型时将组织情感承诺、职业承诺、工作伦理和工作卷入纳入工作多维度承诺模型。另外，在诠释工作多维度承诺各维度关系时，借鉴 RC 模型，依据社会交换理论，对承诺形式之间的相互关系进行讨论。因为，个人进入组织进行工作的过程本身就是一个典型的社会交换过程，应用社会交换理论对各承诺之间关系进行解读必然有较好的效果。实证研究的结论也证实了该观点。另外，本研究还进一步对情境因素即调节变量对承诺形式之间关系的影响作更详细的研究。

2.6 工作多维度承诺相关结果变量综述

工作多维度承诺之所以重要，有众多研究学者进行研究，其价值在于工作多维度承诺能够有效地影响并预测员工重要的工作产出。Wiener 和 Vardi 就多种承诺形式与产出变量之间的关系进行研究，从实证方面证实了多维度承诺能够更好预测产出变量，为后面工作多维度承诺研究奠定了一定的基础。从工作多维度承诺研究开始，持续有学者进行尝试，期望能够更好、更清晰地解释这个问题（即工作多维度承诺如何预测员工的态度与行为，尤其是员工对组织的态度与行为）。

工作承诺中多个结果变量得到了研究，相关情况总结如表 2-3 所示。通过总结能够看出，以往工作多维度承诺模型的产出变量多聚焦于离职意愿、离职、绩效、组织公民行为等方面。因为它们都是组织较为关心的个人产出形式，而工作多维度承诺能够提高对它们的预测效应。

表 2-3 部分工作多维度承诺研究产出变量总结

研究	承诺数量	关注的承诺形式	产出变量
Blau(1985)	3	组织情感承诺、工作卷入、职业承诺	从工作、职业退出的意愿
Cohen(1993)	4	组织情感承诺、工作承诺,职业承诺、工会承诺	从组织、工作、职业中离职的倾向、工会活力、战斗性和成功
Cohen(1998)	5	组织情感承诺、工作卷入(Job Involvement)、职业承诺、工作卷入(Work Involvement)、工作伦理	离开组织、工作、职业的意愿,缺勤、绩效评价、工作引起的紧张
Cohen(1999b)	5	组织情感承诺;职业承诺;工作(Job)卷入和工作(Work)卷入;群体承诺	离职,离开组织、工作、职业的意愿,缺勤频率和持续时间
Boshoff 和 Mels(2000)	4	组织情感承诺、职业承诺、工作卷入、主管承诺	离职意愿
Hackett、Lapierre 和 Hausdorf(2001)	4	组织情感承诺、工作卷入,职业承诺、工作伦理	离开组织的意愿和离开职业的意愿
Siders、George 和 Dharwadkar(2001)	3	组织情感承诺、主管承诺、顾客承诺	绩效水平、销售收入、增长率、新客户、产品宽度、市场份额
Freund 和 Carmeli(2004)	5	组织情感承诺、组织持续承诺、职业承诺、工作卷入和工作伦理	组织公民行为
Carmeli 和 Gefen(2005)	5	组织情感承诺、组织持续承诺、职业承诺、工作卷入和工作伦理	离开组织的意愿和离开职业的意愿
Redman 和 Snape(2005)	4	组织和高管承诺、对老板的承诺、同事承诺和顾客承诺	离职意愿、绩效评价、对组织的 OCB、对个人的 OCB、运动员精神、顾客服务
Cohen 和 Freund(2005)	4	工作卷入、组织情感承诺、组织持续承诺和职业承诺	离职意愿、现在工作吸引程度、替代工作可获得性
唐琳琳、王重鸣和孟晓斌(2008)	3	组织情感承诺、职业承诺、群体承诺	离职意愿
Peng 等人(2009)	2	组织情感承诺和工作卷入	回馈行为(Feedback-seeking behavior)

2.6.1 离职意愿

Kinnie、Hutchinson 和 Purcell 认为,组织必须保证其最重要的资源,即人力资源的稳定和工作安全,而保证员工留在组织中是最为基本的条件。因此,关注离职意愿和离职行为就具有较强的理论和实践意义。工作多维度承诺研究对个人的离职行为和离职意愿给予了广泛的关注。Porter 和 Steers 认为离职意愿 / 离职倾向(Turnover Intention)是员工经历了不满意后指向退缩行为的意愿。Robbins(2001)将离职定义为员工离开组织,寻求新职位的行为,而离职意愿表达了员工离开现有工作的计划和愿望。Mobley(1977)表明了离职的动态过程,认为员工经历了不满意,会产生离职的念头,在评价工作机会的基础上会产生离职倾向,最终指向离职行为。

离职意愿是个体对离职的态度和认知,两者具有较高的相关性。通过离职意愿能够有效地预测离职行为的发生。Steel 和 Ovalle 在其关于员工行为意向和离职之间关系的研究中得到离职意愿和离职行为之间的相关性为 0.5。而且 Giffeth、Hom 和 Gaertner 针对员工离职行为的元分析同样得到了离职意愿能够显著影响离职行为的结论。由此能够看出,离职意愿是离职行为最佳的预测变量。

鉴于此,本研究选取离职意愿作为研究的产出变量。其一,因为与离职行为相比,离职意愿是工作多维度承诺研究中更受关注的员工心理产出之一,其作为行为倾向与作为态度的各类承诺有更紧密的联系。其二,离职意愿对于离职有较强的预测效果,组织可根据员工的离职意愿对员工的离职行为做出预判,采取措施降低离职意愿,减少离职行为发生。因此离职意愿对于管理实践更具意义。其三,离职行为的发生往往具有滞后性,研究需要纵向设计,这也是本研究不选择离职行为作为研究对象的原因。

2.6.2 个人绩效

个人绩效是组织最为关注的个人产出变量。个人绩效的好坏直接关系到组织绩效的水平。良好的绩效水平也是个人在与组织交换过程中提供的最好回馈。关于个人绩效的研究多种多样,关于如何界定,大致可以分为两类观点。一类以 Campbell 等人的观点为代表,认为个人绩效是与组织目标相关的个人行为。该观点认为行为本身就是绩效,与行为所产生的影响和结果无关。而另一类以 Rogers 和 Wright 为代表,认为员工的个人绩效不仅包含与组织目标相关的行为,还包含行为所产生的结果,而后者更为重要。两种绩效观点对应了 Borman 和 Motowidlo 的观点,他们将绩效也分为两类,一类是情境绩效(Contextual Performance),而另一类是任务绩效(Task Performance)。情境绩效可表现为与组织目标相关的所有行为,而任务绩效则注重对结果的评价。按照 Van Dyne、Cummings 和 Parks 的观点,情境绩效属于员工角色外行为的范畴,他在研究中就认为情境绩效与组织公民行为、亲社会公民行为等一起均是一种员工行为,是一种角色外行为。而通常管理时间和日常生活中提到的工作绩效更多的是任务绩效,即对员工行为结果的评价。

本研究选择从两方面考察员工的个人绩效水平。首先,因为个人的任务绩效是员工角色内所规定的内容,是组织的默认或者员工行为守则、岗位描述中明确的个人所应当努力完成的内容。它是组织最为看重的员工的产出,也是雇佣关系中组织考量个体的出发点。另外,员工的情境绩效同样是对组织有益的行为。按照角色外行为的观点,其应该是超出角色范围之外的员工自愿表现出的对组织有益的行为。它对于提高组织绩效、形成组织良好氛围同样起着重要的作用。因此,可以说情景绩效注重行为,任务绩效注重结果。本研究兼顾这两方面的因素,将个人绩效定义为个体与组织目标相关的行为及结果。在研究中,“个人绩效”是指个人的任务绩效,是对个人完成任务的整体评价。同时,本研究用组织公民行为作为员工的情境绩效,反映员工角色内容之外的行为表现。

个人绩效是可以被衡量与评估的。而对于个人绩效的评价方式一般有两种。其一,个人绩效通过个体自我感知的方式进行评价,一般是个体自我报告或评估个体的整体绩效表现或生产率水平;其二,个人绩效通过他人评价的方式进行,即让员工的上级或者同事对其绩效水平做出评价。有研究者认为,采用他人评价方式的绩效评价更好,因为这样个人的绩效评价更加客观,另外也能降低同源偏差的影响。因此本研究采用主管评价的方法来评价员工的个人绩效和组织公民行为。

2.6.3 组织公民行为

组织公民行为的研究起源于角色外行为研究,受到了学者广泛的关注。Katz 认为,个人在组织中需要完成他们角色内被分配的任务,同样还需要有超出角色期待的创新和自发行为,这表明个人在组织内有角色内与角色外行为的区分。之后,其进一步将角色定义为相伴于给定职位或工作的一系列期望的行为,从而给出了划分角色内外的依据。此后,角色内外行为的研究兴盛不断,尤其是角色外行为,因为超出角色期望的行为十分重要,不仅会对个体、群体产生影响,而且会影响组织存续。

伴随研究不断扩展,多种角色外行为相继被提出并得到广泛研究,其中就包括组织公民行为(Organizational Citizenship Behavior, OCB)和情景绩效行为(Contextual Performance Behavior, CPB)等。Organ 将组织公民行为定义为自由的、不被正式奖励系统直接或明确识别的、能有效提升组织运作的个体行为。对比 Van Dyne 等对角色外行为的定义(自由的、超出角色期望的、对组织有益或者希望对组织有益的行为),能够看出,组织公民行为是最有代表性的角色外行为,是员工自觉的、超出角色期望的直接或者间接有益于组织的员工行为。在众多研究中, Organ 是组织公民行为研究的奠基人,其研究受到了广泛的关注与认可,而且在工作多维度承诺研究当中,也多采用其对于组织公民行为的定义。因此,本研究采纳 Organ 对于组织公民行为的观点,探讨工作多维度承诺对 OCB 行为的影响。

对组织公民行为维度的讨论也多种多样。Organ 将组织公民行为分为 5 个维度,包含利他性、运动员精神、责任心、谦恭有礼和公民道德。而 Williams 和 Anderson 表明,依据行为指向能将组织公民行为分为指向组织的公民行为(OCB-O)和指向个人的公民行为(OCB-I)。而 Van Dyne、Cummings 和 Parks 的元分析区分了顺从型(Affiliative)和挑战型(Challenging)的组织公民行为。Coleman 和 Borman 则将 27 中不同的组织公民行为归为三类,即人际公民绩效、组织公民绩效和任务绩效。通过该归类也能够看出,组织公民行为能够作为个人绩效的一类表现形式。

Lepine、Erez 和 Johnson 在其综述类的后分析研究中表明,Organ 所区分的五个维度,其实表达了同样的潜在内涵,因为五个成分之间有较高的相关性。Podsakoff 等指出帮助行为(Helping behavior)作为组织公民行为中最具代表性的行为之一,能较好地反映组织公民行为的核心本质,是组织和团队绩效产出的重要预测变量。Van Dyne、Cummings 和 Parks 指出,顺从型组织公民行为以帮助行为为重要代表,也表明顺从型组织公民行为是人际、合作导向的,能够增强员工与组织及组织成员之间的联系。鉴于以上观点,本研究选取顺从型组织公民行为作为组织公民行为的代表,进行后续研究。

本研究选取离职意愿、工作绩效、组织公民行为作为研究的产出是基于以下几点考虑。首先,它们都是组织行为学和工作多维度承诺研究中常用的产出变量。其次,从管理研究的组织视角考虑,组织选择员工进入组织构成社会交换关系,最希望从员工那里得到的是稳定即留在组织中并能够发挥其作用,表现出良好的绩效水平。

2.7 本章小结

本章的主要工作是整理工作多维度承诺的研究文献,综述其理论基础,为本研究做理论准备。总结研究文献的结果,大体可得出以下四点。

(1)聚焦研究工作多维度承诺是多维承诺研究的方式之一,也被越来越多的学者所认同,因为从聚焦和基础两方面同时研究工作多维度承诺使得模型极其复杂,以聚焦为基础的工作多维度承诺研究,理论更合理,可操作性更强,更能解决工作多维度承诺研究的基本问题。

(2)以往模型中较为一致的承诺形式有组织情感承诺、工作卷入、职业承诺和工作伦理,可以以此为基础结合具体情境进行讨论。

(3)承诺之间能够相互区分,不同承诺之间有较好的区分度。

(4)对于承诺之间关系的解释,基于社会交换理论构建的 Randall 和 Cote 模型得到了更好的研究支持,能够更好地解释承诺之间的关系。

工作多维度承诺构成虽然复杂,但目前研究对于包含组织情感承诺、工作卷入、职业承诺和工作伦理基本已达成共识,只是罕见针对不同情境的概念构成的发展。本研究认为基于中国情境继续探讨工作多维度承诺的构成和各维度承诺之间关系能够获得工作多维度承诺的理论创新。

3 理论模型及假设提出

本章将结合绪论中提出的研究问题,在文献综述的理论基础上结合中国情境提出并阐释工作多维度承诺的构成问题,构建中国情境下的工作多维度承诺概念模型。并在此基础上,通过对研究文献的梳理,在相关理论证据的支持下针对工作多维度承诺各个承诺形式之间的关系提出一系列研究假设,同时对承诺之间关系可能存在的情境因素进行探讨并做出研究假设,由此对承诺形式之间关系进行更为细致的解读。

3.1 中国情境下工作多维度承诺模型的提出

工作多维度承诺是一个反映个人在组织环境即工作环境中与不同对象交换的综合概念。在工作多维度承诺研究当中,最重要的问题就是承诺聚焦的选择。Randall 认为,工作多维度承诺需要认真选取承诺聚焦,但是该问题在研究中通常被忽略,这就会引起研究问题的不一致。以往研究中,对于承诺聚焦的选择并未有太一致的观点,也为继续探讨该问题留下了空间。另外关于承诺的理论和研究,尤其是工作多维度承诺的研究大多来源于国外,国内很少有研究关注了该方面,不能说不是一种遗憾。中国有着不同于西方的文化背景,以及改革开放的时代主题,国内员工的工作多维度承诺结构如何？这个问题的回答就具有时代性和开创性,需要在现阶段中国文化背景下审视工作多维度承诺结构,考虑其特殊之处,在借鉴以往研究的基础上,结合承诺聚焦的一般性和特殊性、普适性与针对性,得出中国文化背景下能够适用的、有自身特点的工作多维度承诺理论模型。因此,本研究就以工作多维度承诺为研究对象,在中国现阶段背景下探讨该结构的组成,并进而研究各个成分之间的关系。

3.1.1 基本承诺形式

Morrow 在提出工作多维度承诺概念的时候同时提出了几个理论问题,其中最为重要的是工作多维度承诺结构包含哪些对于个体而言在工作环境中常见且稳定的成分或维度。该问题引发了学者们对于该研究问题的持续关注和思考。正如文献综述中所论述的以往研究,多个模型得到了研究,提出了如 Morrow 模型和 Randall 与 Cote 模型等经典模型。本研究认为,构建一个工作多维度承诺模型框架应该专注于鉴别每种承诺聚焦,选择在工作环境中与个人相关性更强的承诺聚焦,并在提出模型时注重其适用的情境,以增强其普遍性和实践性。由此,本研究根据以往工作多维度承诺研究中承诺聚焦选择的特点,提出选择工作多维度承诺模型各承诺聚焦时,需要从三个方面进行考虑:①承诺聚焦在以往研究中得到广泛研究;②与其他承诺之间联系较为紧密;③符合情境即文化背景。

Morrow 建议工作多维度承诺的结构当中需要包含情感承诺、持续承诺、工作(Job)卷入、职业承诺和工作伦理。Morrow 模型中的持续承诺在实证研究中与其他承诺之间的关系较弱。之所以出现这样的结果，是因为持续承诺的多维度性。有研究显示，关于持续承诺能够从高牺牲（High Sacrifice）和低选择（Low Alternative）两个维度进行研究。而且 Cohen 将持续承诺分为两个维度，研究其与其他承诺的关系。检验的结果表明，两个维度与其他承诺形式的相关性呈不同的形式。“高牺牲”与组织情感承诺、工作卷入和职业承诺正相关，然而“低选择”与组织情感承诺、职业承诺负相关。Allen 和 Meyer（1996）同样验证了这样的结果。Dunham 等应用结构方程模型中的验证性因子分析模型对持续承诺的多维度性进行了验证，结果表明两个子维度与不同承诺之间不同的相关关系能够解释持续承诺与其他承诺相关性并不显著的原因。持续承诺两维度之间的差异表明此概念存在问题，导致了持续承诺在研究中出现信度不高、聚合效度不好的情况。因此，按照本研究所确定的承诺聚焦选择标准，本研究认为持续承诺不适宜作为工作多维度承诺的组成成分。

Randall 和 Cote 也去掉了持续承诺的成分，取而代之的是工作群体承诺。Radall 和 Cote 认为，组织承诺、职业承诺、工作卷入、工作伦理和工作群体承诺是工作多维度承诺的必要组成部分。但该成分在实证研究中也并未得到很好的支持，出现与其他承诺关系不显著的情况，而且对于产出变量的影响也不显著。这也引起对于工作多维度模型引入工作群体承诺适当性的质疑。本研究认为，工作群体承诺容易与群体所嵌入的组织发生重叠，加之个人对群体的承诺对个体对于组织相关态度和行为的溢出效应并不明显，并且其与其他承诺形式的联系较弱，因此本研究不将工作群体承诺作为工作多维度承诺的组成部分。

虽然两个经典模型中均有一个承诺成分未得到广泛证实，但应该看到它们共有的四个共同承诺形式即工作伦理、职业承诺、工作卷入与组织情感承诺。在随后的研究中，众多学者对于工作多维度承诺构成做出研究，并逐渐达成共识，认为组织情感承诺、职业承诺、工作卷入是最为常态的承诺聚焦，应该在每个多维度承诺结构中出现。而 Blau（1997）提出，工作伦理是被忽略了的重要承诺形式，并认为工作伦理也应该被纳入工作多维度承诺结构之中，这也印证了 Morrow 模型和 Randall 与 Cote 模型的共同之处。同样，Blau、Paul 和 John 在构建工作多维度承诺具有代表性的成分时，就建议工作多维度承诺至少要包含个人的工作（Job）承诺、组织承诺、职业承诺和工作价值观（即工作伦理）。因此，本研究认为工作伦理作为个体对于努力工作的信念程度，其势必会影响个人在工作环境中投入，也会影响到个人在工作环境中与其他对象进行社会交换的过程和品质。因此，工作伦理作为一种重要的承诺形式，应该被纳入工作多维度承诺结构当中。综合以上观点能够看出，工作卷入、组织承诺、职业承诺和工作伦理是被公认的工作多维度承诺成分，均是个人在工作环境中常有的承诺形式，而且彼此之间相互联系紧密，同时得到了广泛的研究和实证支持。另外，在现阶段中国情境下，这四种承诺形式也是每个组织成员进入组织、进入工作环境中时都会出现的承诺形式，个体间仅存在程度的差异。因此，本研究在构建工作多维度承诺模型时采纳该四种承诺形式作为组成成分。

在确定了四种承诺基本形式作为本研究工作多维度承诺研究的组成成分后，需要探寻是否存在其他必要的组成成分。Cohen 认为，工作多维度承诺结构应该以组织情感承诺、职业承诺、工作承诺为基础，按照不同的情境加入不同特殊的承诺形式。本研究在中国情境下探讨员工工作多维度承诺结构，就需要结合中国的文化环境和现阶段的时代特点，在这四个承诺维度基础上进一步完善工作多维度承诺模型。

3.1.2 主管承诺

主管是个人在组织环境中重要的交换对象，但在以往工作多维度承诺研究当中受到的关注较少。Becker 开始将主管承诺纳入工作多维度承诺研究当中，发现其对员工的满意度、组织公民行为、离职意愿等均有显著的影响。但在 Becker(1992)之后就少有研究将主管承诺纳入工作多维度承诺模型中。后期的研究中，尤其是在既关注承诺聚焦又关注承诺基础的多维度承诺研究中，主管承诺得到了一定关注，但研究大多聚焦于各种承诺对产出变量的预测效应，尤其是超越组织承诺的预测效应。少有研究论述主管承诺作为工作多维度承诺结构的必要性，同时也并未关注主管承诺在工作多维度承诺结构中的作用。主管承诺并未在工作多维度承诺模型中得到广泛研究和重视，本研究认为原因有以下三点。其一，最早将主管承诺纳入工作多维度承诺模型的 Becker 的研究模型，既关注了承诺结构又关注了承诺基础，其模型本身过于复杂，并未得到后期研究的广泛支持，因此影响了其承诺选择的影响力。工作多维度承诺研究中大多是以 M 模型和 RC 模型两个经典模型为基础，沿着他们的主线进行研究，而这两个模型在构建中没有将主管承诺作为承诺聚焦纳入模型当中，从而也影响了主管承诺在工作多维度承诺领域受关注的程度。其二，关于主管承诺的研究也并不像组织情感承诺、职业承诺等丰富且广泛。主管承诺本身也是进入 21 世纪后才逐渐被中外研究学者所重视的。因此，其与其他承诺形式的关系并未得到广泛的揭示，从而也未能引起工作多维度承诺研究的广泛关注。其三，就文化背景而言，工作多维度承诺研究大多来源于美国等西方学者。权力距离较小的文化背景下，人们看待权力与权力背后所隐含的内容、资源等问题的重要性与权力距离较大的文化下有较大差异，上下级关系权力距离较大的文化背景相对简单。在西方背景文化下更强调个人的兴趣、得失、利益，等等，主管与下属是对等关系。因此，个人在工作环境中进行社会交换的过程中，相较于权力距离较大的文化情境下，主管作为交换对象的重要性更低。

本研究认为，主管承诺是以往工作多维度承诺研究当中被忽视的重要承诺形式。尤其是在中国情境下构建工作多维度承诺模型更需要将该承诺形式包含入内。因为与西方文化不同，中国的文化强调下属和主管之间的垂直联系。中国经过改革开放的巨大社会变革，自身的文化也在悄然发生着变化，但仍有许多传统文化依然有着鲜活的生命力。尽管“三纲五常”等概念并不再被经常提及，但在此传统文化背景下存在的等级制度使得主管和下属之间、上下级之间的关系仍旧是敏感的话题，员工即下属会对其主管心存敬畏。较大的权力距离，等级制度的思想使下属服从上级或领导的命令，尊重领导，同时领导对下级行为产生约束力，能够影响其工作的态度和行为。

通过以上观点能够说明，基于职位和角色的上下级工作关系，在中国较大权力距离环境下，领导，尤其是个人的主管对于下属的表现方面有重要的影响。主管能够通过自身的管理价值观和管理行为来影响自己的下属，主管在每个员工职业生涯当中的地位是十分重要的。

传统的中国文化支持和强调互惠规范和工作环境的稳定与和谐。因此个体在工作环境下进行社会交换的过程中，其与主管交换水平的好坏可能能够影响员工在组织中的发展、去留，乃至整个职业生涯的发展。主管则是一个重要的承诺对象，个体以其对主管的承诺来建立与主管积极、良好的交换关系，以期获得自身需求和成长性的满足。

而且主管承诺对于个人在组织中的产出也有较强的影响。Becker 表明，主管承诺对员工的满意度、组织公民行为、离职意愿等均有显著的影响。Cheng、Jiang 和 Riley 表明在中国情境下，主管的承诺 / 态度是影响员工满意或不满意，是去是留时除组织承诺外的另一个重要因素。中国情境下除了员工对组织的态度之外，员工对主管的态度也会影响其产出（去留的意愿、满意度、行为等）。Cohen 从综合以往承诺之间关系的研究方面也认为主管承诺是影响员工态度和行为的重要因素。从社会交换的角度来看，主管是工作环境中与个人交换最为频繁和联系最为紧密的组成部分，上级为员工提供了自由性、关注、支持、信息等各种资源。因此，本研究认为，在中国情境下，主管是个人在工作环境中重要的交换和承诺对象，个人对主管的承诺应该作为工作多维度承诺的重要组成部分。

3.1.3 目标承诺

以往工作多维度承诺研究将更多的关注定放在了个人对工作环境中个体以外对象的承诺，但却忽视了个人对自身进入组织目标的追求程度。正如许多工作多维度承诺研究忽视了工作伦理这一重要的成分一样，按照人与环境匹配理论的观点，人与组织的匹配能够分为相似性匹配和互补性匹配，而互补性匹配又能进一步分为要求 - 能力匹配（D-A fit）和需求 - 供给匹配（N-S fit）。而从员工角度看，N-S fit 是最重要的匹配形式，因为人们进入劳动力市场并接受工作的重要动机就是获取组织提供的报酬与激励，以满足其自身的需求。

Kanungo 认为，个人对工作产生心理的认同取决于个人的需求特点和个人对于工作对需求满足情况的感知。韩翼和廖建桥提出个体做出与组织等对象的交换，是基于个体的需求或交易动机的，是一种隐性成本的支出。Cohen 表示，个体认同组织，并由此做出承诺，愿意留在组织中以实现自己的目标，因此个体对于自己目标实现的忠实程度决定了其是否愿意留在组织中。可见，个体进入组织寻求需求的满足、个体目标的实现是个人进入组织的主要目的。

但个体对目标即自身需求满足的追求程度与文化背景有着十分密切的联系，影响最为深刻的就是个体 - 集体主义文化维度，它也是受到关注最多的文化维度。该方面的研究以 Hofstede 研究为开端。集体主义较强的文化背景下，能够驱动个人努力实现集体的目标和产出，以实现集体的成就而感到满意自豪；相反的，个体主义文化强调个体对自我兴趣与目标的追求，以个人成就与带来的满足感而感到荣耀和骄傲。按照 Hofstede 的研究，其认为集体主义与个体主义是一个概念的两端，高集体主义社会必然个体主义较低。他认为中国是一个高集体主义的国家。该研究的结论也主导了后续涉及中国文化的研究定位。

Triandis 在 Hofstede 研究基础上将该概念降到个体层面，用来描述个体的文化导向。按照以往研究观点，中国是集体主义很强的国家，个人受集体主义文化的熏陶与影响应具备集体主义文化导向,相应的个体主义水平较低。因此,个人在工作环境当中会将组织目标放在首位,积极追寻组织目标的实现。中国的改革开放是一次深刻的社会变革,它对中国社会的影响是巨大的。中国人的价值判断呈现多元化的趋向、代际差异变得更为明显、对个性自由的追求变得愈加宽容。在这样的时代背景下,以往关于个体 - 集体主义的研究结论可能有所转变。

Ralston 等发现中国年轻的管理者们更多地借鉴西方的思考方式,逐渐发展出"中国式"的个体主义,也表明中国新一代的管理者们更加独立,勇于承担风险,而这是中国新一代人价值观的代表,他们相较于前一代人表现出更强的个体主义水平,而集体主义水平较弱。Chen 等关于文化对比的研究表明,中国学生的垂直个体主义得分高于澳大利亚学生。由此,能够说明中国人,尤其是伴随改革开放成长起来的人群有着较强的个体主义水平。这样的价值观是受到社会快速变革的影响而产生的。他们就是在这样的环境中成长起来的。这样的环境让他们有了更加开放和自由的空间去接触西方信息、价值观、社会风貌。

而就国家层面而言, Wong 探讨了中国的集体主义与个体主义问题,挑战了中国是集体主义文化的基本论断。文章通过对比以往研究的结果发现, Hofstede 将中国地区归为低个人主义或高集体主义的分类值得商榷,认为中国的个人主义水平也相对较强。在 Oyserman、Coon 和 Kemmelmeier 关于个人主义和集体主义的多国家对比后分析研究当中发现,中国在个人主义和集体主义的表现,在国家对比上均处在中间位置,即中国的个人主义水平要比以往认为的强,而集体主义水平要比以往认为的弱。这在一定程度上也表明了,中国人在对待个体和集体利益方面经过快速的社会变革已经有所改变。中国的工业化进程和社会的快速发展,在整个社会中,尤其是在新一代的中国人中促进了个体主义的形成。

因此,在现今中国时代背景之下,组织的新生代员工具有更强的个性、更深刻的自我意识,他们拥有更明确的个人目标,个体需要形式也发生着转变。Oliver 认为,新经济时代人们的需求层次没有改变,但人们高层次需求的比重增加了,需求层次呈"倒金字塔"状。因此,人们对于受到尊重、自我实现的需要更加渴望,越高层次的目标被满足后为个体带来的满足与愉悦程度越高。凌文辁、张治灿、方俐洛基于中国情境划分的五维度组织承诺当中,就包含理想承诺的成分。该成分的划分是基于中国情境所得到的独特的维度,其表达了个体重视个人成长、追求实现理想的程度。由此也表明了中国情境下的员工在进入组织工作的过程中十分重视个体目标的实现,有着对于目标实现、满足个体成长等各种需求的迫切程度。

综上所述,本研究认为在现阶段中国情境下,普遍的个性增强、更高水平的个体主义的新生代员工带着自身的目标进入组织,他们将组织作为实现自身目标的平台。个人对于自身目标实现的重视程度,对于目标的追求程度,能够影响个人在工作中的表现,能够影响个人在组织中的去留。马斯洛的需求层次理论表明,个人对自我目标的追求程度、对自我需求满足的迫切程度对其在工作环境中的表现起到了决定性的作用。以往工作多维度承诺的研究忽视了个体对自身目标追求的重视程度和信念。因此本研究提出将个人对自我目标的承诺水平引入到工作多维度承诺结构当中,借鉴目标设定理论中组织目标承诺的概念研究个人的目标承诺对工作多维度承诺结构所起到的作用。

3.1.4 工作多维度承诺理论模型

工作多维度承诺的构成为何？这个问题在以往的研究中得到了不同的回答。Morrow认为，工作多维度承诺研究需要对承诺聚焦进行认真选择。Cohen认为工作多维度承诺结构应该以之前研究中得到共识的承诺为基础，依照探讨的情境引入不同的承诺形式。综合以上观点并结合上文论述，本研究认为在以往研究中，有充分的证据表明个人在工作环境中，对于组织、职业和工作的承诺和自身的工作道德水平是一般的、更为普遍的个体承诺形式。而结合现阶段的中国情境，本研究提出在这些基础承诺之上，加入主管承诺和个体目标承诺，以此构成中国情境下工作多维度承诺模型（见图3-1）。由此，提出本研究的假设1。

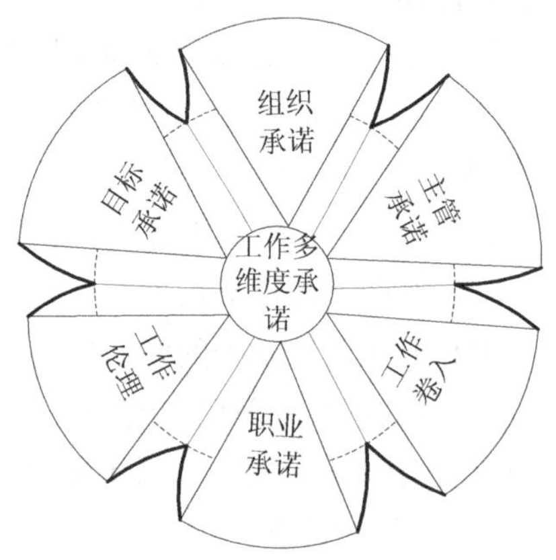

图3-1 工作多维度承诺模型结构

假设1：工作多维度承诺包含六个维度，即目标承诺、工作伦理、工作卷入、职业承诺、组织承诺和主管承诺，它们既相互区分又彼此联系。

本研究认为在现阶段中国情境下，尤其在新生代员工已经逐渐成为人力资源的主力军的情境下，他们较之以往具有更强的个性、更深刻的自我意识，他们拥有更明确的个人目标，个体需要形式也发生了转变。而且新一代的劳动大军受教育水平更高，更为老练，灵活性更强。他们在进入组织进行社会交换的过程中，更加注重自我的目标即对自我需求的满足。在工作环境中由个人的工作伦理和个人对自我目标的追求程度来推动个人与工作环境中各个对象的交换。在这个交换中，有四个对象十分普遍而且重要，即组织、主管、工作与职业。个人会在与这些对象的交换过程中发展出对应的承诺形式。由工作伦理和目标承诺推动的工作环境中的社会交换如图3-2所示。核心部分是个人拥有的工作伦理和目标承诺水平；外向的黑色箭头表示由个人目标承诺与工作伦理推动个人进入组织环境，进入工作环境进行社会交换以取得个人需求的满足。个人在工作环境中对于职业、工作、主管和组织以产生承诺的形式与它们产生联系，从它们那里获得发展方向、需求满足、资源和发展平台。

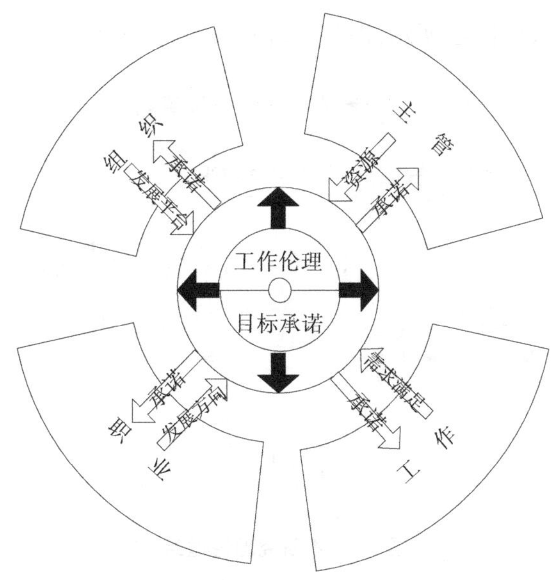

图 3-2 由工作伦理和目标承诺推动的工作环境中的社会变换

员工在工作环境中的承诺之间的影响关系如何？对员工的态度和行为如何产生影响？研究者们从不同角度给出了解释。正如综述 2.5.2 中所述，Morrow 和 Randal 与 Cote 都尝试对它们之间的关系做出解释。多研究的实证结果表明，Randall 和 Cote 的模型更好地反映了工作多维度承诺各维度之间的关系，该模型最关键之处在于工作承诺在各个承诺形式之间起到的中介作用。结合社会交换理论，本研究认为工作多维度承诺形成过程是个体怀着自己的目标、对工作的伦理道德水平与受两者推动的个人对职业的规划和期待，在组织所提供的工作环境中与众多对象进行社会交换的过程。个体进入工作环境，接受组织提供的工作。在工作过程中，个体对工作有更为清晰的认识、强化前期的职业规划与期待，并根据工作体验表现出工作投入和职业投入。在工作投入的过程中，个体不断与组织和主管这两个最为重要的聚焦进行社会交换，由此产生个体对于组织和主管的依附程度。因此，本研究认为个体对工作的投入水平即工作卷入 / 工作承诺是个体目标承诺、工作伦理和职业承诺与个体对组织和主管依附的桥梁，个体是借由工作而产生的与组织和主管进行交换的关系，工作和职业是构建社会交换关系的基础。

而在对结果变量的影响方面，以往研究学者提出对象一致性假设即对某一对象的承诺能够更好地预测指向此对象的态度与行为。就本研究的结果产出而言，离职意愿、组织公民行为、工作绩效均指向组织的产出，因此组织承诺就成为该三种产出最为有效的预测变量。另外根据 Lewin 的场理论，与个体联系最近的因素对个体态度和行为的影响最强，在组织中与个体联系最为紧密的因素即是员工的主管，因此可以推测主管承诺也对该三个变量有较大影响。本研究认为，工作多维度承诺能够影响个体的态度与行为，它是以各维度承诺之间的传递关系最终通过组织承诺和主管承诺起作用的。另外，现有研究对承诺之间的关系缺乏精细的解读。本研究认为，个体对工作环境的感知会影响其整个组织内社会交换的过程，同时也会进一步影响交换结果产出的过程。综合以上论述，本研究工作多维度承诺与员工态度和行为之间的关系如图 3-3 所示，即为本研究的理论框架。

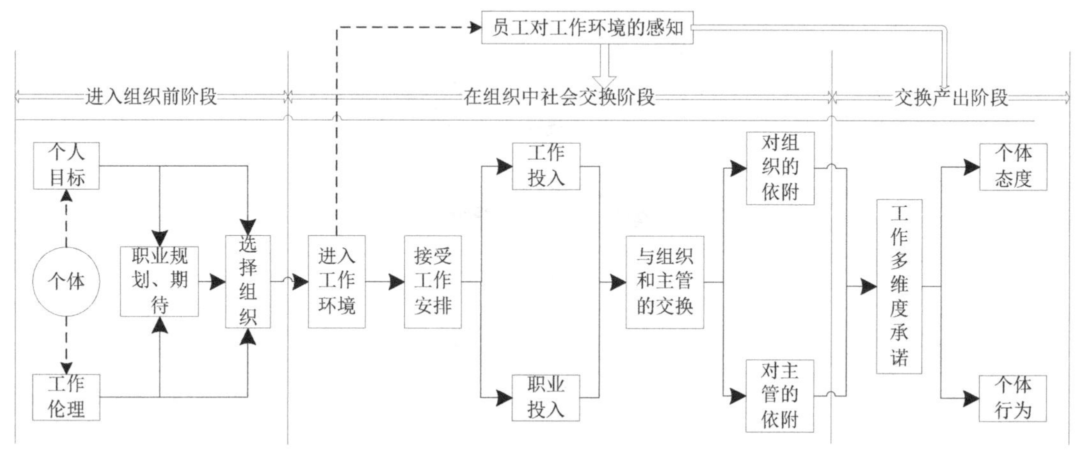

图 3-3　本研究理论框架

3.2　变量间关系及假设提出

Cohen 的研究表明，在探讨承诺聚焦之间的相互影响时有两个问题需要注意。首先，工作卷入在各个承诺之间起到桥梁作用，即工作承诺 / 工作卷入在工作多维度承诺之间相互影响中的中介作用。其次，针对不同的情境，承诺之间的关系和承诺与产出变量之间的关系可能不同。因此，在所提出的工作多维度承诺概念模型和工作多维度承诺形成及影响模型的理论框架基础上，本研究首先针对工作多维度承诺各维度之间影响关系进行研究，其次对工作多维度承诺与产出变量之间的关系进行研究，最后在员工对环境感知的情境下，对变量之间的关系进行研究，即讨论员工对工作环境中相关因素的感知对承诺之间和承诺与产出之间的调节效应。

3.2.1　各维度承诺间关系

Meyer 和 Allen 在研究中提出了多维度组织承诺的形成过程的理论模型，揭示了承诺形成并最终影响员工产出的过程。个人的特征、价值观、期望等因素会影响员工在组织中的工作体验、角色状态等，进而引发员工需求的满足、个人与工作的匹配、期望的达成等。由此，员工会对组织表现出情感性的回馈，进而降低离职的意愿，做出更多有利于生产力的行为等。该研究聚焦于组织承诺的形成过程，为工作多维度承诺之间关系的解释做出了贡献。

本研究认为，该模型较好地反映了员工进入工作环境动态交换产生承诺并表现出态度和行为的过程。结合工作多维度承诺，本研究认为个体对自我目标的忠实程度和对工作的伦理道德水平是个人特征的一部分，在现阶段推动着个人对于自我职业的选择和追求的程度。由此，员工选择组织并进入其提供的工作环境，为自我目标的达成、职业规划和想法的实现努力工作，进而实现了个体对工作的投入。在工作过程中，个体会与最为重要的两个交换对象即组织和主管进行社会交换,从而获取资源以实现自我目标,满足自我需求。在此过程中,对组织和主管产生依附程度的差异,并由此表现出相应的产出作为对组织和主管的反馈。

1. 工作伦理与职业承诺

工作伦理作为一个稳定的通过早期社会化形成的工作价值导向是个人较为稳定的特质,较少受到环境因素的影响。社会化经历对于发展和保持职业承诺十分重要,因为该过程形成了个体对职业的认同、目标和价值观。这使得员工在这样的工作价值观指引下逐渐形成个人的职业锚,稳定职业发展,抵御其他机会的诱惑。工作伦理反映了一个更为宽泛的工作价值观,而职业承诺是在某一职业的范围内对于工作价值观的具体化。每个人都拥有不同的兴趣、技能和能力。他们喜欢与他们志趣相投的人交往,同时也在寻找让他们能展现才能、才华的平台。员工在职业选择上偏爱那些适合自己个性的职业。高工作伦理的个人尝试不断寻找那些与他们个性匹配的职业并更加依附于它。因此高工作伦理的个人会努力发现匹配自己的职业,并为之付出努力。现今的工作环境中,人们对工作的认识也从传统的维持生存转变到实现自我和服务社会。各种职业都在强调职业素养和道德水平,都对工作伦理有较高的要求。在这样的环境下,低工作伦理的人,不能适应现阶段时代对个人工作伦理的高要求,因此,导致其不能适应职业环境,表现出较低的职业承诺水平。

以往研究中,工作伦理对职业承诺的积极影响也得到了印证。高工作伦理的员工通常认为努力工作本身就是有意义的事情,员工对努力工作程度的感知也通过职业承诺反映出来。Goulet 和 Singh 认为两类因素即个体特征和环境因素能够影响个人的职业承诺水平,其中个体特征因素就包含个体的工作伦理。Morrow 和 McElroy 在他们的研究中表明工作伦理与职业承诺是正相关关系,而 Lee 等的后分析得到工作伦理与职业承诺之间的相关性为 0.344。因此,综上所述,本研究认为工作伦理较强的员工会表现出较高的职业承诺水平。由此,本研究提出假设如下。

假设 2a:员工的工作伦理对其职业承诺有积极影响。

2. 工作伦理与工作卷入

同样,作为稳定的个体特征的工作伦理本身就反映了个人的对于努力工作的信念程度。工作伦理高的个体认为个人在工作时努力、全心全力投入是理所应当的,因此 Schnake 表明工作伦理较高的员工会认为偷懒、放纵是可耻的行为。工作伦理强的个体会在每天的工作中付出自己的努力,即使在他们厌倦、烦躁的时候也能完成好他们的工作。他们会尽自己最大的努力创造出最佳的成绩,并将此作为对自己最大的奖赏。这样的人倾向于拥有更高的工作卷入度即工作承诺水平。工作伦理是个体对工作的(Work)积极态度,当个体在完成组织提供的工作(Job)的时候仍旧会保持这种良好的态度。因此,对工作本身有着积极态度即工作伦理水平较高的个体倾向于对工作产生积极态度即较高的工作卷入水平。通过以上的论述,本研究认为工作伦理较强的个体能够表现出较强的工作卷入程度。因此,本研究提出假设如下。

假设 2b:员工的工作伦理对其工作卷入有积极影响。

3. 工作伦理与组织承诺

工作伦理表示员工对努力工作的信念,认为努力工作是理所应当的程度。而努力工作需要机会和平台,组织则是个人付出自己努力进行工作的场所,让自我对工作整体的价值观得以发挥和满足的地方。因此,工作伦理较强的员工会对组织产生较强的依附感。Mathieu和 Zajac 的后分析总结了组织承诺的前因变量。工作伦理作为个人特征变量对组织承诺的影响得到了研究,结果表明工作伦理对组织承诺的影响显著,为 0.289。Brooke、Russell 和 Price 探讨了多个变量对工作卷入和组织承诺的影响,其中个体对工作的价值观即工作伦理对组织承诺的影响显著,为 0.431。Cook 和 Wall 发现工作价值观与组织承诺、组织认同、组织忠诚均有正相关关系。综合上述研究能够看出,工作伦理较强的员工倾向于有更强的组织承诺水平。因此,本研究提出假设如下。

假设 2c:员工的工作伦理对其组织承诺有积极影响。

4. 工作伦理与主管承诺

中国传统文化也倡导这样的思想,从孔孟提倡的三纲五常中的君臣关系,到现代社会强调的尊敬师长、尊重领导等等,均强调秩序和人与人之间的距离等级。中国儒家文化在等级观念和官本位的思想方面对个人有着较强的影响。较高的权力距离、等级制度的思想使下属服从上级或领导的命令,尊重领导,同时领导对下级行为产生约束力,能够影响其工作的态度和行为。在中国社会中,个人的工作伦理深受儒家伦理的影响,将个人与社会视为统一的,追求人际和谐。这也是中国传统中强调"人和"所带来的影响。和谐的人际关系在中国情境下有助于个人成长与发展。因此,在中国情境下,努力工作中需要包括与人际保持和谐关系,提升自我人际技能的成分。主管作为员工在组织中人际关系最为重要的环节,必然受到员工的重视。而且中国高权力距离的文化背景也使得努力工作所期待的回报过程需要加入对主管依附的成分,因为这样才能较好地保持与主管之间的人际和谐,促进与主管的交换关系,获得期望的回报。就本研究所知,少见对两者关系的实证研究。因此,根据上述理论和情境因素的论述,本研究提出假设如下。

假设 2d:员工工作伦理对主管承诺有积极影响。

5. 目标承诺与职业承诺

Colarelli 和 Bishop 在研究中表示,对个人目标的追求和需求的满足会影响个人的职业选择。个体对目标的实现追求程度越高,其职业承诺越强。职业目标是个人目标的重要组成部分。发展职业承诺有助于个人目标的实现,因为职业承诺通常伴有个体需求和抱负的实现。个体愿意付出自己的精力与努力来追求个人职业目标的实现,这就被视为高职业承诺的表现。Goulet 和 Singh 研究了个体成就需要与职业承诺的关系,他们认为个体的成就需要反映了个体在社会环境中为个人目标实现而做的努力,与目标承诺有着相似之处。他们认为专注于个人目标达成的员工会有着长期的工作导向和计划,因此对职业发展有着自我的认知与规划。Blau 研究了个体需求强度与职业承诺的关系,研究结果表明个体需求强度与职业承诺呈现正相关关系,即个体需求强度越强,对自我需求、目标的承诺越强的时候,个体越容易发展出职业的承诺水平。因此,本研究也认为个人对目标的追求是一个持续而坚定的过程。对工作环境中的员工而言,职业的发展是个人目标的重要组成部分。追求个人目标的实现,需要借助职业成长和发展。个人对目标的追求越甚,就越会对职业有着更为明确的认知和计划,对职业有着更为忠实的程度,即更强的职业承诺水平。由此,本研究提出假设如下。

假设 3a:员工的目标承诺对其职业承诺有积极影响。

6. 目标承诺与工作卷入

对于两者之间的关系,Kanungo 表示人们会在实现个体需求、追寻个人目标的过程中对特定工作产生认同,认同的程度取决于需求强度和个人感知工作能够满足他们需求的程度。根据人与环境匹配理论,个人对于工作的需求满足属性的感知,是通过员工需要和工作回报的匹配(即 N-S fit)来反映的。Edwards 的心理需求满足的论点说明,当工作提供的资源能够满足个人的需求时,即员工感知的 N-S fit 水平较高时,个人会倾向表现出积极的态度或行为。当员工感知到工作所提供的回报与个人的需求和动机相符合时,就会感知到需求能够被工作满足。他们对自我目标、需求的追求程度越高,其感知到工作能够带来需求满足时,会带来越强烈的认同感,由此产生较强的工作卷入程度。Brown 发现需求强度的增加对工作卷入有着正向的影响,因为个体需求增加越多个人更可能会全力投入工作活动中,作为其满足更高阶心理需求的方式。根据以上论述,本研究提出假设如下。

假设 3b:员工目标承诺对其工作卷入有积极影响。

7. 目标承诺与组织承诺

目标承诺作为个人实现个人目标、满足个体需求的追求程度和强度,能够引导员工在组织工作中努力追求目标的达成即需求的满足。而需求满足让员工有良好的工作体验进而归因于提供工作机会的组织,以个人对于组织的承诺作为回馈。期望理论也认为员工希望得到个体需要的满足而进入组织,为组织提供各种有益产出以期待组织给予积极评价与激励,使个人目标达成,得到个体需求的满足。因此,员工会努力融入组织,加强有益于组织的产出,期盼得到组织对个体需求的满足。在个人与组织进行交换的过程中,员工与组织不断融合,更易产生员工与组织之间的约束力即组织承诺。Meyer、Becker 和 Vandenberghe 提出的员工承诺和动机的整合模型表明员工个体需要在目标规范和目标选择的影响下,与组织的交换关系中发展出组织承诺。Cook 和 Wall 按照马斯洛需求层次理论研究了员工需要未能实现和高阶需要强度对组织承诺的影响作用。总体而言,需要强度越强即目标承诺越强,个体则越容易产生深入个人与组织的交换关系,越容易产生组织承诺。由此,本研究提出假设如下。

假设 3c:员工目标承诺对其组织承诺有积极影响。

8. 职业承诺与工作卷入

工作活动是个人生活的最重要部分。职业承诺会影响个人对工作的感知。员工对职业承诺时,愿意投入大量的时间和精力在工作中,不但实现了他们的职业承诺而且对工作有着较高的认同程度和投入水平。Goulet 和 Singh 认为在个人职业发展过程中对工作投入并表现出良好的工作水平对于职业发展是十分重要的。因此,高职业承诺的个体会表现出较高水平的工作投入,以实现其职业发展的期待。按照 Schneider 的 ASA 模型,高职业承诺的个体在双向选择中选择组织的时候会更加谨慎,而且现在更多的信息渠道也为工作的选择提供了良好的平台。机会的增加对于高职业承诺的个体来讲需要更谨慎地选择自己的工作，会从长期和发展的角度去衡量一个工作，一旦选定工作，员工会表现出高的工作卷入程度以体现其前期对工作的选择，因此职业承诺水平高的个体也会表现出更高的工作卷入水平。实证方面也有证据表明两者的相互关系，其中 Brown(1996)的后分析研究中，得出职业承诺与工作卷入的相关关系为 0.604，相关性较强，可以看出两者的相关性是较强且稳定的。由此，本研究提出假设如下。

假设 4a：员工的职业承诺对其工作卷入有积极影响。

9. 职业承诺与组织承诺

按照 ASA 理论的观点，职业承诺更高的人，在众多组织中进行选择时，会更谨慎、细致，选择那些与他们职业认知匹配的组织。一旦选定了合适的组织，他们便会有较高的组织承诺水平。而较低职业承诺的员工，在选择组织时更加具有随意性。另外，Witt 表明职业承诺越强的人越会将自己限定在一个较小的择业范围之内，这样可供选择的替代性工作有限。因此，职业承诺越强的人一旦选定自己的组织就会将自己的职业生涯与组织结合在一起。Vandenberghe 和 Scarpello 从个人价值观和组织价值观的一致性方面来解释两者之间的关系，认为组织承诺受到个体自我价值观和组织价值观一致性的影响。而对职业的认知、价值观是个体价值观体系中的重要组成部分。自我职业承诺较强的个体在寻找一个让他们能够按照自己的职业价值体系行事的组织，通过该自主选择后进入组织的员工，其个体价值观与组织的价值观更为匹配，从而有更高的组织承诺水平。而职业承诺水平较低的员工，他们对于职业的心理依附程度较低，并不能适应注重职业的雇佣环境，从而导致个人与组织的价值观匹配程度不高，个人的组织承诺水平也较低。从实证方面，在 Wallace 的研究当中得出职业承诺对组织承诺的影响为 0.430，而在 Mathieu 和 Zajac 的后分析研究中，得出两者关系为 0.438。综上所述，本研究认为，职业承诺较强的员工在选定组织后会对组织产生较强的组织承诺水平，以实现其职业发展的规划。由此，本研究提出假设如下。

假设 4b：员工的职业承诺对其组织承诺有积极影响。

10. 工作卷入与组织承诺

工作卷入反映了个体对其现在工作的认同和依附程度，而组织承诺反映了个人对组织的依附程度。组织为个体提供了其心仪的工作机会，其对工作有较强的认同和依附程度，则其对组织就更容易产生认同和依附关系。Witt 认为员工在一种令人不悦的工作分配当中，对该工作分配的反应会影响其承诺的形成。个人的工作体验和态度对于其对工作的承诺有重要影响。工作卷入即工作承诺与工作体验密切相关，可以视为工作体验的一种反应。工作体验越好，员工的工作卷入即承诺程度越高，进而会对为员工提供工作的组织发展出积极的态度即组织承诺。相反，没有良好的工作体验，其工作卷入水平较低，而且会认为这种不好的体验是由于组织工作分配不当而产生的，进而影响其组织承诺水平。O' Driscoll 和 Randall 对工作卷入和组织承诺的关系进行了研究，结果表明两者呈正相关关系。Brown (1996)在 71 个研究超过 26 000 个样本的基础上进行后分析，研究了工作卷入和组织承诺之间的关系，得到工作卷入与组织承诺整体的关系为 0.496。而对于情感类的组织承诺的影响更强为 0.511。综合以上论述，本研究认为，工作卷入程度越高，对其工作越认同和依附的员工越易对为其提供工作机会的组织产生认同和依附,即发展出高水平的组织承诺。由此,本研究提出假设如下。

假设 5a:员工的工作卷入对其组织承诺有积极影响。

11. 工作卷入与主管承诺

工作卷入是个人对现有工作的认同和程度,其水平越高员工会更努力地投入工作,期待获得个人目标的实现和需求满足。在工作环境中,主管是员工最为紧密和直接的交换对象。个体对工作认同和依附而产生的投入与努力,会在交换关系中得到主管的认同和肯定,伴随努力工作所表现出的绩效水平会得到主管良好的回馈,如工作奖励,晋升机遇等等。通过该交换关系,员工与主管建立良好的情感联系。同时,中国高权力距离的文化背景也要求员工在工作过程中表现出良好的对上级的承诺水平,与主管之间的人际关系受到员工的重视。因此,工作卷入加强的员工,在对工作投入中发展与主管良好的关系,以对主管的依附为基础交换主管提供公平机会以及资源分配方面的支持,从而更好地实现个人的目标,获得个体需求的满足,进而实现个人在工作环境中的价值。由此,本研究提出假设如下。

假设 5b:员工的工作卷入对其主管承诺有积极影响。

12. 主管承诺与组织承诺间关系

通常员工与组织的联系都是建立在个体与主管的日常交互过程中的。按照管理学的基本假设即管理者是组织的代理人,能够代表组织。员工会将主管视为组织文化重要组成部分——行为规范和价值观的重要代表,他们觉得与主管保持一致就是与组织保持一致。而主管在对下属的影响方面起着重要的作用。在中国文化背景下,领导对下属的影响比组织更大, 对人的忠诚比对制度的忠诚更重要。因此,员工努力保持与主管之间的情感联系,对主管做出承诺。尤其在中国情境下,下属与主管之间的垂直联系更多的是基于情感和支持性的,而非理性和逻辑上的。而这也进一步表明员工与主管之间的情感联系越强越有助于形成员工的组织承诺,尤其是情感承诺。因此,员工从主管那里接收组织的信息,获得组织分配的资源,建立起与主管之间的情感联系,有助于推动与组织产生联系,即对组织的情感依附。

以往很多研究关注了主管承诺与组织承诺的关系。Vandenberghe 等得出员工的主管承诺对组织承诺有显著的积极影响。Wasti 和 Can 也发现主管承诺与组织承诺有正相关关系。Becker 等同样证实了主管承诺对组织承诺的正向影响。综合上述分析,本研究认为主管承诺较强的员工会对组织产生较强的承诺水平。由此,本研究提出假设如下。

假设 6:员工的主管承诺对其组织承诺有积极影响。

13. 工作卷入的中介作用

在以往的研究中,工作卷入在工作多维度承诺各维度之间关系中的中介作用得到了一些研究的支持。Randall 和 Cote 的模型中,工作卷入在众多的承诺形式,即工作伦理、职业承诺、组织承诺、群体承诺之间起到中介作用。他们基于社会交换理论对模型进行了解释,认为工作卷入影响组织承诺是因为社会交换关系中的互惠规范即人们对给予他们提供收益的组织产生回馈。这种观点得到了 Meyer 和 Allen 的认同。实证研究中,工作卷入的中介作用也得到了广泛的支持。Brown 对工作卷入的综述中,总结发现工作卷入的前因包含工作伦理、需求强度等因素，而结果变量中包含组织承诺、主管满意度等因素，同时其与职业承诺还有相关关系。由此，结合假设 2 至假设 13 的论述，本研究认为在员工工作多维度承诺各维度之间的关系中，工作卷入起到了中介作用。由此，本研究提出假设如下。

假设 7a：工作卷入在目标承诺和组织承诺间起到中介作用。

假设 7b：工作卷入在工作伦理与组织承诺间起到中介作用。

假设 7c：工作卷入在工作伦理与主管承诺间起到中介作用。

假设 7d：工作卷入在职业承诺与组织承诺间起到中介作用。

3.2.2 工作多维度承诺与产出变量关系

早期工作多维度承诺与产出变量之间的关系多使用直接影响的观点，即认为工作多维度承诺的各个维度与产出变量是直接关系。但是在后续研究中，发现该直接影响模型所得到的直接关系并不强烈，强度稍弱且关系有时不一致，说明缺乏对承诺之间、承诺与产出之间的深层次研究。也即没能讨论承诺之间的关系，就不能揭示各个承诺之间对产出变量的影响机制和过程。因此，越来越多的研究者使用间接法即在讨论承诺之间关系的基础上，再进一步讨论承诺和产出之间的关系。

根据上一节工作多维度承诺之间相互影响关系的假设，可以得出组织承诺和主管承诺是个人在工作环境中进行社会交换的重要产出。本节进一步探讨工作多维度通过相互影响最终对员工产出变量的影响。以往研究中学者提出对象一致性假设即对某一对象的承诺能够更好地预测指向该对象的态度与行为。就本研究的结果产出而言，离职意愿、组织公民行为、工作绩效均指向组织的产出，因此组织承诺就成为该三种产出最为有效的预测变量。另外，Bekcer 等根据 Lewin 的场理论，提出近因性理论，认为与个体联系最近的因素对于个体态度和行为的影响最强，在组织中与个体联系最为紧密的因素即是员工的主管，因此可以推测主管承诺也对该三个变量有较强影响。因此，结合以上论述，本研究认为工作多维度承诺对员工的离职意愿、组织公民行为、工作绩效等的影响主要通过组织承诺和主管承诺起作用，其承诺形式对产出可能存在溢出效应。

1. 离职意愿

1）组织承诺与离职意愿

工作多维度承诺的众多维度对离职意愿均存在预测效应。首先，组织承诺在以往研究中都被认为是员工一系列工作相关态度和行为的重要决定因素，尤其对员工离职意愿和离职行为有重要影响。组织情感承诺的定义就包含了个人对组织认同、依附，愿意留在组织中工作的含义。组织承诺对离职意愿的影响已经得到了广泛研究，众多实证研究都关注了两者关系，尤其是在工作多维度承诺领域。组织承诺领域的多个后分析研究对两者的关系进行了进一步验证。Meyer 等的研究表明，组织承诺对离职意愿存在负向影响，其影响系数为 -0.56。而 Mathieu 和 Zajac 的后分析同样研究了组织承诺和离职意愿的关系，结果表明组织承诺对离职意愿的影响为 -0.464。综合来看，员工组织承诺能够降低其离开组织的意愿。因此，本研究提出假设如下。

假设 8a:员工的组织承诺对其离职意愿有负向影响。

2)主管承诺与离职意愿

其次,Becker 等[77]提出了与员工越近的聚焦对员工产出的影响越强的假设。该假设以场理论为基础。主管作为工作环境中与员工最为接近的对象,其对员工态度行为的影响可以预期。员工对主管的依附和认同是因与主管之间良好的交换关系产生的,这样的交换关系能够为员工发展提供保障。因此,对主管有强烈承诺的个体,往往不希望放弃与主管之间良好的交换关系和情感联系,从而降低其离职意愿。以往研究中, Cheng、Jiang 和 Riley 对比了组织承诺与主管承诺同员工产出的关系,在台湾样本基础上的实证研究结果表明主管承诺对一般工作产出有显著影响,能够降低员工的离职意愿。Carmeli 和 Gefen 基于 M 模型和 RC 模型探讨了工作多维度承诺模型对从组织离职和从职业离职的影响。研究通过实证分析得到的结果显示,无论是基于 M 模型还是 RC 模型,组织情感承诺与职业承诺对从组织离职的意愿都有负向影响。Vandenberghe、Bentein 和 Stinglhamber 同样探讨了组织情感承诺、主管情感承诺、离职意愿和离职之间的关系,研究结果表明主管情感承诺对离职意愿有显著的负向影响,能够降低员工的离职意愿并进而减少员工离职行为。综上所述,本研究提出假设如下。

假设 8b:员工的主管承诺对其离职意愿有负向影响。

3)职业承诺与离职意愿

Price 和 Muller 表示,离开一个工作或者一个职业领域的决定是对工作或职业情感反馈的表达。对于高职业承诺的个体,他们对职业有着热情与激情,有着良好的对职业的情感反馈,因而很难选择离开他已经选定的职业和选定的组织。Bedeian、Kemery 和 Pizzolatto 表明个人对组织依附的情感来源于对组织的认同,同样来源于对其中职业的认同。如果个人职业承诺不强,希望从职业当中离开,那么在同一组织环境当中单纯进行职业的变化一般而言是十分困难的,因此从职业的离开也伴随着从组织的离开。众多学者也对职业承诺对离职意愿的影响作了研究。Cohen 实证结果表明,虽然组织承诺是预测离职意愿的最为有效、影响最强的形式,但职业承诺也对离职意愿有着正向积极的影响。Carmeli 和 Gefen 基于工作多维度承诺模型对离职意愿的影响研究表明职业承诺除了能显著地预测离开职业的意愿外,还能有效地降低离开组织的意愿。因此,本研究认为职业承诺也能够有效地降低员工的离职意愿。由此,本研究提出假设如下。

假设 8c:员工的职业承诺对其离职意愿有负向影响。

4)工作卷入与离职意愿

工作体验越好,员工的工作卷入即承诺程度越高,进而会对为员工提供工作的组织发展出积极的态度。相反,没有良好的工作体验,其工作卷入水平较低,而且会认为这种不好的体验是由于组织工作分配不当而产生的,进而影响其对组织的态度。良好的工作体验使得员工不愿意放弃这样的工作机会,而该工作机会是由组织提供的,因此员工会降低其离开工作、离开组织的意愿。Cohen 研究表明工作承诺更强的员工其从工作中退出的意愿(Intention of Withdraw from Job)越低,而在组织环境中更换工作常常意味着更换组织,因此从工作中退出的意愿更低也代表从组织中退出的意愿更低。Blau 和 Boal 在研究中表明工作卷入对离职意愿有显著的负向影响。Brown 的后分析中工作卷入与组织离职意愿相关关系的分析结果为 -0.31。综上所述，本研究认为工作卷入程度越高的员工，越认同其工作，更加珍惜工作机会，不愿离开为自己提供工作机会的组织。由此，本研究提出假设如下。

假设 8d：员工的工作卷入对其离职意愿有负向影响。

2. 组织公民行为

组织情感承诺较强的员工相较于组织情感承诺较弱的员工更易产生组织公民行为，无论组织公民行为是出于自报告的，还是独立评价的。这是因为情感承诺较强的个人的角色认知也更宽泛，将很多外部看来是角色外的行为认为是自己角色范围内的工作。因此，从角色认知的角度来讲，情感承诺更高的个体也会有更高的组织公民行为水平。在他们的认识中，他们工作所包含的行为和责任更多，他们表现出的责任行为更多，更少说“这不是我工作范围内的事”之类的言语。同样对于主管承诺较强的员工，其对工作角色的认知也更为宽泛，对于主管指派的非工作范围内的任务仍旧有良好的执行力。另外，其也会以做出更多角色外行为的方式来提高个体的绩效水平，从而加强个人与主管的交换联系，获得更多的资源来满足个体发展需要。有不少实证研究关注了两种承诺对组织公民行为的影响。Cheng、Jiang 和 Riley 的研究表明组织承诺和主管承诺对工作满意度、离职意愿的影响相当。Chen、Tsui 和 Farh 发现员工的主管承诺和组织承诺均对员工角色内和角色外的绩效产生影响。综合以上论述，本研究认为高组织承诺的员工和高主管承诺的员工都会产生较高水平的组织公民行为。由此，本研究提出假设如下。

假设 9a：员工的组织承诺对组织公民行为有积极影响。

假设 9b：员工的主管承诺对组织公民行为有积极影响。

3. 工作绩效

Somers 和 Birnbaum 表明承诺有努力趋势的动机成分，认为承诺通过努力和依附来影响绩效。依附使动机成分推动个人为组织的利益付出自己的努力。依附为每个人的承诺提供了解释，个人希望通过依附于对象表现出承诺，使得个体表现出相应的受到赞许的工作行为。Porter 等认为对组织的承诺是对组织价值观、目标的认同，因此其更有可能做出有利于组织目标实现的行为，个人以表现出个体良好的角色内和角色外行为作为对组织认同和承诺的回馈，也是最为良好的回馈形式。因为主管是组织环境中与员工最为接近且交互最为频繁的因素之一。主管有助于个体接受绩效的规范并有效提高绩效水平。同时员工的主管承诺能够增加他们接近主管资源的机会，而这些资源能够支持他们产生良好的绩效水平。

员工的组织情感承诺与其由主管评价的绩效存在显著的正相关关系，这一结论得到了大量研究的支持。Mathieu 和 Zajac 的后分析表明，组织承诺对他人评价的绩效影响显著达到 0.135。Meyer 等的研究同样对两者的关系进行了后分析，结果显示组织承诺对自评价的绩效影响为 0.12，对主管评价的绩效影响为 0.17。在主管承诺方面，Becker 和 Kernan 研究了组织承诺与主管承诺对员工角色内绩效和角色外绩效的影响。其中，员工角色内绩效为自评价的工作绩效，而角色外绩效即员工的组织公民行为。研究发现主管承诺对角色内绩效的影响为 0.22。Redman 和 Snape 的研究结论表明组织承诺与主管承诺显著影响其绩效和组织公民行为。综合以上论述，本研究认为组织承诺较高的员工、主管承诺较高的员工在工作中会表现出较高的绩效水平。因此,本研究提出假设如下。

假设 10a:员工的组织承诺对其工作绩效有积极影响。

假设 10b:员工的主管承诺对其工作绩效有积极影响。

3.2.3 情境变量对变量间关系的调节作用

对于不同聚焦承诺之间关系存在以下两种观点。一,冲突性的观点。想让一个承诺与多种对象的个体保持承诺的兼容性并不总是十分现实的,容易出现需求之间的碰撞。二,兼容性的观点。个体对不同对象之间的承诺是能够相互兼容、相互共存的,个体能够通过自我调适达到各个承诺之间结构的稳定。Meyer 和 Allen 表明承诺形式之间是兼容的还是冲突的应该有中间变量进行影响,它们之间的关系还需要更加精细的解读。Vandenberghe 和 Scanpello 也表示情境因素是影响承诺之间关系的重要因素,未来研究需要关注情境因素在不同承诺关系间的调节作用。Cohen 认为在研究中需要注意承诺形式间、承诺与产出间关系的调节变量,将这些关系更加情景化让其能够有针对性地解决实际中的问题。因此,本研究引入调节变量期待对工作多维度承诺和产出之间的关系进行更为有针对性的解读。

1. 人与组织匹配(P-O fit)对目标承诺与组织承诺关系的调节作用

根据上一节目标承诺与组织承诺之间关系的论述,员工希望得到个体需要的满足而进入组织,为组织提供各种有益产出以期待组织给予积极评价与激励,使个人目标达成,得到个体需求的满足。因此,员工会努力融入组织加强有益于组织的产出,期盼得到组织对个体需求的满足。在个人与组织进行交换的过程中,员工与组织不断融合,更易产生员工与组织之间的约束力即组织承诺。个体通过在组织中追寻自我目标的过程实现了对自我的目标承诺到组织承诺的转移。Cheng、Jiang 和 Riley 表示个体对不同对象的承诺源于个体与对象之间目标与价值观的一致程度。承诺在对象之间的转移取决于个体感知到与不同对象之间的兼容性,即需求满足和目标的一致性。人与组织匹配(P-O fit)即反映了个人与组织价值观和目标的匹配程度。P-O fit 的感知是关于员工与组织价值观匹配(match)程度的感知。目标承诺反映了个人对自我目标的追求和坚持程度,在感知到个人与组织匹配程度较高时,即个人的价值观与目标与组织是一致时,对自我目标的坚持与追求,就是对组织目标和价值观的追求;反之,个人对自我目标追求程度很强烈,但是进入了与自我目标、价值观匹配程度不好的组织,那么势必造成个人对组织目标的冷漠,组织承诺水平较低。Freud 和 Carmeli 认为个人会选择留在自己认同其价值观的组织中进行发展,表现出较高水平的组织承诺,即反映了在个人与组织匹配的情况下,对个人目标的承诺能够激发出更强的组织承诺水平。综上所述,能够得出在个人与组织匹配的情况下,个人目标与组织目标一致,个人目标承诺越强其对组织的承诺越强。因此,本研究提出假设如下。

假设 11:人与组织匹配(P-O fit)对目标承诺与组织承诺的关系起调节作用。

2. 主管的组织承诺对主管承诺与组织承诺关系的调节作用

管理研究当中,一个普遍的基本假设是在员工眼中,管理者是组织利益的代表,是组织人格化的代表。员工会将主管视为组织文化的重要组成部分——行为规范和价值观的重要代表，他们觉得与主管保持一致就是与组织保持一致，但是实际情况中个人与组织的匹配和个人与主管的匹配是两个不同的结构，尽管组织和主管有着许多共同的价值观和特点，但是并不能代表他们是一致的。Cheng、Jiang 和 Riley 认为下属会平衡自我、主管和组织之间的关系。如果主管对组织的承诺水平越高，组织与主管才越是一致的，下属对主管的承诺越强，其对组织的承诺也越强。Reichers 从相反的角度表明个体会通过退出组织的方式来解决对不同对象承诺的冲突。因此，在主管与组织的目标或者价值观有冲突的情况下，主管便不能很好地代表组织，他所信奉的、所追求的如果与组织不一致，很可能导致员工在组织和主管间选择的冲突，势必会使员工萌生退意。因此，由以上论述可得，员工对主管的承诺与其组织承诺的一致性是有条件的，是建立在主管与组织一致性基础上的。主管对组织的承诺水平越高，员工主管承诺到组织承诺的传递效应就越强。由此，本研究提出假设如下。

假设 12：主管的组织承诺在员工的主管承诺和组织承诺之间起到调节作用。

3. 感知到的组织对员工发展投入（PIED）的调节效应

组织对员工发展投入（Investment in Employee Development）是指组织为员工提供知识、技能和能力等的培训和开发，是组织一种高承诺的人力资源政策，反映了组织对员工的发展进行投入的承诺。感知的组织对员工发展投入（Perceived Investment in Employee Development，简称 PIED）是指员工对其所在组织关于帮助员工识别和获取新的技能与能力承诺的评价。组织对员工发展投入创造了一种环境，在该环境中组织珍视员工的贡献，重视他们的雇佣能力。PIED 创造了员工对组织强烈的责任感，让员工加强个体产出以增加组织的效益。可以看出，组织对员工发展投入创造了能够让员工更好开展工作的环境，因此工作伦理越强的个体越会认为组织是一个更加适宜努力工作的地方，同时自身的发展需求也能得到满足。所以，工作伦理较强的员工更会在组织环境中加倍努力，在此环境中发展与组织的依附关系，增强其组织承诺。另外，组织对员工发展投入也创造了一个员工自我发展的环境，为员工技能的提升创造了良好条件，有助于他们增长职业技能，提升职业素质，有利于员工在选定的职业道路上的发展。因此，对于职业有着较强承诺的个体在该环境中得到了组织提供的职业发展机会，作为交换过程中的互惠，员工对组织会产生较强的承诺水平。通过以上论述，本研究认为，在感知到组织对员工的发展大力投入的情况下，高工作伦理和高职业承诺的个体会对提供这种个人发展机会的组织产生强烈的组织承诺。由此，本研究提出假设如下。

假设 13a：组织对员工发展投入在工作伦理与组织承诺的关系之间起调节作用。

假设 13b：组织对员工发展投入在职业承诺与组织承诺的关系之间起调节作用。

4. 感知到的组织支持（POS）的调节作用。

感知到的组织支持（Perceived Organizational Support，简称 POS）是指员工为了满足社会情感需求和判断组织是否愿意奖励额外增加的工作努力，形成关于组织重视他们贡献和关心他们福利程度的信念。根据社会交换理论的互惠规范，员工感知的组织支持使得员工产生对组织进行回报的责任和义务，员工得到组织的支持体验了社会情感性需求的满足，就会增强其工作努力程度。感知到的组织支持不仅影响员工态度和行为，而且能够调节前因对员工行为的影响。Stamper 和 Johlke 发现在销售人员中，感知到的组织支持能够减弱角色模糊和工作满意度之间的负向关系,同时也能减弱角色冲突与留职意愿的负向关系。感知到的组织支持创造了一种情境,其中员工感知组织对他们支持性的因素,他们要对组织进行回馈。感知到的组织支持较高的情境加强了员工的回馈认知。因此,员工感知到的组织支持水平较高时,组织承诺越高的个体越有回馈组织的责任感,从态度和行为方面对组织进行更好的回馈。留在组织中,表现出良好的角色内和角色外绩效是对组织最好回馈。因此,本研究认为感知到的组织支持加强了组织承诺个体回馈组织的责任感。由此,本研究提出假设如下。

假设 14a:感知到的组织支持在组织承诺和离职意愿的关系之间起调节作用。

假设 14b:感知到的组织支持在组织承诺和组织公民行为的关系之间起调节作用。

假设 14c:感知到的组织支持在组织承诺和工作绩效的关系之间起调节作用。

5. 感知到的主管支持(PSS)的调节作用

正如员工从整体上评价其组织的感知到的组织支持一样,感知到的主管支持(Perceived Supervisor Support,简称 PSS)表达了员工对主管重视他们的贡献关心他们福利的程度。以往的研究显示,在员工眼中主管即便能够成为组织的代表其也能区分两个不同的聚焦,与他们建立起不同的社会交换关系。主管是个人在工作环境中进行社会交换的重要对象。与感知到的组织支持同理,感知到的组织支持使得员工产生回馈主管的责任,帮助主管达成其目标。因此在该情境下,有着高水平工作伦理的员工会在工作中努力工作,保持与主管良好的交换关系;较高水平的感知到的组织支持会加强高工作伦理的员工对于主管的回馈责任。对于主管的回馈产出中,主管承诺是重要的代表。同理,在个人对于自己工作越认同,工作投入越强时,主管支持越会激发起员工的回馈。因此,综上所述,本研究认为感知到的组织支持较强时,工作伦理水平较高,工作卷入程度越高的个体越会产生对主管的回馈责任,进而表现出更强的主管承诺水平。由此,本研究提出假设如下。

假设 15a:感知到的组织支持在工作伦理与主管承诺的关系间起调节作用。

假设 15b:感知到的组织支持在工作卷入与主管承诺的关系间起调节作用。

3.2.4 工作多维度承诺的影响关系模型

上文以工作多维度承诺理论模型为指导,深入分析探讨了工作多维度承诺各维度之间和承诺与结果之间的关系,提出了一系列假设。总结以上假设,将理论假设所表述的变量之间的关系用模型表现出来,得到以下关系模型图,如图 3-4 所示。

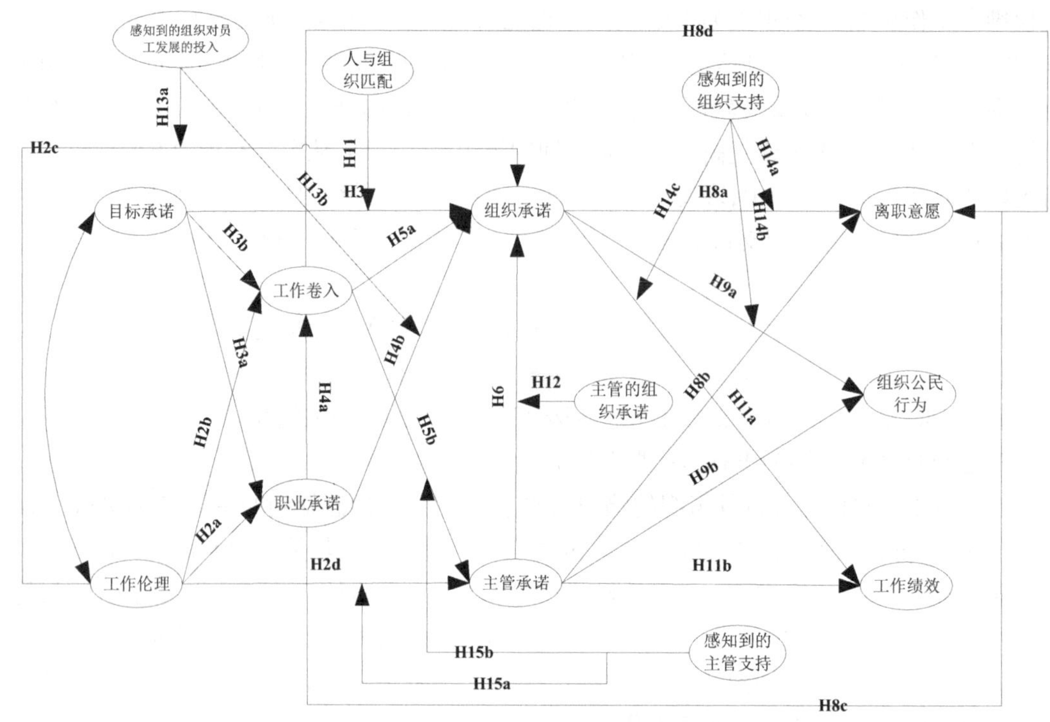

图 3-4 工作多维度承诺的关系模型

3.3 本章小结

本章的主要工作是构建理论模型与提出研究假设,集中展现了本研究的理论创新工作。在上一章理论基础与文献的基础上,提出了中国情境下工作多维度承诺结构,并基于此结构,探讨了工作多维度承诺的发展过程,构建了工作多维度承诺的理论框架。通过对梳理承诺相关研究文献,分别提出了工作多维度承诺各维度之间的关系、不同维度承诺与产出变量之间关系、调节变量对不同变量间关系调节效应的一系列假设。工作多维度承诺模型建立在以往研究共性的基础上,并结合中国现阶段的情境加入了主管承诺和目标承诺成分,构建的此工作多维度承诺模型不失一般性和特殊性。在此模型基础上的关系模型与理论假设也具有充分的理论依据,对于厘清工作多维度承诺维度间和产出变量间关系具有重要意义。本章中提出的理论假设整理如表 3-1 所示。

表 3-1 本研究理论假设总结

假 设	假设内容
假设 1	工作多维度承诺包含六个维度,即目标承诺、工作伦理、工作卷入、职业承诺、组织承诺和主管承诺,它们既相互区分又彼此联系
假设 2	员工的工作伦理对其(a)职业承诺、(b)工作卷入、(c)组织承诺、(d)主管承诺有积极影响
假设 3	员工的目标承诺对其(a)职业承诺、(b)工作卷入、(c)组织承诺有积极影响。

续表

假 设	假设内容
假设4	员工的职业承诺对其(a)工作卷入、(b)组织承诺有积极影响。
假设5	员工的工作卷入对其(a)组织承诺、(b)主管承诺有积极影响。
假设6	员工的主管承诺对其组织承诺有积极影响
假设7	工作卷入在(a)目标承诺和组织承诺间。 (b)工作伦理与组织承诺间。 (c)工作伦理与主管承诺间。 (d)职业承诺与组织承诺间起到中介作用
假设8	员工的(a)组织承诺、(b)主管承诺、(c)职业承诺、(d)工作卷入对其离职意愿有负向影响
假设9	员工的(a)组织承诺、(b)主管承诺对其组织公民行为有积极影响
假设10	员工的(a)组织承诺、(b)主管承诺对其工作绩效有积极影响
假设11	人与组织匹配(P-O fit)对目标承诺与组织承诺的关系起调节作用
假设12	主管的组织承诺在员工的主管承诺和组织承诺之间起到调节作用
假设13	(a)组织对员工发展投入在工作伦理与组织承诺的关系之间起调节作用 (b)组织对员工发展投入S在职业承诺与组织承诺的关系之间起调节作用
假设14	(a)感知到的组织支持在组织承诺和离职意愿的关系之间起调节作用 (b)感知到的组织支持在组织承诺和组织公民行为的关系之间起调节作用 (c)感知到的组织支持在组织承诺和工作绩效的关系之间起调节作用
假设15	(a)感知到的主管支持在工作伦理与主管承诺的关系间起调节作用 (b)感知到的主管支持在工作卷入与主管承诺的关系间起调节作用

4 研究方法

本部分将全面且详细地介绍研究中所使用的量表,样本、数据的收集和具体的分析方法以及研究所提出模型的验证思路等内容。

4.1 量表

4.1.1 量表的修订程序

本研究的量表是在借鉴以往成熟研究的基础上进行开发的,其中使用了翻译回译的方法,对某些结构的测量做出了适当的改编。量表的开发过程经过了两轮的试调研。根据两轮试调研的结果,结合与受试者的访谈,并综合相关专家的意见,分别对研究所使用的问卷进行了修改和删减,最终得到正式调研的量表。具体预调研的过程与量表修订的程序如图4-1所示。

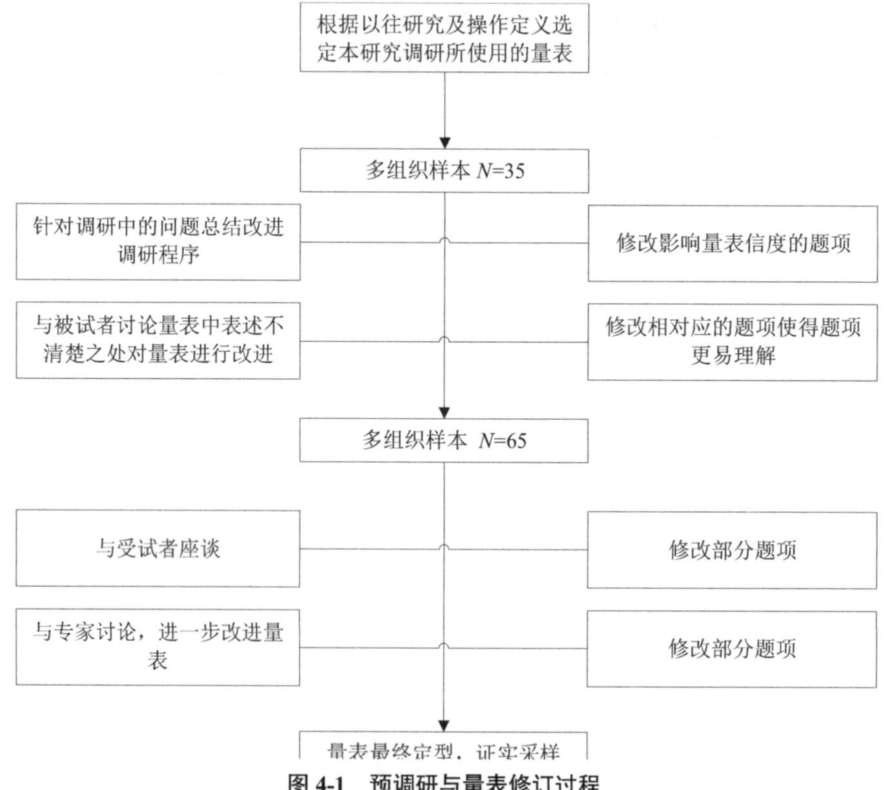

图 4-1 预调研与量表修订过程

1. 量表选择的重点

本研究在选择量表时特别注意工作承诺的各个承诺维度测量的多重共线性问题。Morrow 提出的选择工作承诺量表的两方面需要注意的问题，即每个承诺聚焦的测量题项的冗余都需要最小化，承诺聚焦之间的冗余都需要尽力去除。因此，Cohen 建议在工作承诺的研究中，每个承诺的测量都需要建立在成熟量表之上，都需要有强烈的情感导向。量表要力求简洁不要太长或太复杂，因为过长或太复杂的量表更容易产生不同承诺聚焦之间的概念冗余或变量之间的多重共线性。

因此，本研究的测量吸收并借鉴工作多维度承诺研究当中的成熟且具有权威性的量表作为本研究的测量来源。根据研究经验，在进行量表借鉴的时候，尤其是跨文化、跨语言时，量表首先需要经过翻译回译的过程。其次要在中国情境下对语言特点、语序等进行调整，以期获得较好理解程度。本研究变量所对应的测量均借鉴西方文化下的英文量表，鉴于中西文化的差异，在量表使用时需要着重注意文化和语言在两种文化下的差异。Rousseau 和 Fried 提出组织行为研究中应该着重考虑情境特征。所有这些关于理论、测量和方法论的情境化理解集合起来，有利于对中国各类问题的准确理解。因此，在量表的开发修订过程中，首先采用 Brislin 推荐的翻译回译方法，将英文原始量表翻译成中文版本。由此，请具备管理学知识与相应英文水平的专业人员将得到的中文量表再次回译为英文。最后将两个英文量表进行对比，通过对比将翻译后的量表进行修正；在修正后的基础上，按照中国的语法习惯和语义内涵再次调整量表，得到最终预调研所使用的量表。

2. 量表开发过程

本研究的量表开发过程经过了两轮预调研最终定稿。在此基础上方进行最终正式调研。首先，本研究在确定研究量表后，使用该量表针对不同组织员工进行第一次预调研。在采样过程中，首先让受试者填写问卷。其次，在回收问卷之后，对受试者进行访谈，让受试者对于量表的内容、语句等问题进行回馈，重点修改语言表述不清，逻辑容易产生混乱之处。同时，让受试者对量表的长度进行评价同时让其提出改进性建议。

在吸收以上意见和建议的基础上，对所收集的数据进行分析，计算量表的信度系数并针对不同变量进行因子分析。首轮预调研的建议中，有受试者反映题项规模过大，希望在量表长度方面进行压缩。因此，根据信度和因子分析的结果，结合量表题项的内容对量表进行简化。由此，形成第二轮预调研的量表。在第二轮预调研中，同样选择了不同组织中的员工进行填写。仍旧让他们填完整个量表，之后对他们进行访谈。通过访谈能够得出量表较上一轮在清晰度和通顺性、易操作性方面有所提升。在访谈中，研究者还让每位受试者对量表的改进提出建议。另外，在调研之后，研究者和研究团队对于量表形式和内容进行了更为深入的讨论，并对量表进行进一步修改。

在此基础上，根据所收集的数据再次进行量表信度分析和因子分析，根据分析结果和量表题项内容对量表的构成进行最终调整，形成正式调研量表以备正式调研使用。

4.1.2 量表来源与修订

本研究的核心内容在于工作多维度承诺，对于承诺成分的选择包括工作伦理、目标承诺、工作卷入、职业承诺、组织承诺和主管承诺。Jaros 与 Cohen 推荐在进行工作多维度承诺结构研究时，对于工作伦理宜采用 Mirels 和 Garrett 的量表、工作卷入宜采用 Kanungo 的测量、职业承诺宜采用 Blau 的测量、组织承诺宜采用 Allen 和 Meyer 的测量。因此，本研究也采用四个量表对于该四种承诺进行测量。同时对于引入的主管承诺则分别使用 Vandenberghe、Bentein 和 Stinglhamber 改编自 Meyer，Allen 和 Smith 组织情感承诺的测量，同时借鉴 Chen、Tsui 和 Farh 的测量，目标承诺则借鉴 Hollenbeck 等关于组织设定目标的承诺量表。对于具体的量表来源与修订过程如下所述。

1. 工作伦理

工作伦理的测量来源于 Mirels 和 Garrett 的量表中关于努力工作的测量。同时参考 Blau 和 Ryan（1997）关于工作伦理中努力工作部分的测量。第一次预调研量表包含 7 个题项，具体如下。

（1）如果自己努力工作，就能改善自己的生活。

（2）自己能够通过努力工作来克服生活中的困难，走出自己的道路。

（3）人常常因为自己不够努力而遭遇工作中的失败。

（4）努力工作本身就是一件有成就感的事情。

（5）人不成功大多是因为太懒惰。

（6）只要自己愿意并努力工作，成功的机会就会多很多。

（7）努力工作能够塑造好的个性。

第一次预调研结果分析中，量表的信度为 0.64，信度水平并不理想。参考因子分析的结果，题项（7）与努力工作的工作伦理核心本质联系并不紧密，因此予以删除。第二次预调研中，六题项的工作伦理通过数据分析，量表信度为 0.74，较为理想。因此予以保留，在正式调研中采用（1）—（6）题项测量员工的工作伦理。

2. 目标承诺

目标承诺的测量来源于 Hollenbeck 等关于组织目标承诺的测量。该研究聚焦于个人对于组织或者团队对个人设定目标的承诺，该概念源于目标设定理论，反映了个体对于复杂工作所设定目标的追求和坚持程度。原量表包含 9 个题项，第一次预调研选择了 7 个题项作为测量题项，具体如下。

（1）我有自己的个人目标并努力追寻。

（2）坦白地说，我不在乎自己的目标能否实现。

（3）我非常坚定地追寻我的目标。

（4）放弃追求目标，对我来说没什么可惜的。

（5）我认为我值得为实现目标付出全部努力。

（6）我觉得个人目标不应该随着环境和时间变化而不断调整。

（7）对我来说，期盼实现自己的目标是不现实的。

第一次预调研的分析结果显示，量表信度为0.44，问题较为严重。在与受试者访谈过程中，对量表问题进行调整，确定了第二次预调研的题项，具体如下。

（1）我非常坚定地追寻我的目标。

（2）坦白地说，我不在乎自己的目标能否实现。

（3）追寻自己的目标对于我有重要的意义。

（4）我并不觉得放弃追求个人目标有什么可惜。

（5）我认为我值得为实现目标付出全部努力。

（6）对我而言，放弃目标是个艰难的决定。

（7）我在实现目标的过程中很容易举棋不定。

第二次预调研的分析结果显示：量表信度为0.75，此次量表信度系数较为理想。同时对量表进行了因子分析，数据显示题项（7）的因子载荷较小，而且从内容上其与题项（6）较有重叠，因此在正式调研中仅使用题项（1）—（6）作为个人目标承诺的测量。

3. 工作卷入

工作卷入的量表来源于Kanungo的研究，原量表包含10个题项，在第一次预调研中选取了其中7个题项作为工作卷入量表的构成，具体如下。

（1）现在的工作是我生活中重要的事情之一。

（2）我对自己的工作投入很多。

（3）我的衣食住行都要依靠我的工作。

（4）我的兴趣大多和我的工作有关。

（5）我大多数的个人生活目标都是以工作为导向的。

（6）我的工作是我生活的中心。

（7）我经常对工作产生疏离感。

第一次预调研的分析结果显示，量表信度为0.80，有较好的信度水平。同时因子分析的结果显示，题项（7）的因子载荷较低，而且题项（2）与（3）在访谈中被认为询问的内容较为一致，因此在第二次预调研中仍采用6个题项，去掉题项（3）和（7），加入新题项“大多时间我都专注于工作”作为工作卷入测量。第二次预调研的分析结果显示，量表信度为0.81，量表信度良好。因此，在最终调研中使用该6题项的量表。

4. 职业承诺

职业承诺的量表来源于Blau（1988）职业承诺的测量。原量表包含7个题项，第一次预调研中采用6个题项，具体如下。

（1）我现在从事的职业就是我理想的职业。

（2）我十分喜欢这个职业不舍得放弃它。

（3）这是一份理想的能够工作一生的职业。

（4）如果我有足够多的钱使我不用工作，我仍旧会在现在的职业中进行发展。

（5）如果让我从事一个新的职业，获得与现在相同的报酬，我很可能会接受。

（6）如果我能够重新选择的话，我不会选择现在的职业。

第一次预调研分析结果显示，量表信度为0.83，信度良好。故并未做调整进行第二次预调研，分析结果显示量表信度为0.85，与第一次预调研结果一致。因此，该量表有较好的一致性，在正式调研中职业承诺就用该6个题项进行测量。

5.组织承诺

在组织承诺测量方面，采用Allen和Meyer的组织情感性承诺量表，并借鉴Meyer, Allen和Smith6题项的组织情感承诺量表。本研究将两量表的题项进行融合，在第一次预调研中有7个题项入选，成为测量组织承诺的题项，具体如下。

(1)我很乐意在这个组织中度过我的职业生涯。

(2)我喜欢和组织以外的人谈论我的组织。

(3)我觉得组织需要解决的问题就是我个人的问题。

(4)我觉得自己是组织这个家庭中的一员。

(5)我觉得与组织感情上并不亲近。

(6)组织对我来说有很大的个人意义。

(7)我的组织归属感并不强烈。

第一次预调研的分析结果显示，量表信度为0.72，信度尚可。但因子分析的结果显示，题项(2)的因子载荷较低，因此在第二次预调研中删除题项(2)，同时修改了题项(6)的表述为“组织对我而言有重要的意义”。第二次预调研的结果显示，调整后的量表信度为0.85，有较好的一致性。因此，在正式调研中使用调整后的6题项量表测量组织承诺。

6.主管承诺

主管承诺的测量来源于改编自Meyer, Allen和Smith组织情感承诺量表的主管情感承诺测量，同时借鉴Chen、Tsui和Farh的测量中对主管认同和内部化的相关题项。第一次预调研形成了9题项的量表，包含以下题项。

(1)我会站在我主管的立场来考虑他/她的利益。

(2)我会尽力完成好我的主管给我分派的工作。

(3)我会尽职尽责地完成工作以使我的主管不用担心。

(4)如果可能，我愿意在我的主管手下工作很长时间。

(5)即使有更好的选择，我还是希望在我的主管手下工作。

(6)当有人表扬我的主管，我觉得就像是对我的称赞。

(7)我对主管有一种尊重感。

(8)我为能与主管一起工作而骄傲。

(9)我对我主管的依附主要是源于我的价值观与主管价值观的相似性。

第一次预调研分析结果显示，量表信度为0.85，信度良好。但因子分析的结果显示，题项(1)—(3)与其他题项分属不同因子。分析内容可以看出3个题项表达了为主管奉献的内容，因此在第二次预调研中予以删除，使用剩余的6个题项。第二次预调研分析结果显示，调整后量表信度为0.92，信度优良。因子结果显示，最后一个题项即“我对我主管的依附主要是源于我的价值观与主管价值观的相似性”的因子载荷较低，因此在正式调研中删除该题项，使用剩余的5题项作为主管承诺的测量，即包含原始测量量表中的题项(4)—(8)。

7. 人与组织匹配(P-O fit)

人与组织匹配的测量来源于 Cable 和 Derue 的研究量表。该量表从个体感知方面测量员工感知到的个人与组织的匹配程度。本研究采用了其所有的题项,在第一预调研中使用了 6 题项的量表,包括以下题项。

(1)我所看重的事情与组织所看重的非常相似。

(2)我个人的价值观和组织的价值观和文化相吻合。

(3)组织的价值观和文化与我所看重的事情很相符。

(4)我的为人处事方式与组织中的人群是一致的。

(5)组织的工作带给我的与我所期盼的能够吻合。

(6)我现在的工作就是我十分想要的工作。

第一次预调研分析结果显示,量表信度为 0.92,量表信度优良。根据因子分析的结果并结合题项的内容,将因子载荷较低的题项(6)删除,保留题项(1)—(5)。第二次预调研分析结果显示,调整后量表信度为 0.95,仍旧保持优良。因此,在正式调研中使用包含该 5 题项的量表进行测量。

8. 感知到的组织支持(POS)

感知到的组织支持的测量来源于 Eisenberger、Fasolo 和 Davis-Lamastro 的量表。本研究选取了 6 个在原量表中因子载荷较大的题项作为第一次预调研量表的组成,具体如下。

(1)组织很重视我的目标和价值观。

(2)当我出现问题时可以从组织得到帮助。

(3)组织真的很关心我的福利。

(4)组织愿意奉献自己去帮助我在工作中表现我的最大能力。

(5)组织一点都不关心我。

(6)组织关心我的意见。

第一次预调研后进行数据分析,结果显示量表的信度为 0.93,信度优良。根据因子分析的结果,删除了因子载荷较低的题项(5)。调整后的量表在第二次预调研中,信度系数为 0.94,仍旧保持了优良的一致性。因此,在正式调研中使用调整后的 5 个题项。

9. 感知到的主管支持(PSS)

感知到的主管支持的测量借鉴 Eisenberger 等的量表。该研究关于感知到的主管支持的测量改编自感知到组织支持的测量,将支持的来源由组织改为了主管。本研究选择了以下 7 个题项作为第一次预调研量表的构成。

(1)我的主管能够考虑我的目标和价值观。

(2)当我遇到困难的时候,我的主管能够帮助我。

(3)我的主管实际上很关心我的福利。

(4)我犯了错误,如果能坦诚,我的主管能够原谅我。

(5)当我需要特别支持的时候,我的主管会帮助我。

(6)主管很少关心我。

(7)主管能够考虑我的观点。

第一次预调研分析结果显示，量表的信度系数为0.91，量表信度优良。根据因子分析的结果和题项内容的重叠性，删除了题项（4）和（6），保留了5个题项。第二次预调研分析结果表明，调整后的量表信度为0.93，仍旧保持了良好的一致性。因此，在正式调研中，使用该5个题项所组成的量表对感知到的主管支持进行测量。

10. 感知到的组织对员工发展的投入（PIED）

感知到的组织对员工发展的投入的测量来源于Kuvaas和Dysvik关于该结构的测量。原量表包含7个题项，第一次预调研是本研究选取了6个因子载荷系数较大的题项，具体如下。

（1）我的组织对员工发展的投入很强（例如，培训、项目和职业发展等）。

（2）我的组织一直关注员工的技能和能力的持续发展。

（3）我的组织实际上确实对员工的发展投入时间与金钱。

（4）我确信我的组织在我未来解决新任务的时候会为我提供所必要的培训和发展。

（5）我觉得我的组织比同类组织对员工发展投入更多。

（6）在内部工作调动的时候，我的组织能有效地满足员工要求。

第一次预调研中，量表信度为0.94，拥有良好的一致性水平。根据受试者的反映发现题项（6）在实际的工作中员工并不总是能进行工作调动，该题项会给受试者的评价带来可能的困扰，且该题项在因子分析中因子载荷也相对较低。因此，对题项（6）予以删除，在第二次预调研中使用5题项的量表。第二次预调研中，量表信度为0.95，仍旧保持了良好的一致性信度。因此，在正式调研中，使用该5题项所组成的量表对感知到的组织对员工发展的投入进行测量。

11. 主管的组织承诺

主管的组织承诺的测量与员工的组织承诺在正式调研中使用相同的题项，仅是在评价时让员工的直接主管对组织承诺的题项进行评价，反映主管个人的组织承诺水平。

12. 离职意愿

离职意愿的测量来源于Vandenberghe和Bentein研究，使用以三个题项测量员工的离职意愿。

（1）我常想着离开组织。

（2）明年我打算到别处寻找一个职位。

（3）我打算在不久的将来离开组织。

该量表在两次预调研中均表现出较高的信度水平，其中第一次预调研中信度为0.93，第二次预调研中信度为0.94。因此，在正式调研中，使用这3个题项对员工的离职意愿进行测量。

13. 组织公民行为

本研究按照Mcallisters等的建议，借鉴了Moorman和Blakely对以人际帮助为代表的组织公民行为测量。该测量包含以下5题项，在第一次预调研中全部使用，具体如下。

（1）我能停下自己手头工作去帮助同事解决工作问题。

（2）我会自觉地帮助新员工熟悉环境和工作。

(3)我会时常调整自己的工作计划,以满足其他员工因一些缘故而请假离职的要求。

(4)我会经常主动帮助员工,使他感受到大家对他的欢迎。

(5)我会对同事表示真诚的关注和殷切的关怀,即使在工作或处理个人事物感到最疲惫的时候也是如此。

第一次预调研的分析结果显示,量表信度为 0.74,信度尚可。而在第二次预调研中,量表信度为 0.87,保持了较高的一致性水平。因此在正式调研中使用该量表对组织公民行为进行测量。

14. 工作绩效

员工工作绩效的测量来源于 Cheng、Jiang 和 Riley 研究中测量员工绩效的题项。原量表是以自报告的方式,请受试者即员工对个人的绩效水平进行评价。量表共有 4 个题项,因此本研究第一次预调研保留了所有题项。4 个题项具体如下。

(1)该员工为部门整体绩效做出了重要贡献。

(2)该员工是部门优秀的员工之一。

(3)该员工总是能够按时并圆满地完成主管指派的工作。

(4)该员工的表现总能达到主管的要求。

在第一次预调研的结果分析中,量表的信度为 0.70,在第二次预调研中,量表信度为 0.83。可见两次测量量表的一致性尚可,因此在正式调研中保留所有题项测量员工的工作绩效。

以上是研究变量测量量表的来源与量表确定过程。但在组织公民行为和工作绩效的评价方面,自报告的形式容易引起系统性偏差。同时 Podsakoff 的观点认为实证研究中均采用自报告的形式可能会使共同方法偏差的问题增大,进而影响研究测量和结果的有效性。就本研究而言,大多数变量均采用自报告的方式是由本研究关注主题即工作多维度承诺的特点所决定。尽管如此,为降低共同方法偏差的影响,本研究在组织公民行为和工作绩效的测量方面采用他人评价的方式。Johnson、Holladay 和 Quinones 的研究中明确表达了主管对于员工相关行为能够有效感知并正确评价的观点。因此,本研究将组织公民行为和工作绩效的员工自报告量表改为主管评价,采用员工与主管一一对应的方式全面获取本研究所关注的变量,同时这种配对方式也便于获取主管的组织承诺。在量表表述方面,将组织公民行为和工作绩效自报告量表中的行为对象由“我”修改为“该员工”,以便主管进行对应评价。

15. 控制变量

此外,本研究让受试者报告自己的人口统计学变量和相关变量,这些变量在分层回归分析时作为控制变量使用,以保证研究能够更为准确、客观地反映所关注的变量之间的关系。受试者需要报告的人口统计学变量为:性别、年龄、学历;需要报告的相关变量为本组织工作时间、工作职位、所在行业、组织创立时间、单位性质和组织规模等。这些相关内容的调查题项均在量表开始部分。

4.1.3 量表测量设计

本研究采用上下级配对,即员工自报告结合主管评价的方式对相关变量进行测量。本研究量表采用 7 级李克特量表,让受试者及其主管评价题项表述与其感受或认知的符合程度,等级分为 1 至 7 级,1 代表“完全不符合”,7 代表“完全符合”,中间 2~6 分别表示基本不符合、有点不符合、不确定、有点符合、基本符合。问卷包含工作多维度承诺的各个维度、感知到的组织和主管支持、感知到的组织对员工发展投入、人与组织匹配、离职意愿、组织公民行为、工作绩效及主管的组织承诺等结构。

本研究的主要特点是将主管评价的“组织填写卷”和员工评价的“员工填写卷”同时用于对员工相关认知和态度、行为的测量。“员工填写卷”主要针对员工的工作伦理、目标承诺、工作卷入、职业承诺、组织承诺和主管承诺等工作多维度承诺形式和员工对于工作环境的感知,包括 POS、PSS、PIED、P-O fit 以及离职意愿;“组织填写卷”让主管自我评价其组织承诺水平并评价其下属的组织公民行为和工作绩效水平。

4.2 采样程序

4.2.1 问卷的编码规则

对于配对采样的研究而言,如何确保配对成功是需要重点关注的问题。因此,在问卷发放过程中需要做好问卷的配对编码,这样才能够降低后期录入数据时出现不能配对的可能性。因此,本研究采用区段式的问卷编码方式。首先,将所调研组织的简写代码作为第一部分,简写代码使用组织名称拼音首字母的大写组合。其次,第二部分按照顺序从 01 到 20 进行编码。最后,第三部分仅为 1 或 2,其中 1 是主管代表组织填写的《组织填写卷》,2 是员工自己填写的“员工填写卷”。三个部分中间以连接符连接,形式如 XYZ-01-1。这样在对应分发问卷的基础上,能够保证回收问卷一一对应。

4.2.2 采样实施程序

本研究所使用的上下级配对采样的方式相对复杂,因此在采样过程中需要对采样组织进行严格要求。本研究通过以下程序,并在每个环节做出重点工作,以保证所采数据的质量,为后面的实证分析奠定良好基础。

1. 与组织负责人进行沟通

征得组织同意,尤其是征得组织负责人的同意与支持对于进入组织调研而言是十分重要而且有利的条件。本研究在进行调研之前,都与组织负责人或者人力资源主管先行通过电话、邮件或面谈的方式对采样时间、形式进行沟通,争取他们对采样的支持。在沟通过程中，研究者向相关负责人承诺，所获数据仅作研究之用，同时在得到研究结论之后会以调研报告的方式与组织分享。

2. 采样方式

在采样方式选择方面，本研究根据具体情况采用现场发放现场回收和发放定期回收的方式进行。根据前期沟通的情况，如果组织同意研究者现场发放则使用该形式。因为该种方式能够提高问卷回收效率，并且能够进行现场讲解，提高受试者对问卷调查的理解程度。对于非本地和不愿采用现场发放问卷方式的组织，则采用发放定期回收的方式，因为该种方式易于操作且对组织的影响较小。

3. 采样保证措施

首先，如果采用现场发放现场收回方式进行采样，研究者在采样时会对受试者进行充分的讲解，告知受试者如何填写问卷，同时向他们强调凭借第一印象对量表题项描述的符合程度进行评价。在样本选择方面，通过随机选择，在组织中选取 15~20 对样本，而且每名主管最多评价两位下属。这样能够保证每个组织的样本量在总样本中占比均衡，同时让每位主管评价的下属数量保持均衡。

其次，如果采用发放定期回收的方式进行采样，研究者会向对方相关实施人员说明采样的相关注意事项，同时提供详细的采样说明，并且提示组织要为每位受试者保密。在确保相关人员充分了解采样注意事项的基础上方让其进行采样，尽力保证取得与研究者现场发放问卷形式相同的效果。

最后，在人员选择方面，上级的选择需要其入职时间大于一年，由此其方能对组织有全面的认识，正确评价其对组织的承诺水平，且全面而客观地评价其下属表现。下属的选择方面，尽量选择入职超过三个月的员工，保证其能对组织有全面的认识。在上级对下属进行评价时，如果评价两名下属，请上级选择绩效水平能够相互区分的下属进行评价。

4.3 样本

4.3.1 样本描述

本研究受试者为组织内员工。采样在 29 个不同类型组织中进行。本研究的样本以西安各类组织为主，同时兼具样本地域的广泛性。采样范围包括陕西省内黄陵、榆林的组织，还有来自北京、上海、广东、福建、山东、新疆的组织。组织性质中以企业为主体，兼具事业单位、政府部门等组织。样本的组织涉及多个行业，例如计算机服务和软件业，制造业，批发和零售业，住宿和餐饮业等。组织创立的时间方面，样本中组织成立时间长的有 15 年以上的组织，也有时间较短的 3 年以下的组织，在 6 个成立时间区段上均有分布。关于受试者人口统计学变量的相关情况，年龄方面，本研究从 20 岁以下开始，以 10 岁为一档，将年龄分为 6 档，最高一档为 60 岁以上。学历方面，从初中以下到博士共分为 8 个不同类型。本研究将职位分为 4 类，第一类为基层员工，其他几类均为管理者，按照管理者不同的层级职位分为基层管理者、中层管理者和高层管理者。

整个采样过程中，在不同组织中发放问卷 550 对。通过现场回收和定时回收的方式，共收到回复问卷 536 对，回收率为 97.45%。在回收的问卷基础上，本研究根据一定的样本筛选标准，在删除了空白问卷、无法配对问卷和不符合标准的问卷之后，得到 432 对有效样本，样本的有效率为 80.6%。有近 20% 的样本成为无效样本，这从侧面说明了配对采样的难度。

本研究在分析过程中拟采用结构方程模型对变量之间的关系进行探讨。该方法一般要求所测量题项数目 5~10 倍的样本量以保证统计效力和检验参数的有效性。根据量表修订过程最终确定的量表包含 73 个题项，分别测量 14 个构念。按照本研究 432 对有效样本计算，有效样本数是题项数的 6 倍左右，因此可以说明本研究所采集的有效样本能够满足结构方程模型数据分析的需要。

4.3.2 样本特征

本研究在所取得的 432 对有效样本基础上，通过 SPSS 19.0 对样本特征进行分析。样本特征与分布如表 4-1 所示。

表 4-1 本研究样本特征

统计相关变量	内容	人数	百分比
性别	男	219	50.7%
	女	213	49.3%
年龄	20 岁以下	21	2.8%
	21~24 岁	268	62%
	25~28 岁	97	22.5%
	29~32 岁	36	8.3%
	33~36 岁	19	4.4%
学历	初中及以下	6	1.4%
	中专	24	5.6%
	高中	43	10%
	大专	136	31.5%
	本科	184	42.6%
	硕士	38	8.8%
	博士	1	0.2%

续表

统计相关变量	内容	人数	百分比
组织任期	1 年以内	88	20.4%
	1~3 年	163	37.7%
	3~7 年	88	20.4%
	7~10 年	26	6.0%
	10 年以上	67	15.5%
工作职位	基层员工	319	73.8%
	基层管理者	67	15.5%
	中层管理者	39	9.0%
	高层管理者	7	1.6%
行业	农、林、牧、渔业	15	3.5%
	制造业	89	20.6%
	建筑业	13	3.0%
	电力、燃气及水的生产和供应业	44	10.2%
	信息传输、计算机服务和软件业	63	14.6%
	住宿和餐饮业	57	13.2%
	金融业	33	7.6%
	科学研究、技术服务和地质勘察业	31	7.2%
	居民服务和其他服务业	49	11.3%
	文化、体育和娱乐业	10	2.3%
	批发和零售业	28	6.5%
组织成立时间	3 年以下	47	10.9%
	3~5 年	79	18.3%
	5~8 年	50	11.6%
	10~15 年	82	19.0%
	15 年以上	174	40.3%
组织性质	国有企业	127	29.4%
	民营企业	208	48.1%
	外商独资企业	36	8.3%
	中外合资企业	13	3.0%
	政府部门	10	2.3%
	事业单位	25	5.8%
	其他	13	3.0%
组织规模	100 人以下	115	26.6%
	100~500 人	133	30.8%
	500~1 000 人	44	10.2%
	1 000 以上	140	32.4%

4.4 数据处理与分析方法

在回收样本获得数据之后,需要进行数据处理,在问卷录入前阶段、问卷录入阶段和录入后阶段对问卷中存在的数据问题进行处理。按照一定的标准对样本进行筛选以保证不让存在问题的样本对数据验证产生影响。同时还需要分析数据,以确定量表的信效度,为后续关系验证奠定基础。

4.4.1 数据处理方法

1. 异常样本的筛选

在问卷录入前阶段,先对问卷进行大致浏览,剔除空白卷、大部分填写不完全卷,对样本进行初次筛查。其次在问卷录入阶段,在数据录入过程中,根据两个标准对样本质量进行评定。如果样本质量未能达标,一般使用删除异常数据所对应的样本的方法。造成数据质量不高的原因很多,可能因为受试者忙于手头工作,草率填写,抑或是受到心情影响而不愿填写等等。本研究对样本质量评定的标准为:①相同分值连续超过 12 个;②题项评价为 1 和 7 的比例,超过整个题项数的 40% 以上。一旦有样本出现上述情况中的一种,就删除该样本。由于问卷是配对完成的,如果对应一方问卷失效,那么相对应的问卷随之失效。

2. 缺失值处理

在剔除了异常样本之后,还需要注意样本缺失数据的问题。样本缺失数据过多就无法反映真实的数据情况。因此,对于缺失题项在 10 个及以上的样本,本研究同样判定为样本质量不高,将对应样本删除。对于缺失题项在 10 个以下的样本,在 SPSS 中选择均值替代的方式对缺失值进行替补。该方式也是最为常用的缺失值替代方式。

3. 信效度分析

一般使用信度和效度对测量进行评价。信度评价了测验结果的一致性、稳定性以及可靠性。针对李克特量表最为常用的信度评价指标是 Cronbach' s α 系数。按照 Nunnally 的观点,一般要求 Cronbach' s α 系数的值至少要大于 0.7。如果量表信度系数大于 0.7,则可以认为量表有较强的一致性、稳定性和可靠性;反之,则说明量表的可靠性较差。

效度方面,一般需要注意量表的内容效度和结构效度。内容效度反映了测量内容代表所要测量构念的程度。结构效度分为聚合效度和区分效度。本研究采用验证性因子分析(Confirmatory Factor Analysis,简称 CFA)对潜变量的聚合效度和区分效度进行分析,以获得测量题项对于潜变量的良好拟合与潜变量之间的相互区分。

4.4.2 分析方法

本研究拟采用结构方程模型与分层回归模型相结合的方式分析所提出的假设。

1. 结构方程模型

结构方程模型(Structural Equation Modeling,简称 SEM),是用来检验观测题项和潜变量之间、潜变量之间假设关系的多重变量统计分析方法。其发源于 Bock 和 Bargmann 提出的验证性因子分析模型,由 Joreskog 等进行发展。该方法在心理学、管理学等相关社会学科领域内被广泛应用,其具备以下优点。

(1)克服了传统方法不能准确处理潜变量的问题。该方法能够同时分析潜变量与观测题项之间的复杂关系。

(2)允许自变量和因变量有测量误差,提高整体测量准确度。

(3)可同时计算多个因变量之间的关系。在软件选取方面,能够实现 SEM 的软件多种多样,其中以 LISREL,MPLUS,AMOS,EQS 等为代表。而 LISREL 是应用最为广泛的结构方程模型软件之一,故本研究选取 LISREL 8.54 作为结构方程模型的分析软件。

2. 结构方程模型的应用步骤

结构方程模型分为测量模型(Measurement Model),即验证性因子分析模型——用以分析题项对于潜变量的测量以及潜变量关系模型——用以分析潜变量之间的关系。应用结构方程模型分析的五个主要步骤如下。

(1)模型设定(Model Specification),即通过理论模型设定外源观测变量与外源潜变量之间,内源观测变量和内源潜变量之间,外源潜变量与内源潜变量之间的相互关系系。

(2)模型识别(Model Identification),即通过模型辨识确定所设定的研究模型能否存在参数估计的唯一解。

(3)模型估计(Model Estimation),即通过协方差矩阵的拟合,对应地求出模型中各参数的估计值。

(4)模型评价(Model Evaluation),即根据多种拟合指标对结构方程模型的拟合程度进行评价。

(5)模型修正(Model Modification)。如果模型拟合数据不好,研究者需要根据结构方程模型的改进提示对模型进行修改,并重新验证模型。

通过以上五步,能够很好地实现结构方程模型对设定模型的验证。

3. 结构方程模型的评价指标

该部分是整个应用步骤中的重要环节,结构方程模型中的两种模型都需要进行评价以确定模型是否合理,优劣如何,从而进一步分析改进模型。以往研究中,研究者将评价指标主要分为两类,即相对拟合指数和绝对拟合指数。

对于相对拟合指数而言,最为常用的评价指标分别为比较拟合指数和非规范拟合指数。其中,比较拟合指数(Comparative Fit Index,简称 CFI)反映测量从限制模型到饱和模型时,非集中参数的改变情况。非规范拟合指数(Non-Normed Fit Index,简称 NNFI)用来比较所假设模型与控模型之间的匹配程度。对于绝对拟合指数而言,最为常用的评价指标为卡方值比率、近似误差均方根、拟合优度指数。对于两类指数的评价标准众多研究给出了标准,较有代表性的标准总结结果如表 4-2 所示。在接下来的模型验证过程中就使用以下拟合指数对模型拟合优度进行判断。

表 4-2 LISREL 常用拟合指数表

拟合指数		标准	参考研究
相对拟合指数	*CFI*	>0.90	Bentler 和 Yuan(1999)
	NNFI	>0.90	Hu, Bentler 和 Kano(1992)
绝对拟合指数	χ^2/df	$1<\chi^2/df<5$	Schumacker 和 Lomax(2004)
	RMSEA	<0.08	吴明隆(2008)
	GFI	>0.90	Jöreskog 和 Sörbom(1993)

4. 回归模型

在使用结构方程模型探讨变量之间相互影响的关系之外,本研究同时还用到分层回归模型对假设中的调节效应进行验证。因为在调节效应验证方面,结构方程模型还并不完善,而回归模型能够很好地进行分析,从而完善本研究的研究思想。本研究使用 SPSS 实现回归模型。

4.5 模型验证思路

基于本研究所涉及变量均是潜变量的特点,结合结构方程模型能够同时应对多个因变量等优点,本研究拟使用结构方程模型对于各维度承诺之间的关系与它们和产出变量之间的关系进行检验。而鉴于回归模型在检验调节变量方面成熟的理论和实践基础,本研究采用分层回归模型分析员工对工作环境的感知等相关变量的调节效应。

综上,本研究基于调研数据,首先,通过 SPSS 对整体数据的异常值和缺失值进行处理,完成样本筛选和完善工作。之后,分析量表信度;随后,使用结构方程模型中的验证性因子分析检验结构的聚合效度和结构间的区分效度,得到结构效度的检验和共同方法偏差的一方面证据;另一方面,对共同方法偏差使用探索性因子分析进行再次检验,确保该问题不对后续检验产生严重影响;在此基础上,进行因子相关性分析,相关关系的结果能为变量间关系提供初步证据;进而,采用潜变量关系模型对结构之间关系进行检验,检验所提假设能否得到支持;最后,使用分层回归模型检验调节变量在结构关系间的调节效应。

5 检验结果

本章将基于样本数据,使用 SPSS 和 LISREL 分析软件进行数据的处理与分析,对所提出的假设按照模型验证思路进行检验,得出信效度检验、因子相关分析和结构方程模型以及分层回归模型的检验结果。

5.1 研究方法有效性评价

5.1.1 研究变量的描述性统计

本研究测量了 14 个潜变量,分别为:目标承诺、工作伦理、职业承诺、工作卷入、组织承诺、主管承诺、人与组织匹配、感知到的组织支持、感知到的主管支持、感知到组织对员工发展的投入、离职意愿、组织公民行为、工作绩效与主管的组织承诺。其中,目标承诺、工作伦理、职业承诺、工作卷入、组织承诺、主管承诺是构成工作多维度承诺的六个维度。从评价主体来看,前面的 11 个变量是由员工自评价完成,而组织公民行为、个人绩效和主管的组织承诺均由员工的直接主管进行评价。变量的描述性统计在表 5-1 中列出。通过表中表述可以看出,本研究的样本数据基本正常。

表 5-1 本研究变量的描述统计结果

测量方式	变量	均值	标准差	样本量
员工评价	目标承诺	5.56	1.00	432
	工作伦理	5.61	0.97	432
	职业承诺	4.61	1.35	432
	工作卷入	5.17	1.10	432
	组织承诺	5.23	1.18	432
	主管承诺	5.22	1.29	432
	人与组织匹配	4.76	1.31	432
	感知到的组织支持	4.67	1.44	432
	感知到的主管支持	5.07	1.40	432
	感知到组织对员工发展的投入	4.99	1.35	432
	离职意愿	2.87	1.63	432

续表

测量方式	变量	均值	标准差	样本量
主管评价	主管的组织承诺	5.79	1.02	432
	组织公民行为	5.43	1.10	432
	工作绩效	5.47	1.08	432

5.1.2 信度分析

信度（Reliablity）指测验结果的一致性、稳定性及可靠性，通常用内部一致性表明测量信度的高低。本研究应用 SPSS 19.0 对 14 个潜变量的量表进行信度分析，结果如表 5-2 所示。本研究所使用量表的信度均在 0.83 以上。因此，按照上文所述 Nunnall 所提出的标准（即信度系数大于 0.7），本研究的量表整体信度良好，表明本研究通过两轮预调研最终确定的量表的一致性与可靠性很强。

此外，本研究根据效度分析中验证性因子分析的修正结果（见 5.1.3 节）对量表信度进行再次检验，结果如表 5-2 所示。根据验证性因子分析模型修正结果，对六个承诺进行了修正。结果表明，删除题项后并未影响量表的信度水平，仍具有较好的一致性。

表 5-2 本研究变量的描述统计结果

测量方式	变量	题项数量	Cronbach' s α 值	备注（按照验证性因子分析修正因子题项后，再次验证 α 值）
员工评价	目标承诺	6	0.90	删除题项 1，信度系数为 0.88
	工作伦理	6	0.83	删除题项 2，信度系数为 0.79
	职业承诺	6	0.87	删除题项 5，信度系数为 0.88
	工作卷入	6	0.88	删除题项 2、3，信度系数为 0.84
	组织承诺	6	0.91	删除题项 5，信度系数为 0.89
	主管承诺	5	0.92	删除题项 5，信度系数为 0.90
	人与组织匹配	5	0.93	
	感知到的组织支持	5	0.94	
	感知到的主管支持	5	0.95	
	感知到组织对员工发展的投入	5	0.93	
	离职意愿	3	0.94	
组织评价	主管的组织承诺	6	0.91	
	组织公民行为	5	0.93	
	工作绩效	4	0.89	

5.1.3 效度分析

量表信度分析得到了较为满意的结果。下面针对量表所测量的结构效度进行检验。

效度(Validity)反映测量的有效性,是量表能否测量研究想要测量的结果的反映。量表的效度越好表示测量能够反映所测量对象的真实情况水平越高。信度说明了测量所使用的量表是否可靠,而效度说明测量能否有效地测定你希望测量的对象。因此,仅从信度方面去考量一个量表的测量效果很有局限性。

一般检验结构的效度时,需要注意量表的内容效度和结构效度。内容效度反映了测量内容反映或代表所要测量构念的程度。结构效度分为聚合效度和区分效度。聚合效度反映结构的各个题项测量同一构念的程度,而区分效度反映不同构念之间相互区别的程度。按照 Gerbing 和 Anderson 的建议,本研究使用验证性因子分析模型对构念的聚合效度进行检验,继而检验它们之间的区分效度,由此为后面的潜变量关系模型奠定基础。

1. 内容效度

通常在判断内容效度时,依照量表题项分布的合理性进行评判。在评价方法上,常用专家法和统计分析法完成。杨国枢等表明,在研究的整个测量方面,量表来源于成熟理论,而且在以往的研究中得到了广泛使用且获得了良好的测量效果,另外在量表的使用和改进过程中参照相关专家的意见,则可以认为量表具有较好的内容效度。本研究所使用的量表都是出自成熟的承诺和相关研究,而且整个量表的开发与修订过程都与研究小组的相关人员和专家进行了讨论,并吸取了受试者的相关意见。因此,综合以上论述,可以认为本研究量表的内容效度良好。

2. 研究变量的验证性因子分析

本研究将所研究构念分为三个部分进行聚合效度和区分效度的检验,分别为:工作多维度承诺部分、调节变量部分和产出变量部分。工作多维度承诺部分包含员工的 6 种承诺形式即目标承诺、工作伦理、职业承诺、工作卷入、组织承诺、主管承诺。本研究分别对 6 种承诺的测量进行聚合与区分效度检验,并在此基础上检验工作多维度承诺的二阶模型;调节变量部分包含人与组织匹配、感知到的组织支持、感知到的主管支持、感知到组织对员工发展的投入与主管的组织承诺;最后是本研究的产出变量部分包含员工自评价的离职意愿和主管评价的组织公民行为和工作绩效。

在检验中,使用验证性因子分析对研究的相关构念进行聚合效度和区分效度的检验。按照 Bogozzi 和 Yi 的观点,整体验证性因子分析模型匹配程度除了需要考虑模型拟合指数的优劣程度(见 4.4.2),还需要注重以下标准:首先,所有误差变异必须显著(t 值 >1.96);其次,构念间相关关系不能太接近 1;再次,题项对于构念的载荷最好介于 0.50 至 0.95 之间;最后,不能有很大的标准误。此外,在区分效度时,要通过因子间相互结合对比不同验证性因子模型间的差异,通过模型间的对比和模型的拟合情况进行判定。

1)工作多维度承诺部分的验证性因子分析

第一,对目标承诺进行聚合效度检验。通过表 5-3 中目标承诺模型拟合系数可以得出该测量模型的拟合并不理想。虽然，$1<\chi^2/df<5$、$NNFI>0.9$、$CFI>0.9$、$GFI>0.9$,但 $RMSEA>0.08$,根据前面的模型判定标准可知,模型需要修正。因此,本研究根据结构方程模型的修改建议,将目标承诺测量题项 1 予以删除。再次拟合后,检验结果如图 5-1 所示,拟合指数如表 5-3 中目标承诺(修正后)模型所示。

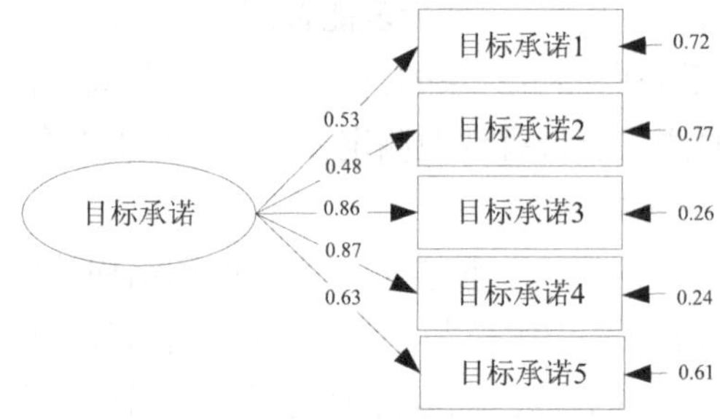

图 5-1 目标承诺验证性因子分析结果

表 5-3 目标承诺验证性因子分析模型拟合指数

验证性因子分析模型	χ^2	df	χ^2/df	$RMSEA$	$NNFI$	CFI	GFI
目标承诺	32.62	9	3.642	0.082	0.98	0.99	0.97
目标承诺(修正后)	7.13	5	1.426	0.034	1.00	1.00	0.99

注:修正内容为删除目标承诺测量题项 1

综合图 5-1 和表 5-3 中对应的结果,能够得出修正后的目标承诺模型中,题项载荷介于 0.48 至 0.87 间，T 值均大于 1.96,未见较大的标准误。而且目标承诺(修正后)的模型拟合指标中，$1<\chi^2/df<5$、$GFI=0.99>0.9$、$NNFI=1.00>0.9$、$CFI=1.00>0.9$ 且 $RMSEA=0.034<0.08$。因此,结合上文所述的判定标准,能够得出修正后的目标承诺模型拟合良好,其具有较好的聚合效度。

第二,对工作伦理进行聚合效度检验。通过表 5-4 中工作伦理模型拟合系数可以得出该测量模型的拟合并不理想。虽然其 $NNFI>0.9$、$CFI>0.9$、$GFI>0.9$,但 $\chi^2/df>5$ 且 $RMSEA>0.08$,根据前面的模型判定标准可知,模型拟合不好,需要修正。因此,本研究根据结构方程模型的修改建议,将工作伦理测量题项 2 予以删除。再次拟合后,检验结果如图 5-2 所示,拟合指数如表 5-4 中工作伦理(修正后)模型所示。

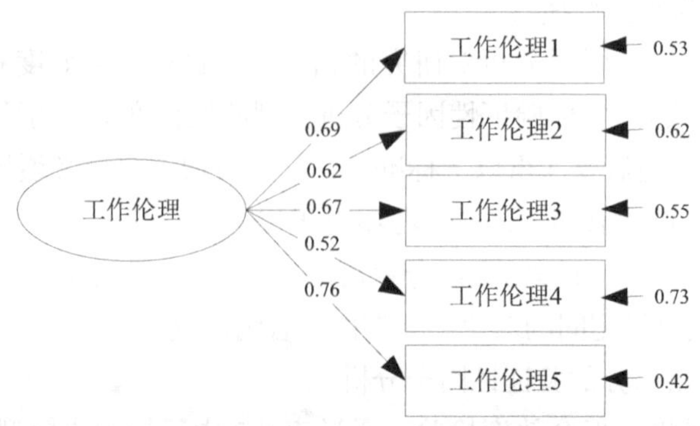

图 5-2 工作伦理验证性因子分析结果

表 5-4 工作伦理验证性因子分析模型拟合指数

验证性因子分析模型	χ^2	*df*	χ^2/df	*RMSEA*	*NNFI*	*CFI*	*GFI*
工作伦理	77.71	9	8.643	0.146	0.91	0.95	0.93
工作伦理(修正后)	11.39	5	2.278	0.053	0.98	0.99	0.99

注:修正内容为删除工作伦理测量题项 2

综合图 5-2 和表 5-4 中对应的结果,能够得出修正后的工作伦理模型中,题项载荷介于 0.52 至 0.76 间,*t* 值均大于 1.96,未见较大的标准误。而且工作伦理(修正后)的模型拟合指标中,$1<\chi^2/df<5$、*GFI* = 0.99>0.9、*NNFI* = 0.98>0.9、*CFI* = 0.99>0.9 且 *RMSEA* = 0.053<0.08。因此,结合上文所述的判定标准,能够得出修正后的工作伦理模型拟合良好,其具有较好的聚合效度。

第三,对职业承诺进行聚合效度检验。通过表 5-5 中职业承诺模型拟合系数可以得出该测量模型的拟合并不理想。虽然其 *NNFI*>0.9、*CFI*>0.9、*GFI*>0.9,但 $\chi^2/df>5$ 且 *RMSEA*>0.08,根据前面的模型判定标准可知,模型拟合不好、需要修正。因此,本研究根据结构方程模型的修改建议,将职业承诺测量题项 5 予以删除。再次拟合后,检验结果如图 5-3 所示,拟合指数如表 5-5 中职业承诺(修正后)模型所示。

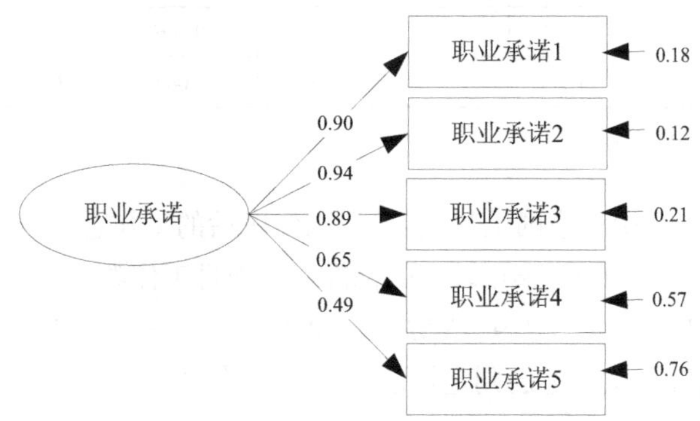

图 5-3 职业承诺验证性因子分析结果

表 5-5 职业承诺验证性因子分析模型拟合指数

验证性因子分析模型	χ^2	*df*	χ^2/df	*RMSEA*	*NNFI*	*CFI*	*GFI*
职业承诺	105.03	9	11.67	0.149	0.92	0.95	0.93
职业承诺(修正后)	6.70	5	1.34	0.029	1.00	1.00	0.99

注:修正内容为删除职业承诺测量题项 5

综合图 5-3 和表 5-5 中对应的结果,能够得出修正后的职业承诺模型中,题项载荷介于 0.49 至 0.94 间,*t* 值均大于 1.96,未见较大的标准误。而且职业承诺(修正后)的模型拟合指标中,$1<\chi^2/df<5$、*GFI* = 0.99>0.9、*NNFI* = 1.00>0.9、*CFI* = 1.00>0.9 且 *RMSEA* = 0.029<0.08。因此,结合上文所述的判定标准,能够得出修正后的职业承诺模型拟合良好,其具有较好的聚合效度。

第四,对工作卷入进行聚合效度检验。通过表 5-6 中工作卷入模型拟合系数可以得出该测量模型的拟合并不理想。虽然其 *NNFI*>0.9、*CFI*>0.9、*GFI*>0.9,但 $\chi^2/df>5$ 且 *RMSEA*>0.08,根据前面的模型判定标准可知,模型拟合不好,需要修正。因此,本研究根据结构方程模型的修改建议,将工作卷入测量题项 2、3 予以删除。再次拟合后,检验结果如图 5-4 所示,拟合指数如表 5-6 中工作卷入(修正后)模型所示。

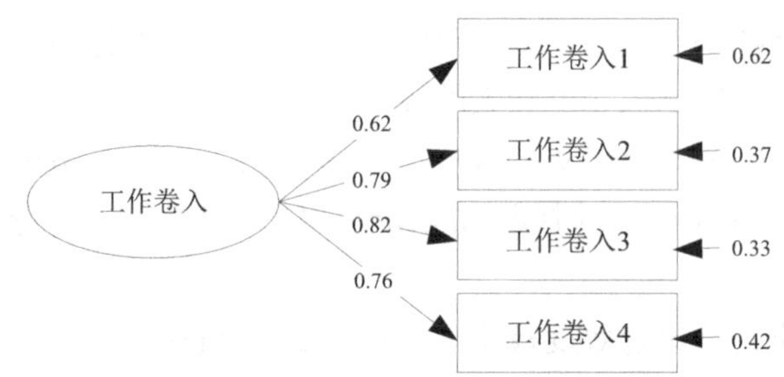

图 5-4 工作卷入验证性因子分析结果

表 5-6 工作卷入验证性因子分析模型拟合指数

验证性因子分析模型	χ^2	*df*	χ^2/df	*RMSEA*	*NNFI*	*CFI*	*GFI*
工作卷入	111.37	9	12.374	0.166	0.91	0.95	0.92
工作卷入(修正后)	5.37	2	2.685	0.062	0.99	1.00	0.99

注:修正内容为删除工作卷入测量题项 2、3

综合图 5-4 和表 5-6 中对应的结果,能够得出修正后的工作卷入模型中,题项载荷介于 0.62 至 0.82 间,*t* 值均大于 1.96,未见较大的标准误。而且工作卷入(修正后)的模型拟合指标中,$1<\chi^2/df<5$、*GFI* = 0.99>0.9、*NNFI* = 0.99>0.9、*CFI* = 1.00>0.9 且 *RMSEA* = 0.062<0.08。因此,结合上文所述的判定标准,能够得出修正后的工作卷入模型拟合良好,其具有较好的聚合效度。

第五,对组织承诺进行聚合效度检验。通过表 5-7 中组织承诺模型拟合系数可以得出该测量模型的拟合并不理想。虽然其 *CFI*>0.9、*GFI*>0.9,但 $\chi^2/df>5$、*NNFI*<0.9 且 *RMSEA*>0.08,根据前面的模型判定标准可知,模型拟合不好,需要修正。因此,本研究根据结构方程模型的修改建议,将组织承诺测量题项 5 予以删除。再次拟合后,检验结果如图 5-5 所示,拟合指数如表 5-7 中组织承诺(修正后)模型所示。

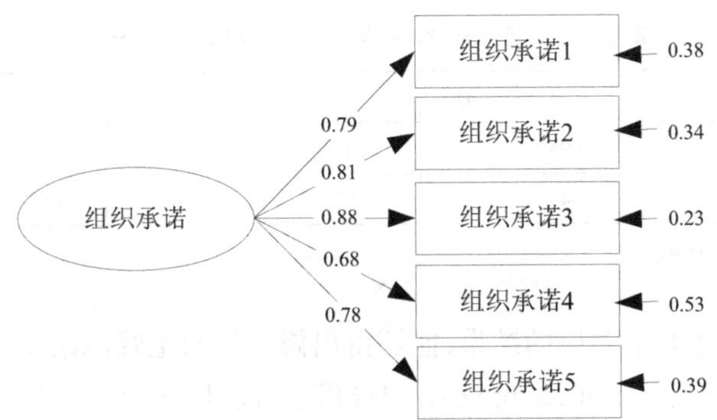

图 5-5　组织承诺验证性因子分析结果

表 5-7　组织承诺验证性因子分析模型拟合指数

验证性因子分析模型	χ^2	*df*	χ^2/df	*RMSEA*	*NNFI*	*CFI*	*GFI*
组织承诺	205.87	9	22.874	0.227	0.87	0.92	0.86
组织承诺(修正后)	8.20	5	1.64	0.036	1.00	1.00	0.99

注:修正内容为删除组织承诺测量题项 5

综合图 5-5 和表 5-7 中对应的结果,能够得出修正后的组织承诺模型中,题项载荷介于 0.68 至 0.88 间,*t* 值均大于 1.96,未见较大的标准误。而且组织承诺(修正后)的模型拟合指标中,$1<\chi^2/df<5$、*GFI* = 0.99>0.9、*NNFI* = 1.00>0.9、*CFI* = 1.00>0.9 且 *RMSEA* = 0.036<0.08。因此,结合上文所述的判定标准,能够得出修正后的工作卷入模型拟合良好,其具有较好的聚合效度。

第六,对主管承诺进行聚合效度检验。通过表 5-8 中主管承诺模型拟合系数可以得出该测量模型的拟合并不理想。虽然其 *NNFI*>0.9、*CFI*>0.9、*GFI*>0.9,但 $\chi^2/df>5$、且 *RMSEA*>0.08,根据前面的模型判定标准可知,模型拟合不好,需要修正。因此,本研究根据结构方程模型的修改建议,将主管承诺测量题项 5 予以删除。再次拟合后,检验结果如图 5-6 所示,拟合指数如表 5-8 中主管承诺(修正后)模型所示。

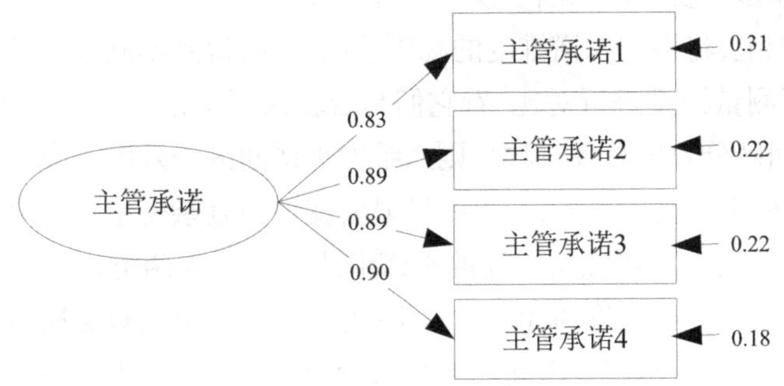

图 5-6　主管承诺验证性因子分析结果

表 5-8 主管承诺验证性因子分析模型拟合指数

验证性因子分析模型	χ^2	*df*	χ^2/df	*RMSEA*	*NNFI*	*CFI*	*GFI*
主管承诺	110.95	5	22.19	0.228	0.92	0.96	0.90
主管承诺(修正后)	1.04	2	0.52	0.000	1.00	1.00	1.00

注:修正内容为删除主管承诺测量题项 5

综合图 5-6 和表 5-8 中对应的结果,能够得出修正后的主管承诺模型中,题项载荷介于 0.83 至 0.90 间,*t* 值均大于 1.96,未见较大的标准误。而且主管承诺(修正后)的模型拟合指标中,χ^2/df=0.52、*GFI* = 0.99>0.9、*NNFI* = 1.00>0.9、*CFI* = 1.00>0.9 且 *RMSEA* = 0.000<0.08。因此,结合上文所述的判定标准,能够得出修正后的工作卷入模型拟合良好,其具有较好的聚合效度。

第七,针对工作多维度承诺六个维度的区分效度进行检验。同样使用 LISREL 8.54 软件进行验证性因子分析。首先,构建工作多维度承诺的六因子模型,检验结果如图 5-7 所示,其拟合指数如表 5-9 所示。

表 5-9 工作多维度承诺六因子模型拟合结果

验证性因子分析模型	χ^2	*df*	χ^2/df	*RMSEA*	*NNFI*	*CFI*	*GFI*
工作多维度承诺六因子模型	854.88	335	2.552	0.066	0.98	0.99	0.87

综合图 5-7 和表 5-9 中对应的结果,能够得出工作多维度承诺六因子模型中,题项载荷介于 0.49 至 0.94 间, *t* 值均大于 1.96。六个承诺维度之间的相关系数在 0.44 与 0.81 之间,表明研究所涉及的六个承诺之间的彼此有一定的相关关系,但相关性与 1.0 还有相当差距,因此相关系数比较适合。而且工作多维度承诺六因子模型的模型拟合指标中, $1<\chi^2/df<5$、*GFI* = 0.87、*NNFI* = 0.98>0.9、*CFI* = 0.99>0.9 且 *RMSEA* = 0.066<0.08。虽然,*GFI*<0.9,但该测量模型是一个较为复杂的结构方程模型。按照 Jöreskog 和 Sörbom(1993)的观点,对于复杂模型其 *GFI* 在 0.8 至 0.9 的范围之内也是能够接受的。因此,结合上文所述的判定标准,能够得出工作多维度承诺六因子模型拟合良好。

其次,在此基础上,将不同承诺维度的题项依次合并,得到不同维度的承诺测量模型,将这些模型与六维度测量模型进行对比,看它们是否较六因子模型更优。如果六维度测量模型更优,则六维度间区分效度较强;反之,则六维度承诺间区分效度不强。在模型比对时,运用卡方检验来检验模型之间的差异,如果差异显著就说明复杂模型较简单模型更优,即区分更多的维度是有必要的。本研究所关注的承诺形式大致分为两类,一类是和员工自身相关的承诺形式,如目标承诺、工作伦理和职业承诺;另一类是与员工对交换对象的承诺形式,如工作卷入、组织承诺和主管承诺。因此在进行因子合并时也针对不同的分类进行内部合并。检验的结果如表 5-10 所示。

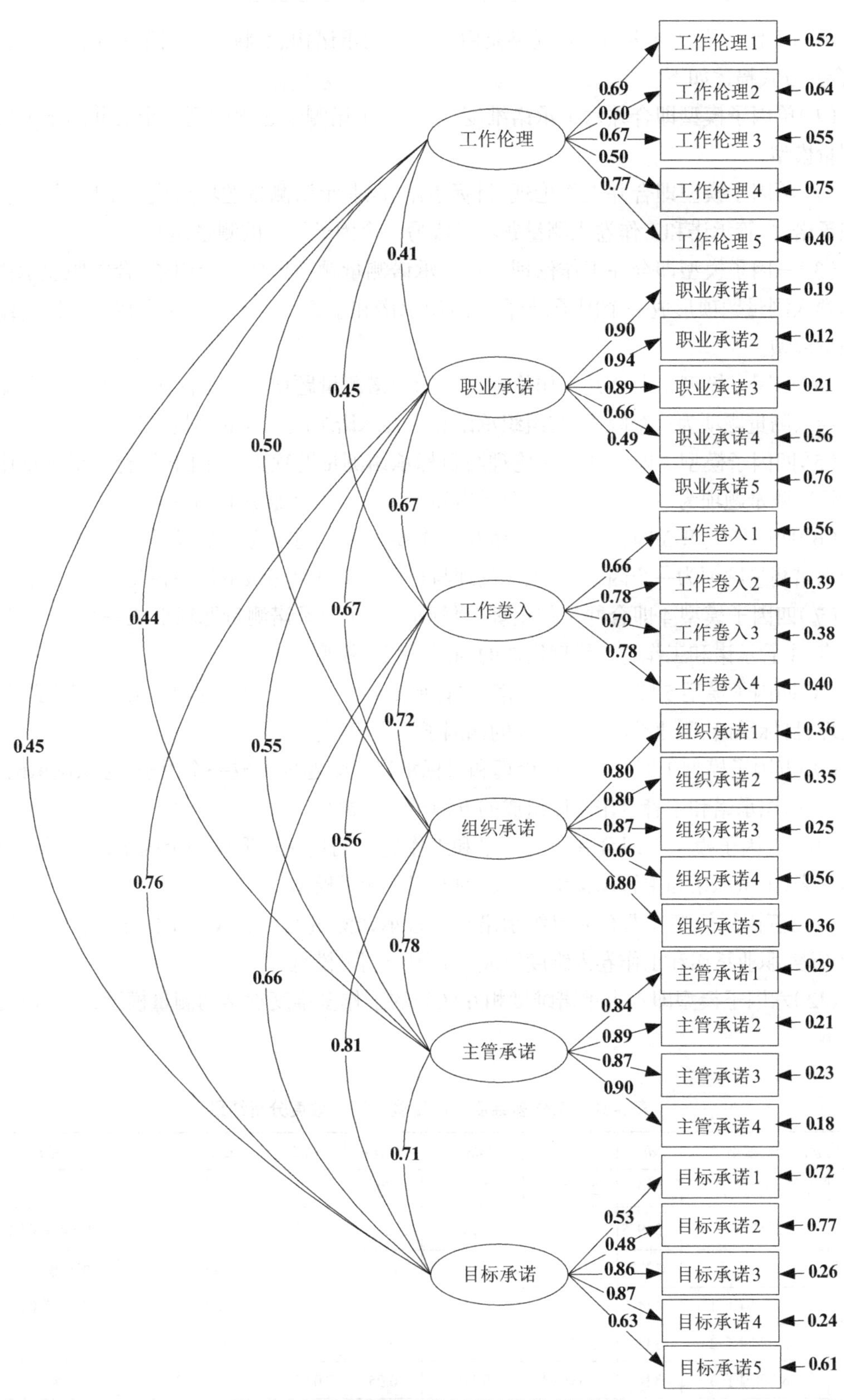

图 5-7 工作多维度承诺六因子模型验证结果

不同工作多维度承诺的测量模型是由合并不同承诺构念,将题项归于一个因子而得到的,合并方式描述如下。

(1)单因子模型即合并六个承诺维度,将所有承诺测量题项归到一个公共因子上所得的测量模型。

(2)两因子模型即合并工作伦理、目标承诺、职业承诺测量题项形成一个因子,与合并组织承诺、主管承诺和工作卷入测量题项形成另一个因子组成的测量模型。

(3)三因子模型即合并工作伦理与目标承诺测量题项形成一个因子,合并职业承诺和工作卷入测量题项形成一个因子,与合并组织承诺和主管承诺测量题项形成一个因子组成的测量模型。

(4)四因子模型 1 即合并工作伦理和目标承诺测量题项为一个因子,合并职业承诺和工作卷入测量题项为一个因子,与组织承诺和主管承诺维度组成的测量模型。

(5)四因子模型 2 即合并工作伦理与目标承诺测量题项为一个因子,合并组织承诺和主管承诺测量题项为一个因子,与职业承诺和工作卷入维度组成的测量模型。

(6)四因子模型 3 即合并职业承诺和工作卷入测量题项为一个因子,合并组织承诺和主管承诺测量题项为一个因子,与工作伦理与目标承诺维度组成的测量模型。

(7)四因子模型 4 即合并工作伦理、目标承诺、职业承诺测量题项形成一个因子,与组织承诺、主管承诺和工作卷入维度组成的四因子测量模型。

(8)四因子模型 5 即合并组织承诺、主管承诺和工作卷入测量题项形成一个因子,与工作伦理、目标承诺、职业承诺维度组成的四因子测量模型。

(9)五因子模型 1 即合并工作伦理和目标承诺测量题项形成一个因子,与职业承诺、工作卷入、组织承诺和主管承诺维度组成的五因子测量模型。

(10)五因子模型 2 即合并职业承诺和工作卷入测量题项形成一个因子,与工作伦理、目标承诺、组织承诺和主管承诺维度组成的五因子测量模型。

(11)五因子模型 3 即合并组织承诺和主管承诺测量题项形成一个因子,与工作伦理、目标承诺、职业承诺和工作卷入维度组成的五因子测量模型。

(12)六因子模型即六个承诺维度相互区分的工作多维度承诺的测量模型,即本研究假设模型。

表 5-10 工作多维度承诺维度间区分效度分析结果

构念间分析模型		*df*	χ^2	*RMSEA*	*NNFI*	*CFI*	$\Delta\chi^2(\Delta df)$	备注
工作多维度承诺	(1)单因子	350	2 855.04	0.155	0.90	0.91		
	(2)两因子	349	2 413.70	0.146	0.92	0.92	441.34(1)**	相较模型(1)
	(3)三因子	347	2 019.86	0.129	0.93	0.94	393.84(2)**	相较模型(2)
	(4)四因子 1	344	1 619.59	0.111	0.95	0.95	400.27(3)**	相较模型(3)
	(5)四因子 2	344	1 659.39	0.114	0.95	0.95	360.47(3)**	同上
	(6)四因子 3	344	1 631.94	0.110	0.95	0.95	387.92(3)**	同上
	(7)四因子 4	344	1 665.88	0.117	0.95	0.95	353.98(3)**	同上

续表

构念间分析模型		df	χ^2	RMSEA	NNFI	CFI	$\Delta\chi^2(\Delta df)$	备注
工作多维度承诺	(8)四因子 5	344	1 605.92	0.108	0.95	0.95	413.94(3)**	同上
	(9)五因子 1	340	1 247.12	0.093	0.96	0.97	358.80(4)**	相较模型(8)
	(10)五因子 2	340	1 230.43	0.088	0.96	0.97	375.49(4)**	同上
	(11)五因子 3	340	1 268.44	0.093	0.96	0.97	337.48(4)**	同上
	(12)六因子	335	854.88	0.063	0.97	0.98	375.55(5)**	相较模型(10)

在探讨嵌套模型的对比时,温忠麟、侯杰泰与马什赫伯特建议结合卡方检验的结果和模型的拟合指数两方面对模型优劣进行评价。因此,根据上述准则,在进行模型对比时,五因子模型就与四因子模型中拟合最好的四因子 5 模型对比,同理六因子模型与五因子模型 2 对比。通过检验结果能够得出,本研究设定的六因子模型是最优模型,其明显优于其他模型。因为其相较于五因子模型 2 的卡方检验显著,且该模型是众多测量模型中仅有 *RMSEA* 小于 0.08 的模型,其 *NNFI*>0.9, *CFI*>0.9。因此,综合以上结果表明工作多维度承诺结构中六个承诺维度之间的区分效度存在。

最后,对工作多维度承诺使用二阶验证性因子分析模型进行验证,分析目标承诺、工作伦理、职业承诺、工作卷入、组织承诺、主管承诺组成工作多维度承诺的合理性。二阶验证性因子分析的结果如图 5-8 所示,拟合指数如表 5-11 所示。

表 5-11 工作多维度承诺二阶验证性分析模型拟合指数

验证性因子分析模型	χ^2	df	χ^2/df	RMSEA	NNFI	CFI	GFI
工作多维度承诺二阶模型	906.33	344	2.635	0.066	0.98	0.98	0.86

综合图 5-8 和表 5-11 中对应的结果,能够得出工作多维度承诺二阶验证模型中,各题项在其对应维度上的载荷介于 0.49 至 0.94 之间,承诺维度到工作多维度承诺结构的路径载荷介于 0.54 至 0.92 间, t 值均大于 1.96。而且工作多维度承诺二阶验证模型的模型拟合指标中, $1<\chi^2/df<5$、$GFI = 0.86$、$NNFI = 0.98>0.9$、$CFI = 0.98>0.9$ 且 $RMSEA = 0.055<0.08$。同理, Jöreskog 和 Sörbom 的观点, *GFI*=0.86 是能够接受的。因此,综合以上的检验结果和拟合指数可以看出二阶工作多维度承诺模型拟合良好。综合以上结果能够看出,各个承诺结构都有着很好的聚合效度,且承诺之间有着良好的区分效度,结合二阶因子模型的分析结果,能够得出假设 1 得到验证,即工作多维度承诺是由工作伦理、目标承诺、职业承诺、工作卷入、组织承诺和主管承诺六个维度组成,它们彼此联系并能相互区分。

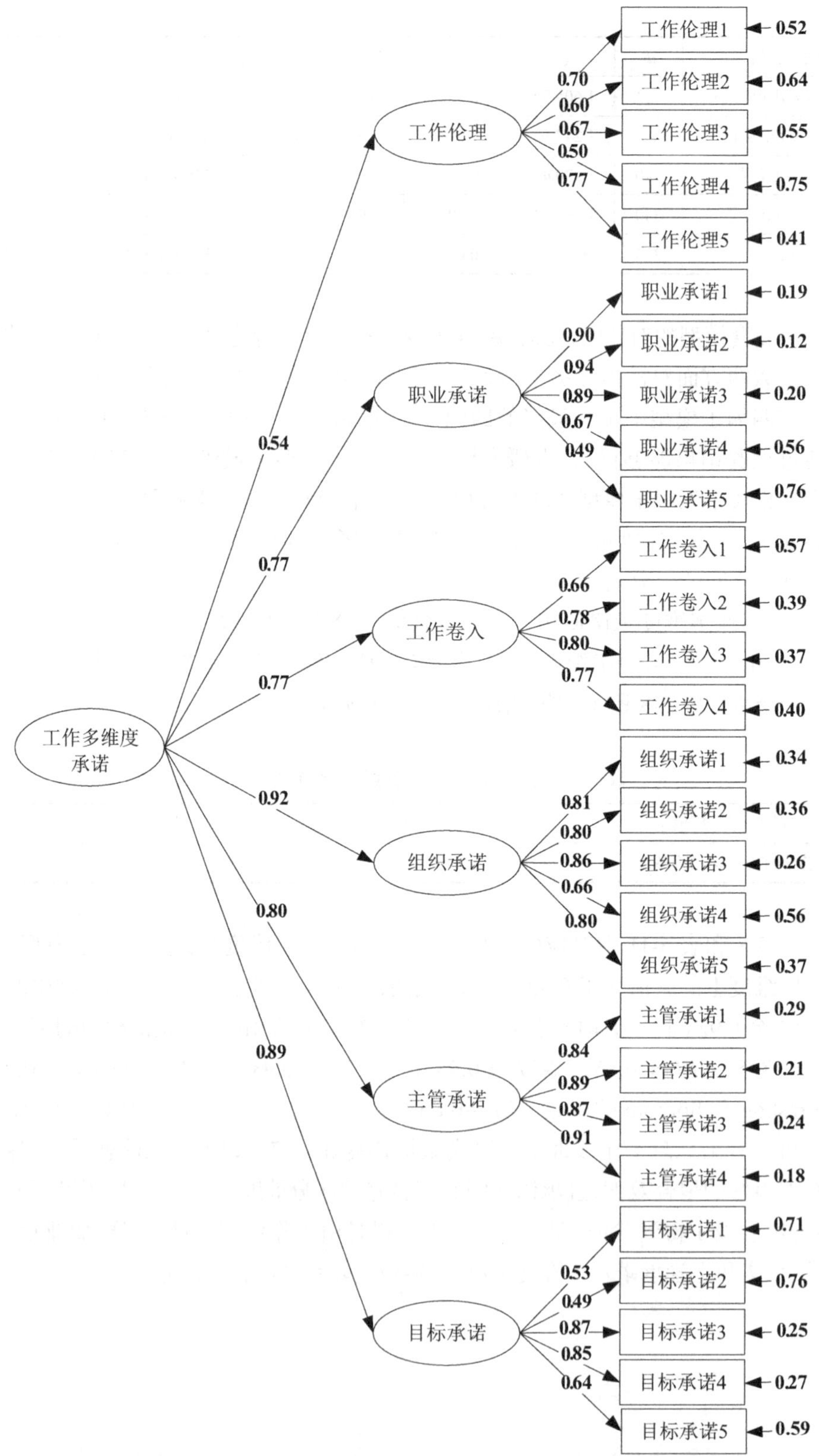

图 5-8 工作多维度承诺二阶验证性因子分析结果

2)产出变量部分验证性因子分析

第一,离职意愿聚合效度检验。因为本研究离职意愿的测量仅有三个题项,进行因子分析的自由度为零,故不能单独进行聚合效度检验。因此,本研究将离职意愿和工作绩效一起进行聚合效度的检验,进一步在区分效度的基础上说明测量模型的合理性。如表5-12中工作绩效与离职意愿模型拟合系数所示,模型的拟合系数十分理想,检验结果如图5-9所示。

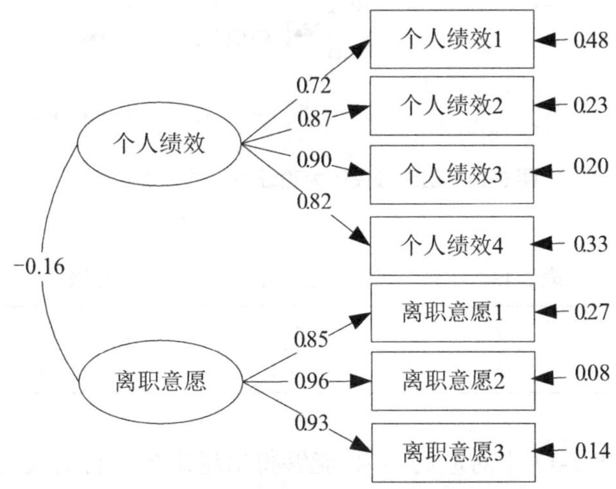

图5-9 工作绩效与离职意愿验证性因子分析结果

表5-12 工作绩效与离职意愿验证性因子分析模型拟合指数

验证性因子分析模型	χ^2	*df*	χ^2/df	*RMSEA*	*NNFI*	*CFI*	*GFI*
个人绩效与离职意愿	24.45	13	1.881	0.046	0.99	0.99	0.98

综合图5-9和表5-12中对应的结果,能够得出个人绩效和离职意愿模型中,题项载荷介于0.72至0.96间,t值均大于1.96,未见较大的标准误。而且个人绩效和离职意愿的模型拟合指标中,$1<\chi^2/df<5$、$GFI=0.98>0.9$、$NNFI=0.99>0.9$、$CFI=0.99>0.9$且$RMSEA=0.046<0.08$。因此,综合以上考虑因素,表明离职意愿和工作绩效模型拟合良好,离职意愿和工作绩效模型有较好的聚合效度。

第二,组织公民行为聚合效度检验。如表5-13中组织公民行为模型拟合系数所示,模型的拟合系数十分理想,检验结果如图5-10所示。

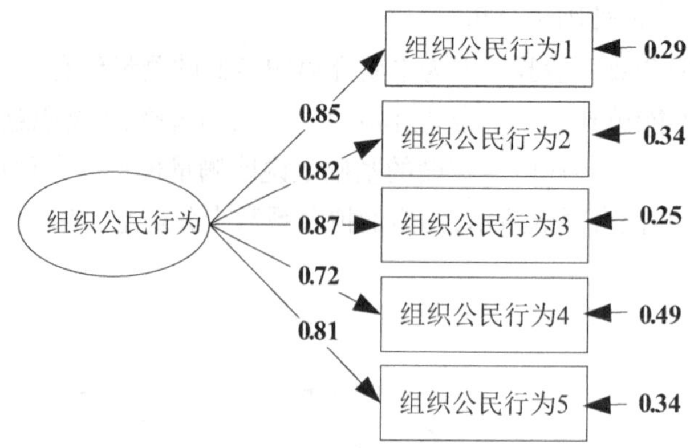

图 5-10　组织公民行为验证性因子分析结果

表 5-13　组织公民行为验证性因子分析拟合指数

验证性因子分析模型	χ^2	*df*	χ^2/df	*RMSEA*	*NNFI*	*CFI*	*GFI*
组织公民行为	20.02	5	4.004	0.078	0.98	0.99	0.98

综合图 5-10 和表 5-13 中对应的结果，能够得出组织公民行为模型中，题项载荷介于 0.72 至 0.87 间，*t* 值均大于 1.96，未见较大的标准误。而且组织公民行为模型拟合指标中，$1<\chi^2/df<5$、GFI = 0.98>0.9、*NNFI* = 0.99>0.9、*CFI* = 0.99>0.9 且 *RMSEA* = 0.078<0.08。因此，结合上文所述的判定标准，能够得出组织公民行为模型拟合良好，其具有较好的聚合效度。

第三，对产出变量部分的三个变量的区分效度进行检验，即将离职意愿、工作绩效和组织公民行为三个构念的题项分别进行合并，形成的模型与三因子模型进行对比，看哪个模型更优。如果三因子模型更优，三个产出变量间区分效度较强；反之，说明三个产出变量区分效度不强。分别合并产出变量的测量题项得到不同模型，其中：

（1）单因子模型即将产出变量测量的所有题项归到一个因子上形成的测量模型；

（2）两因子模型 1 即合并工作绩效与组织公民行为的测量题项形成一个因子，与离职意愿组成的测量模型；

（3）两因子模型 2 即合并工作绩效与离职意愿的测量题项形成一个因子，与组织公民行为组成的测量模型；

（4）两因子模型 3 即合并组织公民行为和离职意愿的测量题项形成一个因子，与工作绩效组成的测量模型；

（5）三因子模型即工作绩效、组织公民行为、离职意愿相互区分的测量模型。

根据表 5-14 检验的结果，能够得出三因子模型优于单因子模型和两因子模型。因为，三因子模型相较于两因子模型的卡方检验显著，而且三因子模型的拟合系数中，$1<\chi^2/df<5$、*NNFI* = 0.99>0.9、*CFI* = 0.99>0.9 且 *RMSEA* = 0.049<0.08。因此，能够表明三因子产出变量模型最优，即三个产出变量之间能够相互区分。结果变量三因子模型拟合结果如图 5-11。

表 5-14 产出变量间区分效度分析结果

构念间分析模型		df	χ^2	$RMSEA$	$NNFI$	CFI	$\Delta\chi^2(\Delta df)$	备注
产出变量	(1)单因子	54	2 505.12	0.408	0.42	0.52		
	(2)两因子 1	53	908.43	0.220	0.79	0.83	1 596.69(1)**	相较模型(1)
	(3)两因子 2	53	1 236.12	0.254	0.71	0.77	1 269.00(1)**	同上
	(4)两因子 3	53	1 465.83	0.305	0.66	0.73	1 039.29(1)**	同上
	(5)三因子	51	107.25	0.049	0.99	0.99	801.18(2)**	相较模型(2)

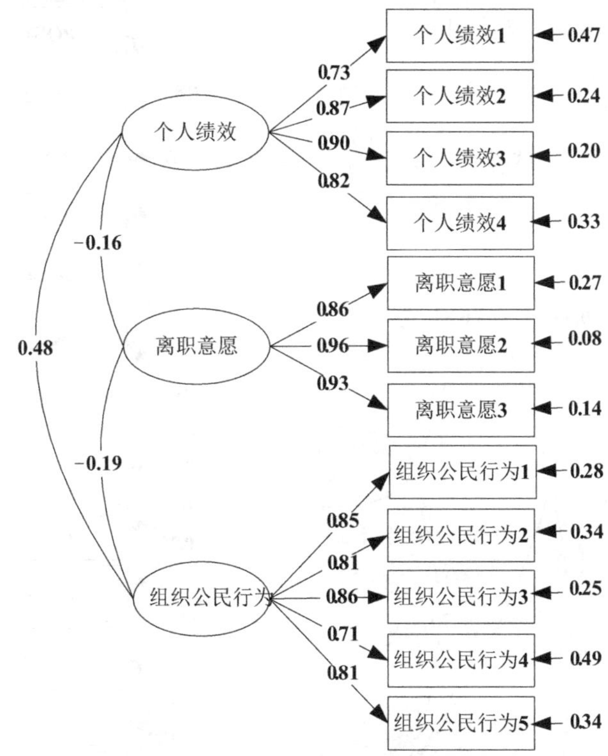

图 5-11 产出变量三因子模型验证结果

3)调节变量部分验证性因子分析

第一,对调节变量的聚合效度进行验证。构建调节变量的五因子模型,使用 LISREL 8.54 软件进行验证性因子分析,该测量模型的验证结果如图 5-12 所示,其拟合指数如表 5-15 所示。

表 5-15 调节变量验证性因子分析模型拟合指数

验证性因子分析模型	χ^2	df	χ^2/df	$RMSEA$	$NNFI$	CFI	GFI
调节变量测量模型	921.37	289	3.188	0.073	0.98	0.98	0.85

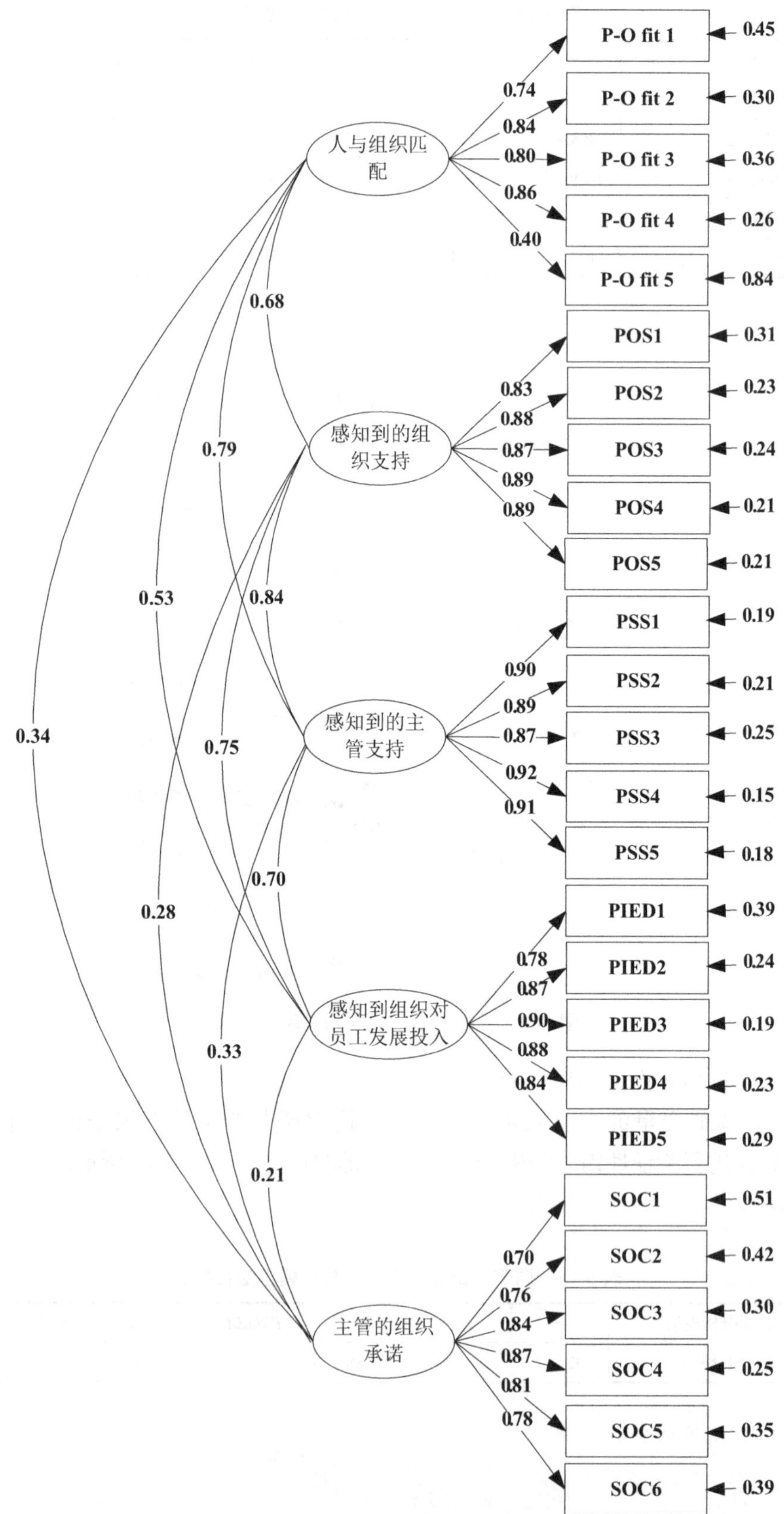

图 5-12　调节变量验证性因子分析结果

综合图 5-12 和表 5-15 中对应的结果，能够得出调节变量验证性因子分析模型中，题项载荷除一条路径为 0.48 外，其余介于 0.62 至 0.92 间，t 值均大于 1.96，未见较大的标准误。而且调节变量测量模型拟合指标中，$1<\chi^2/df<5$、$GFI = 0.85$、$NNFI = 0.98>0.9$、$CFI = 0.98>0.9$ 且 $RMSEA = 0.073<0.08$。因此，结合以上检验结果并考虑本模型的复杂性，能够得出各个调节变量都有着很好的聚合效度。

第二，对调节变量间的区分效度进行检验。与承诺和产出变量的区分检验相同，利用题项的合并，检验所得到的不同维度结构模型与五因子模型之间的优劣程度，来判断调节变量之间是否能够相互区分。对于不同调节变量测量模型是由合并不同调节变量题项得到的，其中：

（1）单因子模型即将各调节变量的测量题项归到一个因子上所形成的测量模型；

（2）两因子模型即合并 P-O fit、POS、PIED 的测量题项形成一个因子，与合并 PSS、SOC 的测量题项形成另一个因子组成的测量模型；

（3）三因子模型 1 即合并 P-O fit、POS、PIED 的测量题项形成一个因子，与 PSS、SOC 组成的三因子测量模型；

（4）三因子模型 2 即合并 P-O fit、POS 的测量题项形成一个因子，合并 PSS、SOC 形成另一个因子，与 PIED 组成的测量模型；

（5）三因子模型 3 即合并 P-O fit、PIED 的测量题项形成一个因子，合并 PSS、SOC 形成另一个因子，与 POS 组成的测量模型；

（6）三因子模型 4 即合并 POS、PIED 的测量题项形成一个因子，合并 PSS、SOC 形成另一个因子，与 P-O fit 组成的测量模型；

（7）四因子模型 1 即合并 PSS 与 SOC 的测量题项形成一个因子，与 P-O fit、POS、PIED 组成的四因子测量模型；

（8）四因子模型 2 即合并 P-O fit、POS 的测量题项形成一个因子，与 PIED 和 PSS、SOC 组成的四因子测量模型；

（9）四因子模型 3 即合并 P-O fit、PIED 的测量题项形成一个因子，与 POS 和 PSS、SOC 组成的四因子测量模型；

（10）四因子模型 4 即合并 POS、PIED 的测量题项形成一个因子，与 P-O fit 和 PSS、SOC 组成的四因子测量模型；

（11）五因子模型即五个调节变量相互区分的测量模型。

通过表 5-16 的检验结果能够得出，五因子模型在所有测量模型中是最优的。因为五因子模型优于四因子中拟合最好的四因子模型 2，且在调节变量五因子模型的拟合系数中，$1<\chi^2/df<5$、$NNFI = 0.98>0.9$、$CFI = 0.98>0.9$ 且 $RMSEA = 0.073<0.08$。因此，参考温忠麟、侯杰泰与马什赫伯特（2004）的建议，认为五因子模型在调节变量的各测量模型中最优，五个调节变量间的区分效度存在，其拟合结果见图 5-12。

综合以上的检验结果能够看出，本研究所测量的结构均具有良好的聚合效度，而且结构间能够相互区分，这就为后面的潜变量关系分析作了良好的铺垫。

表 5-16 调节变量间区分效度分析结果

构念间分析模型		*df*	χ^2	*RMSEA*	*NNFI*	*CFI*	$\Delta\chi^2(\Delta df)$	备注
调节变量	(1)单因子	299	3 992.27	0.209	0.87	0.88		
	(2)两因子	298	3 552.03	0.196	0.89	0.90	440.24(1)**	相较模型(1)
	(3)三因子 1	296	2 152.43	0.145	0.93	0.94	1 399.6(2)**	相较模型(2)
	(4)三因子 2	296	2 844.79	0.172	0.91	0.92	707.24(2)**	同上
	(5)三因子 3	296	3 145.03	0.185	0.90	0.91	407(2)**	同上
	(6)三因子 4	296	2 992.49	0.178	0.91	0.91	559.54(2)**	同上
	(7)四因子 1	293	2 324.12	0.151	0.93	0.93	171.69(3)**	相较模型(3)
	(8)四因子 2	293	1 444.34	0.110	0.96	0.96	708.09(3)**	同上
	(9)四因子 3	293	1 744.76	0.129	0.95	0.95	407.67(3)**	同上
	(10)四因子 4	293	1 589.68	0.120	0.95	0.96	562.75(3)**	同上
	(11)五因子	289	921.37	0.073	0.98	0.98	522.97(4)**	相较模型(8)

5.1.4 共同方法偏差检验

首先,本研究通过问卷所采集的数据由员工自我评价和主管评价共同组成。本身从数据来源方面在一定程度上降低了共同方法偏差的影响。让主管对员工的组织公民行为与工作绩效进行评价,有助于降低本研究的共同方法偏差而且有助于降低系统偏差。

其次,为了保证共同方法偏差问题不对本研究产生严重影响,本研究按照 Harman 单因子检验的方法,对共同方法偏差问题进行检验。即将研究题项进行主成分因子分析,所析出的因子中,第一个因子如果解释了绝大多数的方差,则共同方法偏差影响严重;反之,共同方法偏差问题影响较小。因此,本研究对所使用的所有题项进行主成分因子分析,结果表明 13 个因子的特征值大于 1,总共解释 73.2% 的方差,解释方差最多的因子解释了 35.4% 方差,并未解释方差的绝大多数,表明共同方法偏差影响较小。另外, Podsakoff 表明,构念之间良好的区分效度也是共同方法偏差对研究不造成严重影响的重要保证。因此,综合以上的证据可以表明本研究中共同方法偏差并未有太严重的影响。

5.2 因子相关性分析

在以往研究中,因子相关分析是重要且常用的大致了解变量间关系密切的程度的分析方法。Cable 和 Derue 就表明因子相关分析能够明确地展现研究各个变量之间的相关关系,该结果与结构方程模型所验证的因子间相互影响相互印证,使得研究更加严谨。但是,因子相关分析仅是因子间的相关关系的展示,并不能说明变量之间的关系影响。一般而言,研究者普遍接受的相关系数评价标准为,相关系数 >0.9 为非常高度相关, 0.7< 相关系数 <0.9 为高度相关, 0.5< 相关系数 <0.7 为中度相关,相关系数 <0.5 为低度相关,相关系数 <0.3 为相

关性较弱。

本研究使用 SPSS 19.0 对变量间的相关系数进行分析,研究包含的变量分别为:目标承诺、工作伦理、职业承诺、工作卷入、组织承诺、主管承诺、人与组织匹配、感知到的组织支持、感知到的主管支持、感知到组织对员工发展的投入、主管的组织承诺、离职意愿、组织公民行为与工作绩效,共 14 个变量。各变量间相关系数如表 5-17 所示。

由表 5-17 可知,目标承诺、工作伦理、职业承诺、工作卷入、组织承诺、主管承诺之间的相关系数均介于 0.35 至 0.71 之间,相关关系基本处在中低度水平,且 $p<0.01$。因此对于本研究工作多维度承诺各维度之间的正向影响关系给予一定支持,即对假设 1~ 假设 6 给予了一定的支持。

表 5-17 研究各变量间相关系数

变量	均值	方差	1	2	3	4	5	6	7	8	9	10	11	12	13	14
1. 目标承诺	5.56	1.00	1.00													
2. 工作伦理	5.61	0.97	.48**	1.00												
3. 职业承诺	4.61	1.35	.37**	.37**	1.00											
4. 工作卷入	5.17	1.10	.41**	.36**	.60**	1.00										
5. 组织承诺	5.23	1.18	.41**	.40**	.63**	.63**	1.00									
6. 主管承诺	5.22	1.29	.35**	.36**	.53**	.51**	.71**	1.00								
7.P-O fit	4.76	1.31	.34**	.35**	.64**	.57**	.74**	.64**	1.00							
8.POS	4.67	1.44	.29**	.34**	.59**	.51**	.65**	.61**	.70**	1.00						
9.PSS	5.07	1.40	.33**	.41**	.55**	.46**	.63**	.73**	.63**	.79**	1.00					
10.PIED	4.99	1.35	.28**	.33**	.50**	.44**	.59**	.55**	.62**	.72**	.66**	1.00				
11.SOC	5.79	1.02	.24**	.42**	.35**	.29**	.36**	.35**	.36**	.35**	.35**	.30**	1.00			
12. 离职意愿	2.87	1.63	-.29**	-.26**	-.50**	-.32**	-.46**	-.37**	-.48**	-.43**	-.42**	-.41**	-.25**	1.00		
13.OCB	5.43	1.10	.28**	.18**	.26**	.26**	.32**	.27**	.27**	.23**	.29**	.20**	.41**	-.18**	1.00	
14. 工作绩效	5.47	1.08	.26**	.13**	.23**	.24**	.29**	.26**	.26**	.24**	.29**	.17**	.34**	-.14**	.78**	1.00

注:* 代表 $p<0.05$;** 代表 $p<0.01$;下同

组织承诺、主管承诺、职业承诺、工作卷入与离职意愿的相关性在 −0.32~−0.50 之间,且 $p<0.01$。因此,相关系数对假设 8 给予支持。同样,组织承诺、主管承诺与组织公民行为的相关性分别为 0.32 和 0.27 且 $p<0.01$,而组织承诺、主管承诺与工作绩效的相关性为 0.29 和 0.26 且 $p<0.01$。因此,本研究的假设 9 和假设 10 均得到相关系数的支持。由此可知,工作多维度承诺之间关系,承诺与产出变量之间关系与本研究假设一致,对相关假设给予一定支持,但假设的验证需要更为有利证据,且还需要验证工作卷入的中介作用。故需要使用潜变量关系模型对假设 1 至假设 10 进行进一步检验。同时,对于调节变量的调节效应需要使用分层回归模型进行检验。

5.3 潜变量关系模型分析

通过上文的验证过程,得到了本研究各个构念的测量模型,奠定了潜变量关系模型的基础。另外,因子相关分析为工作多维度承诺各维度之间的相互关系给予一定的支持。下面需要构建潜变量关系模型对研究所提承诺之间和承诺与产出变量之间关系的假设进行验证。另外,需要通过嵌套模型对比,验证假设模型的优劣。

5.3.1 潜变量关系模型评价与路径分析

为检验本研究的相关假设,基于员工工作多维度承诺与产出变量的测量模型构建潜变量关系模型进行假设检验。模型的拟合结果如图 5-13 所示,模型的拟合系数如表 5-18 所示。

表 5-18 潜变量关系模型拟合指数

分析模型	χ^2	*df*	χ^2/df	*RMSEA*	*NNFI*	*CFI*	*GFI*
潜变量关系模型	1 627.49	719	2.264	0.055	0.98	0.98	0.84

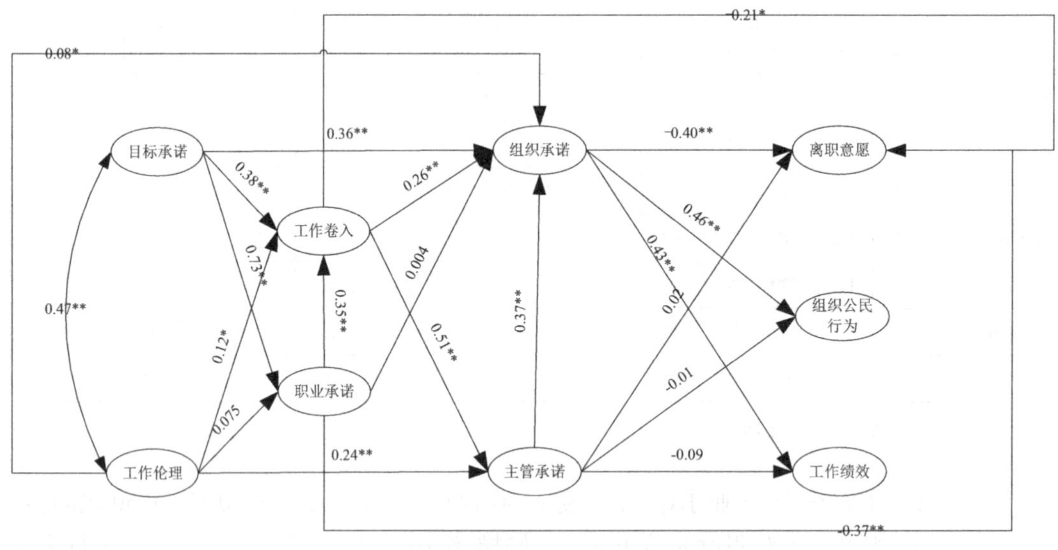

图 5-13 潜变量关系模型验证结果

1. 模型评价

根据表 5-12 的结果,潜变量关系模型 χ^2 值为 1 627.49, df=719,则 $1<\chi^2/df=2.264<5$。另外, $RMSEA=0.055<0.08$,而 $NNFI>0.9$ 且 $CFI>0.9$。模型整体十分复杂,虽然 GFI=0.84,低于 0.9 的一般建议值,但复杂模型的 GFI 在 0.8~0.9 之内就能够接受。因此从整体上而言,该模型的拟合情况良好。

2. 路径分析

根据图 5-13 的检验结果，表明了工作维度承诺与产出变量之间的影响关系。首先，工作伦理对于职业承诺的路径载荷系数 $\beta=0.075$，t 值为 1.60，$p>0.05$；对于工作卷入的路径载荷系数 $\beta=0.12$，t 值为 2.34，$p<0.05$；对组织承诺的路径载荷系数 $\beta=0.08$，t 值为 1.96，$p<0.05$；对主管承诺的路径载荷系数 $\beta=0.24$，t 值为 4.49，$p<0.01$。该验证结果对假设 2*b*~2*d* 给予了支持，但并未支持假设 2*a*。

其次，目标承诺对于职业承诺的路径载荷系数 $\beta=0.73$，t 值为 14.10，$p<0.01$；对于工作卷入的路径载荷系数 $\beta=0.38$，t 值为 4.76，$p<0.01$；对组织承诺的路径载荷系数 $\beta=0.36$，t 值为 5.81，$p<0.01$。三个路径验证结果可以表明假设 3*a*~3*c* 得到支持。

第三，职业承诺对工作卷入的路径载荷系数 $\beta=0.35$，t 值为 4.73，$p<0.01$；对组织承诺的路径载荷系数 $\beta=0.004$，T 值为 0.006 6，$p>0.05$；而工作卷入对组织承诺的路径载荷系数 $\beta=0.26$，t 值为 4.09，$p<0.01$；对主管承诺的路径载荷系数 $\beta=0.51$，t 值为 8.35，$p<0.01$；且主管承诺对组织承诺路径载荷系数 $\beta=0.37$，t 值为 8.07，$p<0.01$。通过以上检验所得的路径系数，能够表明假设 4*a*，假设 5*a*、5*b* 和假设 6 均得到支持，但假设 4*b* 未得到支持。

第四，对于工作卷入的中介效应检验，采用温忠麟等人推荐的检验程序，结合以上验证的结果进行验证。

（1）目标承诺对工作卷入的影响为 0.38（$p<0.01$），工作卷入对组织承诺的影响为 0.26（$p<0.01$），且目标承诺对组织承诺的影响为 0.36（$p<0.01$），因此工作卷入在目标承诺与组织承诺之间起到部分中介作用；

（2）工作伦理对工作卷入的影响为 0.12（$p<0.05$），工作卷入对组织承诺的影响为 0.26（$p<0.01$），且工作伦理对组织承诺的影响为 0.08（$p<0.05$），因此工作卷入在工作伦理与组织承诺之间起部分中介作用；

（3）工作伦理对工作卷入的影响为 0.12（$p<0.05$），工作卷入对主管承诺的影响为 0.51（$p<0.01$），且工作卷入对主管承诺的影响为 0.24（$p<0.01$），因此工作卷入在工作伦理与主管承诺之间起到部分中介作用；

（4）职业承诺对工作卷入的影响为 0.35（$p<0.01$），工作卷入对组织承诺的影响为 0.26（$p<0.01$），且职业承诺对组织承诺的影响为 0.004（$p>0.05$），因此工作卷入在职业承诺与组织承诺之间起到完全中介作用。由此，可以得出工作卷入的中介作用得到验证，假设 7*a*~7*d* 均得到支持，因此假设 7 得到支持。

第五，组织承诺对离职意愿的路径系数为 $\beta=-0.40$，t 值为 −3.77，$p<0.01$；主管承诺对离职意愿的路径系数为 $\beta=0.02$，t 值为 0.21，$p>0.05$；职业承诺对离职意愿的路径系数为 $\beta=-0.37$，t 值为 −5.27，$p<0.01$；工作卷入对离职意愿的路径系数为 $\beta=-0.21$，t 值为 −2.17，$p<0.05$。通过以上路径系数的检验能够得出假设 8*a*~8*d* 除假设 8*b* 外均得到支持，假设 8*b* 未得到支持，主管承诺对离职意愿的影响并不显著。

第六，组织承诺对组织公民行为的路径系数为 $\beta=0.46$，t 值为 5.67，$p<0.01$；主管承诺对组织公民行为的路径系数为 $\beta=-0.01$，t 值为 −1.22，$p>0.05$。而组织承诺对工作绩效的路径系数为 $\beta=0.43$，t 值为 5.11，$p<0.01$；主管承诺对工作绩效的路径系数为 $\beta=-0.09$，t 值

为 -1.10，$p>0.05$。通过以上路径系数的检验能够得出假设 9*a* 和假设 10*a* 得到支持，而假设 9*b* 和假设 10*b* 均未得到支持。

5.3.2 潜变量关系模型嵌套分析

为检验本研究假设模型的合理性与优劣程度，本研究进一步在无中介模型上，使用嵌套方法与本研究得到的最终模型进行比较，以确定本研究模型的优劣性。所对比的模型通过以下方式得到。

（1）无中介模型即去掉工作卷入和职业承诺对离职意愿两条路径所得到的模型。

（2）嵌套 1 模型即添加从工作卷入到离职意愿路径所得模型。

（3）嵌套 2 模型即添加从职业承诺到离职意愿路径所得模型。

（4）假设模型即本研究所假设的潜变量关系模型。

对模型进行比较即进行卡方检验，分析结果在表 5-19 中体现。根据模型对比的评价准则，即结合卡方检验的结果和模型的拟合指数进行评价的准则，可以得出本研究所提出的假设模型相较于其他嵌套模型更优，为基于该模型的假设检验提供了更有力的支持。得出以上结论基于以下原因。

（1）嵌套 1 模型与无中介模型相比较时，卡方检验不显著。根据模型简约原则，可以得出无中介模型相较于嵌套 1 模型更优。

（2）嵌套 2 模型与无中介模型相比较时，卡方检验显著，且其模型拟合指数 $RMSEA<0.08$，$NNFI>0.9$，$CFI>0.9$，$1<\chi^2/df<5$，因此得出嵌套 2 模型优于无中介模型。

（3）假设模型与嵌套 2 模型相比较时，卡方检验也显著。而且假设模型的拟合系数中 $RMSEA=0.055<0.08$ 是四个模型中最小的且 $NNFI>0.9$、$CFI>0.9$，$1<\chi^2/df=2.264<5$。

表 5-19 嵌套模型比较结果表

SEM 模型	*df*	χ^2	*RMSEA*	*NNFI*	*CFI*	$\Delta\chi^2(\Delta df)$	备注
（1）无中介模型	721	1 654.86	0.056	0.97	0.98		
（2）嵌套 1	720	1 654.75	0.056	0.97	0.98	0.11（1）	相较于模型（1）
（3）嵌套 2	720	1 632.82	0.056	0.98	0.98	22.04（1）**	同上
（4）假设模型	719	1 627.49	0.055	0.98	0.98	5.33（1）*	相较于模型（3）

5.4 分层回归模型分析

在前面结构方程模型对本研究所提出的变量之间的直接影响和中介效应进行检验的基础上，进一步使用分层回归模型对研究假设所提出的员工对于环境感知对变量之间关系的调节效应进行检验。

首先,检验人与组织匹配(P-O fit)在目标承诺与组织承诺的关系之间的调节作用,即假设 11。使用 SPSS 中的分层回归模型将控制变量即人口统计学变量、目标承诺、P-O fit 和目标承诺与 P-O fit 的交互项逐步放入回归模型来检验 P-O fit 的调节效应。检验结果如表 5-20 所示。从表中可知目标承诺与 P-O fit 的交互项的系数显著(β=0.574, p<0.05)。模型 4 显著解释了更多方差,因此 P-O fit 在目标承诺与组织承诺的关系之间的调节效应得到支持,即假设 11 得到支持。同理,对于其他调节变量也沿用该检验方式进行检验。

表 5-20　P-O fit 对目标承诺与组织承诺之间关系的调节作用

变量	组织承诺			
	模型 1	模型 2	模型 3	模型 4
性别	-0.016	-0.021	-0.019	-0.038
年龄	0.083	-0.024	-0.019	0.047
受教育程度	0.067	0.003	0.004	-0.064
组织任期	-0.051	0.048	0.045	-0.057
工作职位	0.061	0.018	0.014	-0.011
行业	-0.029	-0.021	0.030	-0.026
组织成立时间	-0.039	-0.021	0.075	0.046
组织性质	0.109*	0.069*	0.047*	0.076*
组织规模	0.010	-0.061	-0.068	0.005
目标承诺		0.719**	0.678**	-0.003
P-O fit			0.126**	0.150
目标承诺 *P-O fit				0.574*
R^2	0.025	0.199	0.500	0.505
ΔR^2	0.025	0.174	0.301	0.005
ΔF	1.213	91.461**	253.234**	4.154*

其次,对主管的组织承诺在员工的主管承诺和组织承诺之间的调节作用进行检验,沿用假设 11 的检验方法,检验结果如表 5-21 所示。从表中可知主管承诺与主管的组织承诺的交互项的系数显著(β=0.537, p<0.05)。模型 4 显著解释了更多方差,因此主管的组织承诺(SOC)对主管承诺与组织承诺之间关系的调节作用得到支持,假设 12 得到支持。

表 5-21　主管的组织承诺对主管承诺与组织承诺之间关系的调节作用

变量	组织承诺			
	模型 1	模型 2	模型 3	模型 4
性别	-0.016	-0.021	-0.019	-0.020
年龄	0.083	-0.024	-0.021	-0.019
受教育程度	0.067	0.003	0.004	-0.005

续表

变量	组织承诺			
	模型 1	模型 2	模型 3	模型 4
组织任期	-0.051	0.048	0.045	0.037
工作职位	0.061	0.018	0.014	0.011
行业	-0.029	0.028	0.030	0.035
组织成立时间	-0.039	-0.021	0.075	0.082
组织性质	0.109*	0.069	0.047	0.047
组织规模	0.010	-0.061	-0.068	-0.066
主管承诺		0.719**	0.678**	0.303
主管的组织承诺			0.126**	-0.129
主管承诺 * 主管的组织承诺				0.528*
R^2	0.025	0.519	0.532	0.537
ΔR^2	0.025	0.494	0.013	0.005
ΔF	1.213	431.792**	11.938**	4.907*

第三,同理检验假设 13a、13b。检验结果如表 5-22、5-23 所示。由检验结果可知,工作伦理与 PIED 的交互项的系数显著(β=0.727, p<0.05)。模型 4 显著解释了更多方差,因此 PIED 对工作伦理与组织承诺之间关系的调节作用得到支持,假设 13a 得到支持。而职业承诺与 PIED 的交互项的系数并不显著(β=−0.265, p>0.05)。模型 4 并未显著解释更多方差,因此 PIED 对职业承诺与组织承诺之间关系的调节作用并未得到支持,假设 13b 并未得到支持。

表 5-22 PIED 对工作伦理与组织承诺之间关系的调节作用

变量	组织承诺			
	模型 1	模型 2	模型 3	模型 4
性别	-0.016	0.007	0.047	0.043
年龄	0.083	0.070	0.104*	0.084
受教育程度	0.067	0.060	0.014	0.014
组织任期	-0.051	-0.060	-0.024	-0.021
工作职位	0.061	0.012	-0.014	-0.016
行业	-0.029	0.018	-0.009	-0.018
组织成立时间	-0.039	0.068	0.071	0.068
组织性质	0.109*	0.092	0.138**	0.141**
组织规模	0.010	-0.037	-0.015	-0.014
工作伦理		0.407**	0.232**	-0.081
PIED			0.538**	-0.020

续表

变量	组织承诺			
	模型 1	模型 2	模型 3	模型 4
工作伦理 *PIED				0.727*
R^2	0.025	0.178	0.425	0.432
△ R^2	0.025	0.152	0.248	0.007
△ F	1.213	78.014**	180.839**	5.181*

表 5-23 PIED 对职业承诺与组织承诺之间关系的调节作用

变量	组织承诺			
	模型 1	模型 2	模型 3	模型 4
性别	−0.016	−0.036	0.006	0.007
年龄	0.083	−0.008	0.040	0.040
受教育程度	0.067	−0.041	−0.044	−0.042
组织任期	−0.051	−0.035	−0.017	−0.013
工作职位	0.061	0.010	−0.008	−0.006
行业	−0.029	−0.042	−0.043	−0.039
组织成立时间	−0.039	0.076	0.076	0.073
组织性质	0.109*	0.145**	0.162**	0.160**
组织规模	0.010	−0.061	−0.038	−0.034
职业承诺		0.644**	0.449**	0.606**
PIED			0.386**	0.531**
职业承诺 *PIED				−0.265
R^2	0.025	0.416	0.523	0.525
△ R^2	0.025	0.391	0.106	0.002
△ F	1.213	282.230**	93.692**	1.729

第四，沿用检验思路与方法对假设 14a~14c 进行检验。检验结果如表 5-24、5-25、5-26 所示。由检验结果可以得出以下结论。

（1）在 POS 对组织承诺与离职意愿之间关系的调节作用的检验中，组织承诺与 POS 的交互项的系数不显著（β=−0.301，p>0.05）。模型 4 并未显著解释更多方差，因此 POS 对组织承诺与离职意愿之间关系的调节作用未得到支持，假设 14a 未得到支持。

（2）在 POS 对组织承诺与组织公民行为之间关系的调节作用检验中，组织承诺与 POS 的交互项的系数显著（β=0.644，p>0.05），且模型 4 显著解释更多方差。因此，POS 对组织承诺与组织公民行为之间关系的调节作用得到支持，假设 14b 得到支持。

（3）在 POS 对组织承诺与工作绩效之间关系的调节作用检验中，组织承诺与 POS 的交互项的系数不显著（β=0.287，p>0.05）。模型 4 并未显著解释更多方差，因此 POS 对组织承诺与工作绩效之间关系的调节作用未得到支持,假设 14c 未得到支持。

表 5-24 POS 对组织承诺与离职意愿之间关系的调节作用

变量	离职意愿			
	模型 1	模型 2	模型 3	模型 4
性别	-0.015	-0.023	-0.032	-0.030
年龄	0.000	0.038	0.055	0.053
受教育程度	-0.102	-0.071	-0.061	-0.060
组织任期	-0.065	-0.088	-0.095	-0.082
工作职位	-0.040	-0.012	0.004	0.009
行业	0.066	0.053	0.051	0.050
组织成立时间	0.002	-0.016	-0.042	-0.048
组织性质	-0.066	-0.016	-0.042	-0.045
组织规模	0.031	0.035	0.050	0.051
组织承诺		-0.458**	-0.300**	-0.176
POS			-0.243**	-0.044
组织承诺 *POS				-0.301
R^2	0.023	0.228	0.260	0.263
$\triangle R^2$	0.023	0.204	0.033	0.003
$\triangle F$	1.107	111.456**	18.458**	1.431

表 5-25 POS 对组织承诺与组织公民行为之间关系的调节作用

变量	组织公民行为			
	模型 1	模型 2	模型 3	模型 4
性别	0.012	0.017	0.019	0.013
年龄	0.037	0.011	0.008	0.014
受教育程度	0.173**	0.152**	0.151**	0.148**
组织任期	0.064	0.079	0.081	0.054
工作职位	-0.063	-0.082	-0.085	-0.095
行业	-0.003	0.006	0.007	0.009
组织成立时间	-0.169**	-0.157*	-0.152*	-0.139*
组织性质	-0.079	0.046	0.051	0.057
组织规模	-0.003	-0.006	-0.009	-0.011
组织承诺		0.309**	0.279**	0.013
POS			0.046	-0.381*
组织承诺 *POS				0.644*
R^2	0.042	0.135	0.136	0.147
$\triangle R^2$	0.042	0.093	0.001	0.012

续表

变量	组织公民行为			
	模型 1	模型 2	模型 3	模型 4
△ F	2.032*	45.259**	0.558	5.661*

表 5-26 POS 对组织承诺与工作绩效之间关系的调节作用

变量	工作绩效			
	模型 1	模型 2	模型 3	模型 4
性别	0.033	0.038	0.041	0.039
年龄	0.050	0.026	0.019	0.021
受教育程度	0.124*	0.105*	0.101	0.100
组织任期	0.052	0.067	0.069	0.057
工作职位	−0.057	−0.075	−0.081	−0.086
行业	0.019	0.027	0.028	0.029
组织成立时间	−0.145*	−0.134*	−0.124*	−0.118
组织性质	0.101	0.070	0.081	0.084
组织规模	−0.004	−0.007	−0.013	−0.014
组织承诺		0.282**	0.217**	0.099
POS			0.100	−0.090
组织承诺 *POS				0.287
R^2	0.038	0.116	0.121	0.124
△ R^2	0.038	0.078	0.005	0.002
△ F	1.859	36.955**	2.629	1.093

最后，对本研究的假设 15a、15b 进行检验。检验结果如表 5-27、5-28 所示。由检验结果可知，工作伦理与 PSS 的交互项的系数显著（β=0.532，p<0.05）。模型 4 显著解释了更多方差，因此 PSS 对工作伦理与主管承诺之间关系的调节作用得到支持，假设 15a 得到支持。而工作卷入与 PSS 的交互项的系数并不显著（β=−0.139，p>0.05）。模型 4 并未显著解释更多方差，因此 PSS 对工作卷入与主管承诺之间关系的调节作用并未得到支持，假设 15b 并未得到支持。

表 5-27 PSS 对工作伦理与主管承诺之间关系的调节作用

变量	主管承诺			
	模型 1	模型 2	模型 3	模型 4
性别	0.006	0.025	0.035	0.030
年龄	0.149	0.138	0.054	0.041
受教育程度	0.089	0.083	−0.027	−0.029

续表

变量	主管承诺			
	模型 1	模型 2	模型 3	模型 4
组织任期	-0.137*	-0.145**	-0.067	-0.074
工作职位	0.060	0.019	0.027	0.029
行业	-0.079	-0.040	-0.055	-0.054
组织成立时间	-0.132*	-0.041	0.073	0.080$^+$
组织性质	0.056	0.041	0.082*	0.085*
组织规模	0.098$^+$	0.059	0.004	0.002
工作伦理		0.341**	0.071$^+$	-0.158
PSS			0.706**	0.315
工作伦理 *PSS				0.532*
R^2	0.045	0.152	0.546	0.551
ΔR^2	0.045	0.107	0.535	0.005
ΔF	2.227*	53.114**	365.042**	4.228*

表 5-28 PSS 对工作卷入与主管承诺之间关系的调节作用

变量	主管承诺			
	模型 1	模型 2	模型 3	模型 4
性别	0.006	0.021	0.035	0.036
年龄	0.149*	0.094	0.043	0.042
受教育程度	0.089	0.028	-0.040	-0.042
组织任期	-0.137*	-0.168**	-0.087*	-0.085
工作职位	0.060	0.014	0.018	0.019
行业	-0.079	-0.058	-0.056	-0.056
组织成立时间	-0.132*	-0.089	0.052	0.052
组织性质	0.056	0.023	0.068*	0.066
组织规模	0.098	0.113*	0.028	0.030
工作卷入		0.511**	0.220**	0.290*
PSS			0.628**	0.719**
工作卷入 *PSS				-0.139
R^2	0.038	0.116	0.121	0.124
ΔR^2	0.038	0.078	0.005	0.002
ΔF	1.859	36.955**	2.629	1.093

5.5 假设检验结果

通过以上检验结果，综合因子相关分析，潜变量关系模型与分层回归模型的检验结果，综合分析假设得到支持的情况。

1. 假设 1 的检验结果

通过验证性因子分析的结果，对于六个承诺之间的区分效度进行了检验，相关系数介于 0.44 至 0.81 之间，而且承诺之间能够相互区分，且六个维度所构成的工作多维度承诺二阶模型的验证结果也良好，因此能够说明六个承诺是彼此区分又相互联系的承诺结构。因此，假设 1 得到支持。

2. 假设 2 的检验结果

因子相关分析结果显示工作伦理与职业承诺、工作卷入、组织承诺和主管承诺之间的相关性介于 0.35 至 0.41 之间且均显著，即对假设 2a~2d 给予支持。但关系模型的路径分析的结果表明工作伦理对职业承诺的路径不显著，其余路径均显著。因此，综合看来假设 2a 未得到支持，而假设 2b~2d 得到支持。

3. 假设 3 的检验结果

因子相关分析结果显示目标承诺与职业承诺、工作卷入、组织承诺的相关系数介于 0.37 至 0.41 间且均显著，因此从该方面看假设 3a~3c 得到支持。另一方面关系模型的分析结果表明目标承诺对职业承诺、工作卷入、组织承诺的影响分别为 β=0.73（p<0.01），β=0.38（p<0.01），β=0.36（p<0.01），因此也支持了假设 3a~3c，因此综合看来，假设 3a~3c 得到支持。

4. 假设 4 与假设 5 的检验结果

因子相关分析的结果显示职业承诺与工作卷入、组织承诺的相关系数为 0.60、0.63 均显著，表明对假设 4a、4b 给予了支持。而工作卷入与组织承诺、主管承诺的相关系数为 0.63、0.51 且均显著，同样对假设 5a、5b 给予了支持。另一方面，关系模型分析结果表明，职业承诺对工作卷入、组织承诺的影响分别为 β=0.35（p<0.01）、β=0.004（p>0.05），工作卷入对组织承诺、主管承诺的影响为 β=0.51（p<0.01）、β=0.37（p<0.01）。因此，对于假设 4a、假设 5a、5b 给予了支持，而并未支持假设 4b。因此综合看来，假设 4b 未得到支持，而假设 4a、5a、5b 得到支持。

5. 假设 6 的检验结果

因子相关分析的结果显示主管承诺与组织承诺间的相关系数 β=0.71（p<0.01），而关系模型的分析结果表明，主管承诺对组织承诺的影响 β=0.37（p<0.01），因此综合两方面的证据，能够得出，假设 6 得到支持。

6. 假设 7 的检验结果

根据关系模型的路径分析结果，可以得出以下结论。

（1）目标承诺对工作卷入的影响为 0.38（p<0.01），工作卷入对组织承诺的影响为 0.26（p<0.01），且目标承诺对组织承诺的影响为 0.36（p<0.01），因此工作卷入在目标承诺与组织承诺之间起到部分中介作用。

（2）工作伦理对工作卷入的影响为 0.12（$p<0.05$），工作卷入对组织承诺的影响为 0.26（$p<0.01$），且工作伦理对组织承诺的影响为 0.08（$p<0.05$），因此工作卷入在工作伦理与组织承诺之间起部分中介作用。

（3）工作伦理对工作卷入的影响为 0.12（$p<0.05$），工作卷入对主管承诺的影响为 0.51（$p<0.01$），且工作卷入对主管承诺的影响为 0.24（$p<0.01$），因此工作卷入在工作伦理与主管承诺之间起到部分中介作用。

（4）职业承诺对工作卷入的影响为 0.35（$p<0.01$），工作卷入对组织承诺的影响为 0.26（$p<0.01$），且职业承诺对组织承诺的影响为 0.004（$p>0.05$），因此工作卷入在职业承诺与组织承诺之间起到完全中介作用。由此，可以得出工作卷入的中介作用得到验证，假设 *7a~7d* 均得到支持，假设 7 得到支持。

7. 假设 8 的检验结果

因子分析结果显示组织承诺、主管承诺、职业承诺和工作卷入与离职意愿的相关性介于 −0.32 至 −0.50 之间且均显著，该结果对假设 *8a~8d* 给予支持。但关系模型分析结果表明，组织承诺对离职意愿的影响为 $\beta=-0.40$（$p<0.01$）；主管承诺对离职意愿的影响为 $\beta=0.02$（$p>0.05$）；职业承诺对离职意愿的影响为 $\beta=-0.37$（$p<0.01$）；工作卷入对离职意愿的影响为 $\beta=-0.21$（$p<0.01$）。结果对假设 8a、8c、8d 给予支持，但未对假设 8b 给予支持。因此综合来看，假设 8b 未得到支持，假设 8a、8c、8d 得到支持。

8. 假设 9 和假设 10 的检验结果

因子分析结果显示组织承诺、主管承诺和组织公民行为的相关性为 0.32 和 0.27 且均显著，因此对于假设 9a、9b 予以支持；组织承诺、主管承诺和工作绩效的相关性为 0.29、0.26，因此对于假设 10a、10b 予以支持。但关系模型分析结果表明，组织承诺、主管承诺对组织公民行为的影响分别为 $\beta=0.46$（$p<0.01$）、$\beta=-0.01$（$p>0.05$），因此假设 9a 得到支持，9b 未得到支持；组织承诺、主管承诺对工作绩效的影响分别为 $\beta=0.46$（$p<0.01$）、$\beta=-0.09$（$p>0.05$），因此假设 10a 得到支持，10b 未得到支持；因此综合来看，假设 9a、10a 得到支持，假设 9b、10b 未得到支持。

9. 假设 11 与假设 12 的检验结果

分层回归模型的结果显示，目标承诺与 P-O fit 的交互项的对组织承诺的影响系数显著（$\beta=0.574$，$p<0.05$）。因此 P-O fit 在目标承诺与组织承诺的关系之间的调节效应得到支持，即假设 11 得到支持。同理，主管承诺与主管的组织承诺的交互项对组织承诺的系数显著（$\beta=0.537$，$p<0.05$），因此主管的组织承诺（SOC）对主管承诺与组织承诺之间关系的调节作用得到支持，假设 12 得到支持。

10. 假设 13 的检验结果

分层回归模型的结果显示，工作伦理与 PIED 的交互项的对组织承诺的系数显著（$\beta=0.727$，$p<0.05$），因此 PIED 对工作伦理与组织承诺之间关系的调节作用得到支持，假设 13a 得到支持。而职业承诺与 PIED 的交互项对组织承诺的系数并不显著（$\beta=-0.265$，$p>0.05$）。因此 PIED 对职业承诺与组织承诺之间关系的调节作用并未得到支持，假设 13b 并未得到支持。

11. 假设 14 的检验结果

分层回归模型的结果显示以下内容。

(1)组织承诺与 POS 的交互项对离职意愿的影响不显著(β=−0.301, p>0.05),因此 POS 对组织承诺与离职意愿之间关系的调节作用未得到支持,假设 14a 未得到支持。

(2)组织承诺与 POS 的交互项对组织公民行为的影响显著(β=0.644, p>0.05),因此 POS 对组织承诺与组织公民行为之间关系的调节作用得到支持,假设 14b 得到支持。

(3)组织承诺与 POS 的交互项对工作绩效的影响不显著(β=0.287, p>0.05)。因此 POS 对组织承诺与工作绩效之间关系的调节作用未得到支持,假设 14c 未得到支持。

12. 假设 15 的检验结果

分层回归模型的结果显示,工作伦理与 PSS 的交互项对主管承诺的影响显著(β=0.532, p<0.05),因此 PSS 对工作伦理与主管承诺之间关系的调节作用得到支持,假设 15a 得到支持。而工作卷入与 PSS 的交互项对主管承诺的影响并不显著(β=−0.139, p>0.05),因此 PSS 对工作卷入与主管承诺之间关系的调节作用并未得到支持,假设 15b 并未得到支持。

综合以上检验结果,可以总结得到验证的假设如图 5-14 所示。

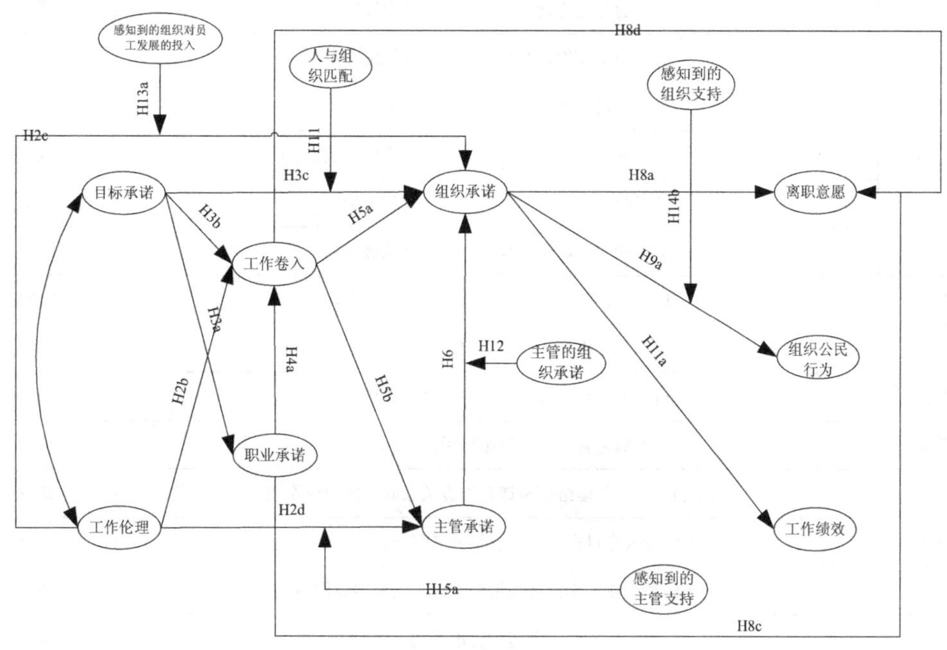

图 5-14 本研究得到验证的假设总结

5.6 本章小结

本章基于问卷调研所获得的数据,运用统计方法对研究所提出的理论假设进行检验,获得了检验的结果。本章首先检验了量表的信度和结构效度,其中结构效度又分为聚合效度和区分效度。检验的结果显示,本研究所用量表信度均良好。验证性因子分析的结果显示,本研究构念有较好的聚合效度且构念间的区分效度较强。其次,运用主成分因子分析检验得出本研究的共同方法偏差问题并不严重的结论。随后,因子相关分析的结果为假设验证提供了一定证据。在测量结构的基础上,本研究进一步构建潜变量关系模型以检验理论假设所涉及的承诺之间和承诺与结果变量间的关系并进行了嵌套模型的对比。最后,使用分层回归模型对调节效应进行了检验。综合各种分析的结果,讨论了假设能否得到支持。结果显示,本研究所提理论假设大多数得到支持,能够成立。具体的各假设的检验结果见表5-29。

表 5-29 假设检验结果总结

假设	假设内容	研究结论
假设 1	工作多维度承诺包含六个维度即目标承诺、工作伦理、工作卷入、职业承诺、组织承诺和主管承诺,它们既相互区分又彼此联系	成立
假设 2a	员工的工作伦理对其职业承诺有积极影响	不成立
假设 2b	员工的工作伦理对其工作卷入有积极影响	成立
假设 2c	员工的工作伦理对其组织承诺有积极影响	成立
假设 2d	员工的工作伦理对其主管承诺有积极影响	成立
假设 3a	员工的目标承诺对其职业承诺有积极影响	成立
假设 3b	员工的目标承诺对其工作卷入有积极影响	成立
假设 3c	员工的目标承诺对其组织承诺有积极影响	成立
假设 4a	员工的职业承诺对其工作卷入有积极影响	成立
假设 4b	员工的职业承诺对其组织承诺有积极影响	不成立
假设 5a	员工的工作卷入对其组织承诺有积极影响	成立
假设 5b	员工的工作卷入对其主管承诺有积极影响	成立
假设 6	员工的主管承诺对其组织承诺有积极影响	成立
假设 7	工作卷入在工作多维度承诺各维度关系间起到中介作用	成立
假设 7a	工作卷入在目标承诺和组织承诺间起到中介作用	成立
假设 7b	工作卷入在工作伦理与组织承诺间起到中介作用	成立
假设 7c	工作卷入在工作伦理与主管承诺间起到中介作用	成立
假设 7d	工作卷入在职业承诺与组织承诺间起到中介作用	成立
假设 8a	员工的组织承诺对其离职意愿有负向影响	成立
假设 8b	员工的主管承诺对其离职意愿有负向影响	不成立
假设 8c	员工的职业承诺对其离职意愿有负向影响	成立
假设 8d	员工的工作卷入对其离职意愿有负向影响	成立
假设 9a	员工的组织承诺对其组织公民行为有积极影响	成立

续表

假 设	假设内容	研究结论
假设 9b	员工的主管承诺对其组织公民行为有积极影响	不成立
假设 10a	员工的组织承诺对其工作绩效有积极影响	成立
假设 10b	员工的主管承诺对其工作绩效有积极影响	不成立
假设 11	人与组织匹配(P-O fit)在目标承诺与组织承诺的关系之间起调节作用	成立
假设 12	主管的组织承诺在员工的主管承诺和组织承诺之间起到调节作用	成立
假设 13 a	PIED 在工作伦理与组织承诺的关系之间起调节作用	成立
假设 13 b	PIED 在职业承诺与组织承诺的关系之间起调节作用	不成立
假设 14a	POS 在组织承诺和离职意愿的关系之间起调节作用	不成立
假设 14b	POS 在组织承诺和组织公民行为的关系之间起调节作用	成立
假设 14c	POS 在组织承诺和工作绩效的关系之间起调节作用	不成立
假设 15a	PSS 在工作伦理与主管承诺的关系间起调节作用	成立
假设 15b	PSS 在工作卷入与主管承诺的关系间起调节作用	不成立

6 结果讨论

本章的主要内容是在上一章假设检验的基础上,对检验的结果进行讨论。本研究基于中国情境探索了新生代员工工作多维度承诺的构成,构建了工作多维度承诺模型和关系模型,分析了工作多维度承诺各维度之间的影响关系,并由此揭示了各承诺维度到离职意愿、组织公民行为和工作绩效的影响机制,以及探索了情境因素对承诺之间与承诺和产出之间的关系的影响,提出了 15 个理论假设。实证检验的结果表明大多理论假设得到验证,表明了本研究所提出的理论模型的合理性。本章针对上述结果展开讨论,分析假设成立与不成立的原因,并进而探讨相关的理论意义和现实意义。

6.1 工作多维度承诺结构

自 Morrow 提出工作多维度承诺概念以来,多维度承诺研究备受关注。其中 Morrow 和 Randall 和 Cote 的两个模型影响力最大。但 Morrow 五因子多维度承诺模型中持续承诺和 Randall 和 Cote 五因子模型中群体承诺的有效性和恰当性受到质疑。经过研究者不断地对两模型的研究与探索,四个承诺维度通常被认为是工作多维承诺必要组成部分,即组织承诺、工作卷入、职业承诺和工作伦理。此外,对于工作多维度承诺的构成, Cohen 表示工作多维度承诺研究应该以这些达到广泛共识的成分为基础,按照不同的情境加入不同特殊的承诺形式。由此,本研究探索性地在以往相关研究基础上,结合中国文化背景和新生代员工特点提出基于中国情境的工作多维度承诺构念。假设 1 即是对工作多维度承诺包含哪些成分的回答。针对假设 1 的检验结果对所提出的 6 因子结构的工作多维度承诺给予了支持。通过验证性因子分析的聚合效度和区分效度的检验,支持了目标承诺、工作伦理、工作卷入、职业承诺、组织承诺和主管承诺是相互区分且相互联系的承诺形式,结合二阶验证性因子分析的检验结果,支持了这六个相互区别与联系的成分构成工作多维度承诺结构的合理性。

鉴于该研究结果,本研究对于工作多维度承诺在中国情境下针对新生代员工的重构是有意义的,即对工作多维度承诺的重新定义是有效的。该重构从内容上和情境上对工作多维度承诺进行了新的解读。该模型旨在说明,在工作环境中不仅需要像以往工作多维度承诺研究一样关注员工对不同交换对象的承诺,更需要注重新生代员工对自我目标的承诺,因为个人进入组织工作,进行社会交换的基础就是为了个人需求的满足,也就是说个人需求、个人目标推动了员工选择并进入组织。因此,在探讨工作环境或者工作场合个人一般承诺形式的时候需要加入个人对自我目标的承诺。另外,在中国情境下,也需要注重员工对主管的承诺水平。因为,在中国高权力距离和儒家文化观的影响下,主管会要求下属对自己做出承诺,个人也更会有承诺于主管的责任感。

同时,依据概念定义与相关研究文献,本研究做出了工作多维度承诺各维度的操作定义。本研究基于工作多维度承诺各个维度基于态度观点的定义,针对性地选择了研究量表,并对其进行修正。尤其是借鉴个人对于组织设定目标承诺的量表对于个人目标承诺的测量进行了开发。本研究经过两轮试调研,对量表不断进行改进,纠正了描述上的谬误和被忽略的问题,量表信度的不断改善就是很好的证明,使得在正式调研中取得了良好的效度。

依据概念定义和相关研究文献,并在操作定义的基础上,本研究构建了工作多维度承诺各维度间、与产出变量间的作用机制模型。该模型将工作多维度承诺的六个维度和产出变量结合在一个模型之中,直观地表达了各维度和产出变量之间的影响过程和机制,具体地实现了本研究关于工作多维度承诺的操作定义,是本研究理论基础的重要环节。另一方面,该模型也是有效的、可操作的工作多维度承诺综合评价模型,也是人力资源管理实践操作模型,对于人力资源管理实践具有较强的参考价值。在多维度承诺的观点评价下,全面评价员工在工作环境中的承诺形式,避免单纯以组织承诺、工作承诺作为评价标准的偏差,从而为员工在工作环境中的状态提供评价依据,为建设全新的员工与组织关系做出贡献。

6.2 工作多维度承诺各维度间影响机制

本研究的假设 2 到假设 7 都是关于员工工作多维度承诺各个维度之间关系的假设。在这些假设检验当中,有不少发现值得探讨。

1. 工作伦理对其他承诺形式的影响。

本研究结果证实了工作伦理可以有效地预测员工的工作卷入、组织承诺和主管承诺,因此所假设的积极影响均成立。而且鉴于工作卷入对组织承诺显著的积极影响能够看出,工作伦理不仅直接对组织承诺产生影响,还会通过工作卷入对组织承诺产生影响。但有趣的是工作伦理对职业承诺的影响并不显著。整体看来,工作伦理对三种承诺的影响都不是很强,其通过工作卷入对组织承诺的影响也仅为 0.03,与其直接对组织承诺的影响一起,其总影响也仅为 0.11。

通过以上检验结果可以看出,作为个人对努力工作整体看法的工作伦理能够影响员工在组织中的交换过程,能够影响其对工作的认同和投入,对组织和主管的依附。但其影响较低表明其对于交换过程产生影响仅是一个基础要件,还需要在整个交换过程中考虑其他因素对于高工作伦理员工的影响,理解他们本应产生的工作卷入、组织承诺和主管承诺为何产生改变或者对于他们如何加强。在现今逐步完善的市场经济体制和现代管理制度下,对员工的道德要求越来越高,高工作伦理的员工更受到组织的欢迎,正是因为他们能够表现出承诺较强的特点,这也正印证了本研究的研究结果。但工作伦理对职业承诺的影响不显著,可能是因为员工对于职业的认知和对于工作的道德水平并不是一个层次的概念。个人认为自己必须努力工作并不一定需要忠于一定的职业,在任何职业的发展道路上都能够努力工作。

2. 目标承诺对其他承诺的影响

本研究结果显示员工对于个人目标的承诺对于其工作卷入、职业承诺、组织承诺产生积极的影响,因此针对其影响的假设 3a~3c 均成立。该检验结果表明,越积极追求个人目标、努力实现个人需求的员工,越容易对其所做的工作产生认同、加强投入,容易对其选择的职业产生认同,容易对其选择的组织产生认同和依附。

(1)目标承诺越强的个人其职业承诺越强。现在社会逐渐由“干一行,爱一行”转变为“爱一行,干一行”。有着明确目标的新生代员工,为了寻求自身需求的满足尤其是高层次需求的满足,会认真选择自己的职业并进行发展。选择了职业之后其对职业有着较强的认同水平。目标越明确、追求程度越强的人,对自己的职业发展目标也越有清晰的认识,职业发展规划和轨迹认知越强。

(2)目标承诺越强的员工,其工作卷入程度越高。结合职业承诺对工作卷入的积极影响,能够看出职业承诺在目标承诺和工作卷入之间起到中介作用,也即目标承诺不仅能直接影响工作卷入,同时能够通过职业承诺的方式间接影响工作卷入。这表明,明确自己需求的个体,会全力投入自己的工作,为了自己目标的实现和需求的满足而付出努力。另外,受目标承诺影响的职业承诺也会影响员工的工作卷入。因为,员工的工作与其职业素养的积累和职业的发展息息相关。个人对职业的认同会使得个人对自己的工作全心投入,不断学习与积累,不断提升自己的职业技能和素养,满足个人的职业发展规划等等,体现其职业承诺水平。

(3)目标承诺较强的员工,其组织承诺水平较高。组织为新生代员工职业的发展、目标的实现和需求的满足提供了平台,员工也是抱着这样的期望进入组织的。员工对目标追求程度越强烈,其对提供平台的组织认同程度越强。组织需要了解员工的个人目标和员工对目标的追求状态,这样才能更好地了解其和组织之间的依附关系。

综合目标承诺和工作伦理对其他承诺影响的结果,能够看出对自我目标追求程度越强,对努力工作信念越强的员工,对于进入工作环境进行交换的过程中的各个对象基本都有着越强的承诺水平。因为这样的员工通常有热情,有冲劲,有底线,能够坚持,愿意付出,这样的员工在任何组织当中都是受欢迎的,而且往往能够做出较好的工作成绩,成为组织的骨干。

3. 工作卷入的中介作用

本研究的检验结果表明:①工作卷入在目标承诺与组织承诺之间起到部分中介作用;②工作卷入在工作伦理与组织承诺之间起部分中介作用。这两个中介作用的效果在上面关于工作伦理和目标承诺的影响中已经作了讨论。

检验的结果还表明:①工作卷入在工作伦理与主管承诺之间起到部分中介作用;②工作卷入在职业承诺与组织承诺之间起到完全中介作用。因此相关假设得到支持。

就工作卷入在工作伦理与主管承诺间起到的部分中介作用而言,可以得出工作伦理较强的个体受中国伦理规范和文化传统的影响更深,会对其主管产生承诺。当然其对工作的投入是其努力工作价值观的体现,对工作的认同和投入是其与主管进行交换的必要手段。主管期望其表现出良好的工作投入和工作表现,而员工希望从主管那里获得资源和关系需要的满足,因此对自己工作的投入就成为其对主管做出贡献的重要手段。在这样的交换关系中,员工就易于产生主管承诺。工作卷入在工作伦理与组织承诺和主管承诺之间均起到中介作用,表明工作卷入是员工工作伦理在具体工作中的表现。有着较高工作伦理的员工在实际工作中也会表现出较高的工作卷入水平,进而影响其组织承诺和主管承诺水平。

就工作卷入在职业承诺与组织承诺间起到的完全中介效应而言,职业承诺较强的员工会对工作产生强烈的认同感,并积极对工作进行投入,由此对提供该工作、满足其职业发展的组织产生强烈的依附心理。该中介效应也解释了假设 4b 不成立,即职业承诺对组织承诺影响不显著的原因。职业的发展需要工作的积极投入作为依托,对于职业的认同需要有与之匹配的工作进行支撑。如果组织在工作分配方面不能考虑到员工对职业的规划和发展,分配了与其认同职业相左的工作,其工作投入程度必然下降,对工作的认同程度不高,进而对组织的认同和依附程度也会下降。

工作卷入的中介作用得到验证,并且与职业承诺在工作伦理、目标承诺与工作卷入之间起到的中介作用共同说明本研究依据社会交换理论所构建的以工作多维度承诺各维度之间的影响机制是合理的。工作伦理和目标承诺对其他承诺的影响作用表明它们在工作多维度承诺之中的驱动作用,而工作卷入和职业承诺的中介作用说明了个人在与组织和主管进行交换的时候是以自己的工作作为媒介的,而工作也实现着员工对职业的设想。因此,组织对员工工作的安排和分配,工作本身的属性在个人承诺之外影响着员工的工作卷入情况,进而决定了员工工作多维度承诺整体结构。

4. 主管承诺与组织承诺

本研究的结果显示,主管承诺对于其组织承诺有着显著的影响,且主管承诺对组织承诺的影响是各个承诺对组织承诺影响中最为强烈的(0.37)。这说明在影响员工对组织的依附各个承诺因素中,主管承诺是最为重要的因素。因此,一般而言与主管保持着密切关系,对主管认同和依附强的员工对组织的认同感也会更强。主管对员工所做的各种决定、分配的资源、提供的奖惩、晋升的机会等等,员工会进行双重归因即主管和组织,因为大多的条件和资源都来自组织,而非主管本身。因此,个人对主管的承诺水平较低说明两者的交换关系不好。不少员工因为与主管的关系不融洽而离职。对于一般组织而言,员工想留在组织中简单地更换主管是比较困难的,因此摆脱与主管不良交换关系即主管承诺较低情形的方式即离开组织,也就是主管承诺较低是其组织承诺较低的原因。

6.3 工作多维度承诺与产出变量的影响机制

本研究通过构建工作多维度承诺模型,并探讨它们之间的关系,提出了工作多维度承诺与产出变量之间影响机制的理论模型。通过多维度承诺间的相互影响,最终主要以组织承诺和主管承诺对员工的工作产出产生影响,这也符合理论中的对象一致性假设和近因性假设。通过验证发现结果值得深入探讨。

1. 离职意愿

假设 8a~8d 是关于工作多维度承诺与离职意愿之间的影响。这些假设通过检验,仅主管承诺对离职意愿的影响并不显著,而组织承诺、工作卷入、职业承诺对离职意愿的影响都得到了验证,表明个人的职业承诺、工作卷入、组织承诺均对其离职意愿有减弱作用。结合以上研究关于职业承诺、工作卷入与组织承诺之间关系来看,工作卷入和职业承诺在影响组织承诺进而降低离职意愿之外,自身还能对离职意愿产生负向影响。这说明个人对职业的认同越强,其还是越愿意在现有的职业中进行发展的,组织为职业发展搭建平台,员工离开组织的意愿就会降低。同样的道理，员工工作卷入越高，表明工作体验越好，其本身就不愿放弃有着良好体验的工作，势必不愿意离开提供了该工作的组织。组织承诺不言而喻，一直以来都是离职意愿最强有力的预测变量，结果中其 -0.40 的影响程度，在三个承诺中也是最强的，也正印证了这样的观点。

另一方面，三个承诺对离职意愿的解释力为 29%，并未解释太多的方差。主管承诺对于离职意愿的影响并不显著。该两方面的结果也正说明了离职意愿并不是一个简单的因素，其受多种不确定因素影响。尽管我们引入了 4 个离职意愿的前因变量，但也仅解释了其 29% 的方差。离职意愿的产生和离职行为的出现，除了受到个人在工作环境中因素的影响，还受一些客观因素的影响，比如工作机会、工作—家庭冲突等等。另外，主管承诺对离职意愿的影响不显著也说明，组织承诺在主管承诺与离职意愿间起到桥梁作用。虽然主管承诺对于离职意愿不能直接产生影响，但其间接通过组织承诺对其产生影响。也就是说，员工主管承诺较低，由于缺乏更换主管的条件或者对组织人员安排不满，对组织的承诺水平也会较低，进而导致其离职意愿较高。

2. 组织公民行为和工作绩效

本研究根据理论的对象一致性假设认为组织承诺对组织公民行为和工作绩效有积极的影响，根据近因性假设认为主管承诺对组织公民行为和工作绩效有积极的影响，即假设 9 和假设 10 的内容。检验结果发现，组织承诺对组织公民行为和工作绩效的影响存在，但主管承诺的影响未得到验证。组织承诺对于组织公民行为和工作绩效的影响符合社会交换的互惠原则。对于组织依附较高的员工，组织满足了其归属的需求和情感需求，作为回馈其就会对组织提供组织希望得到的回馈即良好的绩效水平。作为角色内和角色外的绩效，工作绩效和组织公民行为的较高水平就可以预期。同时，组织依附感较强的员工会将自己视为组织的一分子，组织所取得成功即是自己的成功，自己有责任也有意愿为了组织的成功做出应有的贡献，因此会表现出良好的绩效水平。

主管承诺对组织公民行为和工作绩效的影响不显著，可能是基于以下几个原因。

（1）几个产出变量的指向都是针对组织的，对象一致性的假设可能更能解释承诺与产出变量之间的关系。

（2）主管承诺对组织承诺有着显著的积极影响，其对几个产出的影响都受到了组织承诺的中介，即员工与主管关系的破裂，对于主管承诺的降低，最终会导致对组织的依附感降低，从而增强了离职意愿，降低了组织公民行为和工作绩效。

（3）可能和选择样本有关。在进行绩效评价时，请主管评价员工时尽量选择绩效有区分的员工，而在员工评价时有表现出良好的主管承诺的倾向，这造成了影响不显著的情况发生。该结果的出现，与有些组织承诺、主管承诺与产出变量研究的结论有所出入，但与 Vandenberghe，Bentein 和 Stinglhamber 研究的结论相仿。鉴于以上解释的原因，而且在 Cheng、Jiang 和 Riley 与 Stinghamber 和 Vandenberghe 的研究中并未考虑组织承诺和主管承诺之间关系，仅单纯对比了两者对于产出变量的影响，可以认为出现该原因是正常的。

6.4 调节变量的调节作用

1.P-O fit 的调节作用

假设 11 描述了人与组织匹配(P-O fit)在目标承诺与组织承诺之间关系的调节作用。通过假设检验,该理论假设得到了支持。P-O fit 在目标承诺与组织承诺之间起到正向调节作用,即当个人与组织的匹配程度越高,目标承诺越强的个体越就会承诺于组织。该假设反映了匹配在调节个人目标和组织目标方面的价值。这里的人与组织匹配反映了个人与组织目标和价值观的匹配,高 P-O fit 时个人与组织的目标更为一致,价值观一致性更高。在这样的情景下,个人目标与组织目标融合程度更高,个人对于自我目标的追求的忠实程度越高,其也就对组织目标的忠实程度越高,越依附于组织。当个人与组织的匹配程度偏离即 P-O fit 降低,个人与组织目标开始离散,个人还在追求自我目标时,势必降低对组织的目标的追寻。以往研究表明 P-O fit 本身就会影响其组织承诺水平,现其又能调节个人目标承诺和组织承诺之间的关系,就更显出其重要性,因此在实践中管理者更加需要注重人与组织的匹配,价值观是抓住人心的重要手段。

2. 主管的组织承诺

假设 12 描述了主管的组织承诺在员工的主管承诺和组织承诺之间起到调节作用。通过检验,该理论假设得到支持,主管的组织承诺在员工的主管承诺和组织承诺之间起到正向调节作用。该假设的验证也对管理学中普遍的基本假设即在员工眼中,管理者是组织利益的代表,是组织人格化的代表做出了新的解答。结合主管承诺与组织承诺之间的关系,能够得出主管的组织承诺较强时,员工对主管的承诺越强其对组织的承诺就越强。该结论表明了管理者作为组织代言人这一基本假设成立的前提。当主管的组织承诺较强时,主管会有较强的组织依附,会将自己视为组织的一分子,希望为组织的成功做出努力和奉献。这时,主管利益和组织利益是一致的,因此员工对主管的承诺即对组织的承诺。而当主管的组织承诺较弱时,主管对组织的依附较弱,此时它与组织的利益并不交织在一起,这时下属对主管的承诺越强,并不能表现出其对组织的依附和对组织利益的维护。甚至有时员工对主管的承诺很强,反而会做出违背组织利益的事情。跟随主管跳槽就是一个很好的例子。因此,对于着力提高员工主管承诺进而提高工作产出的研究建议,还需要加入主管组织承诺较强的前提。

3. 员工对于工作环境的感知的调节作用

假设 13、假设 14、假设 15 均描述了员工对工作环境不同的感知对其不同的承诺间和承诺与产出之间的调节作用。假设检验的结果表明部分假设得到了支持,需要根据检验结果进行深入探讨。

(1)感知到的组织对员工发展的投入(PIED)的调节作用

检验结果显示 PIED 在工作伦理与组织承诺的关系之间能够起到调节作用(假设 13a)。而 PIED 在职业承诺与组织承诺的关系之间并未起到调节作用(假设 13b)。员工感知到组织对其发展的投入越多,形成了组织重视员工发展、重视其知识能力积累提升的员工心理环境。在这样的心理环境下,工作伦理越强的员工越会对提供这样能够让自己努力工作并能够不断发展平台的组织产生心理依附。而对于 PIED 未能在职业承诺和组织承诺之间起到调节作用的情况,刘小平表示组织承诺与职业承诺之间是一种互动关系,两者之间有较高相关,但并不能排除存在可能的冲突。错误的工作安排、缺乏职业发展规划等都可能引起这样的冲突,此时虽然员工能够感知组织为其提供培训的机会、发展的机会,但该机会并不是员工内心渴望的对于认同职业的投入,自然不会引起员工对于组织的认同,也有可能产生反向的效果。

(2)感知到的组织支持(POS)的调节作用

假设 14 描述了感知到的组织支持在组织承诺与产出变量之间的调节作用。通过检验结果来看,POS 越强的时候,组织承诺强的员工其组织公民行为的水平也越高,即 POS 能够加强两者的效应。但 POS 在组织承诺和离职意愿、工作绩效之间的调节作用没有得到验证。POS 是个人对于组织重视他们贡献和关心他们福利程度的信念,这样的感知会让员工认为组织重视他们的状态与福利,个人对组织的依附感越强的员工在这样的感知状态下越会做出对组织的回馈。其中,组织公民行为是员工自我能够控制行为因素,较容易产生以回馈于组织。

而对于离职意愿而言,其本身就受到多种因素的影响。仅就本研究而言,高职意愿就受到工作卷入、职业承诺、组织承诺的影响。关键事件的发生可能影响或者决定员工离职意愿的产生,即便员工感知到组织对其有贡献的肯定和福利的关心。另外,感知到组织支持对员工离职意愿有较强的预测作用。员工仅感知到组织支持是不够的,还需要加入工作匹配的因素,也就说组织不仅要提供支持,还要提供有针对性的与员工工作匹配的支持才可能创造降低离职意愿的环境。对于工作绩效而言,与离职意愿有相似的愿意,工作绩效的提升并不是员工自我能够完全控制的因素,会受到很多因素的影响。而且本研究采用的主管评价的方式,组织公民行为的评价较为客观,因为行为是较为客观的直观产出,而工作绩效会受到主管对员工的认知和与其关系等因素影响,即便员工有着较高的 POS,形成了支持性的心理环境,而非自评价的方式也很可能减弱组织承诺与其之间的联系。本研究推测,如果绩效评价采用自评价的方式,可能调节效应会存在。

(3)感知到的主管支持(PSS)的调节作用

假设 15 描述了 PSS 在员工承诺间的调节作用。根据检验结果,PSS 能够加强工作伦理与主管承诺之间的联系,即员工感知到主管的支持越强,其工作伦理越强的员工越容易产生主管承诺。而 PSS 在工作卷入与主管承诺关系之间的调节作用未得到验证。结果表明,就像组织支持一样,感知到的主管支持能够构建起员工对于主管重视其贡献和福利的程度,形成员工对于主管的心理环境。工作伦理较强的员工本身就容易对主管产生承诺,加之感受到主管对其的支持情况,对于主管承诺就很容易预期了。主管应该对那些努力工作的员工更加给予支持,从而更好地提高其主管承诺的程度。而对于工作卷入和主管承诺之间的关系而言,结果表明无论主管支持与否,工作卷入强的员工都会对主管产生承诺。这中间可能存在两方面的原因。其一,主管支持本身就是主管承诺的原因,只要有高水平的主管支持下属的主管承诺本身就较高。因此,主管支持对主管承诺的影响使得其对两者关系的影响不显著;其二,中国本身的文化传统,强调下级对上级的忠诚和服从。对工作认同、投入的员工期盼从工作中获得个人需求的满足就需要对自己的主管表现出承诺,因为其主管对员工不仅有着高度的法定权力而且在互动关系中包含着个人关系的成分。而人事决策在某种程度上取决于员工与主管之间的个人关系的紧密程度。所以无论其感知到的主管支持如何,其对工作投入就要求其对于主管产生承诺。

6.5 工作多维度承诺模型的启示

以往研究中对于工作多维度承诺,多数基于探讨多个承诺对于某变量的直接影响的强弱,或者基于著名的 Morrow 模型或者 Randall 和 Cote 模型。本研究构建了基于中国情境的工作多维度承诺模型,构建了基于社会交换理论的工作多维度承诺的理论框架,检验了工作多维度承诺各维度之间和产出变量之间的一系列理论建设。由于引入新的承诺形式,且对于各承诺维度之间的关系进行新的解构,因此有些承诺之间的关系是首次直接地联系起来,如果目标承诺与组织承诺、工作卷入等等。

1. 模型构建需要注重情境因素

正如 Cohen 所表达的观点,工作多维度承诺研究需要在以往共识的承诺结构基础上结合情境进行研究。本研究在探讨中国文化背景和现阶段时代特点的基础上对工作多维度承诺模型进行了构建,并建立它们之间相互影响关系的理论模型。通过检验,相互关系中 11 条路径中的 9 条路径都达到了显著,相比以往模型中承诺相互关系假设的成立情况更为优秀。这一结果表明,在进行理论借鉴和构建的时候,都需要结合自身的文化背景和情境进行深入的探讨。在组织承诺研究领域,凌文辁、张治灿和方俐洛就结合中国情境,在借鉴 Meyer 和 Allen 情感、规范、持续三维度承诺的结构基础上,发展出包含感情承诺、理想承诺、规范承诺、经济承诺和机会承诺的五维度组织承诺模型。其中理想、机会承诺就是结合情境对于理论的发展。在主管承诺研究领域, Chen、Tsui 和 Farh 也在借鉴 O' Reilly 和 Chatman 服从、认同和内部化三维度组织承诺结构基础上,发展出中国情境下五维度主管承诺模型,其中对主管的奉献和额外努力是结合情境新发展出的维度。未来研究在进行理论发展和模型构建时,需要以本研究领域的基础研究为借鉴,注重情境因素的影响,以期获得更为有意义的发现。

2. 变量关系还需细致解读

本研究在构建的关系模型基础上,进一步提出了员工对于工作环境的感知和主管的组织承诺能够调节各承诺维度之间和与产出变量之间关系的理论假设。调节效应得到验证说明工作多维度承诺各维度之间的传导机制需要有工作情境因素的调节。调节变量的引入也挑战了管理学研究中的一些基本假设,对其进行了更为细致的解读,这也为结论能够更好地解释管理现实做出了贡献。未来研究不仅需要在理论创新方面做出更多的工作,对于更多变量之间的关系进行新的思考,同时也需要对已有变量之间的关系进行更为细致的解读,引入新的中介或者调节变量对变量之间的关系从不同视角进行更为细致的研究,从而揭示变量之间的影响机制,更好地指导管理实践。

6.6 研究结果的意义

本研究从理论意义和实践意义两个方面对研究的意义进行讨论。对理论研究意义的讨论目的在于展现本研究的理论创新与贡献和对未来研究的启示。而对实践意义的讨论目的在于表明研究结果对解释管理现象、指导管理实践有何裨益。工作多维度承诺是承诺研究领域一个较为综合的概念。从理论研究方面讲,工作多维度承诺属于社会学、心理学和管理学的基础研究,需要依据交叉的理论基础;从管理实践上看,其又有较强的应用性,其对组织的人力资源管理实践有着重要的指导意义。

6.6.1 理论研究意义

在以往研究基础上,本研究首要贡献在于基于中国情境提出的员工工作多维度承诺承诺结构,研究具有较强的创新性;其次对于各承诺维度之间关系的假设也具有较强的创新性;最后对于变量之间关系详细地的读也从理论上推动了工作多维度承诺研究的发展。因此,本研究对改进和情景化工作多维度承诺的研究成果的意义值得深入探讨。

1. 本研究结果充分显示了基于中国情境构建的工作多维度承诺结构有效性

"他山之石可以攻玉",任何的理论创新都离不开以往研究所做的工作。但单纯的"拿来"是不足以构成理论贡献的,需要对所借鉴内容进行思考和情景化的分析。关于工作多维度承诺的研究以各种类型承诺研究发展为基础而提出的,在于探讨工作环境中员工所拥有的一般的、较为普遍的承诺形式。自 Morrow 提出工作多维度承诺概念, Morrow 模型和 Randall 和 Cote 模型一直主导着工作多维度承诺研究的发展。但实证检验的结果反映了两模型中均存在不足。而且该概念研究一直仅在西方管理研究领域受到关注,几乎没有国内研究关注该领域。可以说在国内工作多维度承诺领域研究处在空白状态。

本研究就是为了推动工作多维度承诺进一步发展并丰富其情景,从而在中国情境下探讨工作多维度承诺的组成。借鉴"他山之石",在以往工作多维度承诺研究中得到广泛共识的四个承诺维度基础上进一步结合中国的文化环境和现阶段新生代员工特点,提出加入个人目标承诺和主管承诺的成分,构成了本研究的工作多维度承诺模型。研究结果显示了该工作多维度承诺结构的有效性。该结构不仅从理论上推动了工作多维度承诺的研究,而且从情境上丰富了工作多维度承诺研究。该模型为组织人力资源管理实践提供了理论依据,也为更好地理解人与工作环境的关系提供了借鉴。

2. 本研究在提出的工作多维度承诺结构之上讨论了各承诺维度之间的影响机制,为承诺之间关系研究做出贡献

本研究依据社会交换理论,在社会交换过程中对各维度之间的关系进行全新的解读。本研究提出员工在工作环境中的社会交换过程,是以自身需求和伦理为推动力的理论观点并由此提出工作多维度承诺之间的关系模型。该理论观点的提出立足于员工社会交换的本质目标,同时也结合了中国在改革浪潮中所经历的社会变革结果。该关系模型表明在员工

进入组织工作环境与组织和主管这两个最为重要的交换对象进行社会交换的过程中,是以个人目标承诺和工作伦理作为动力,以工作和职业为媒介的。个人对于工作和职业的承诺在关系模型中的中介作用也得到了证实,印证了本研究基于社会交换理论对六个承诺关系的解读,同时也贴近管理实践。该关系模型理清了六个承诺之间的影响机制,全面揭示了工作多维度承诺各维度之间的相互关系,丰富了工作多维度承诺的理论体系。

3. 本研究进一步构建了工作多维度承诺与产出变量的理论模型,并做出实证检验,得出有意义的研究成果

根据以往承诺研究中承诺与产出变量关系的近因性假设和对象一致性假设,在工作多维度承诺关系模型基础上,构建了工作多维度承诺与产出变量的复杂影响机制模型。提出了数个工作多维度承诺各维度之间、承诺与多个结果变量之间关系的理论假设。而对于该理论假设的检验,进一步发展了承诺与组织行为学研究中其他重要产出的关系。发现对于产出变量而言,对象一致性假设更能解释承诺与产出变量之间的关系。本研究证实组织承诺不仅对产出变量具有直接影响而且是主管承诺与产出变量之间的重要中介,这一发现弥补了以往研究的不足。对于理论假设的检验,进一步发展了承诺与组织行为学研究中重要产出的关系。

4. 引入调节变量对承诺之间和承诺与产出之间的关系进行了情境化的解读

以往工作多维度承诺研究仅聚焦于承诺之间的相互影响和其对产出变量的影响,但是缺乏对他们之间关系更为细致的认识。本研究引入员工对工作环境感知的一系列变量和主管的组织承诺对承诺之间、承诺与产出之间的关系进行更为详细的解读,对于各个变量之间的关系给予更为细致的解释。这也更加贴近现实结果,部分印证了本研究的理论假设。员工感知到的个人与组织的匹配、组织支持、主管支持和组织对员工发展的投入形成了员工对组织工作环境的心理环境,而这种心理环境能够影响员工对不同聚焦的承诺。该方面理论的验证情况也为未来的工作多维度承诺,乃至整个承诺研究领域提供了借鉴,同时也对人力资源管理实践政策制定和实践的实施具有指导意义。

6.6.2 管理实践意义

工作多维度承诺研究的中心问题是个人在工作环境中重要的承诺问题,是个人对不同聚焦认同和依附的程度,其目的是研究个人在组织中的态度和行为。在中国经济转型过程中,制度环境和发展模式都面临着巨大的转变。宏观经济的压力和挑战,制度环境的变化,也对组织的发展提出了更高的要求和挑战。创新性国家的国家战略也同时为组织的发展提供了机会和平台。中国现阶段仍旧是一个挑战和机遇并存的时期,组织要想生存并发展,必须努力提高自身的竞争能力即核心竞争优势,而这样的核心竞争优势来源于组织的人力资源,只有在稳定且充分挖掘人力资源潜力、不断优化人力资源的基础上,组织方能在转型的经济环境中生存和发展。重视员工在工作环境中的承诺形式,理解其之间的相互关系正是组织人力资源工作需要重视的问题。而所得出的研究结果正是组织人力资源管理所关心的问题,因此对组织的人力资源管理实践有着重要的借鉴意义。

能够使组织通过其人力资源管理实践保证其人员队伍的稳定、促进人力资源潜力的开发和利用。本研究的理论观点希望组织了解，现代社会情境下，以“80后”“90后”为代表的新生代员工，是以个人需求和目标为驱动力的。组织单纯地将目光放在组织承诺上，单纯用组织承诺的激励手段来期望提高其对组织的承诺水平，进而表现出忠于组织、绩效良好的状态可能不会收到太好的效果。本研究提出的员工承诺关系和影响机制框架，为组织很好地展示了这样的关系。组织通过对该模式的认识，方能站在员工的角度思考问题。这种换位思考有助于增强组织对员工的理解，从员工需求入手，解决员工承诺的根源问题，为建立良好的互动关系打下坚实的基础。以理解员工需求为基础的互动关系，在理论上是能够得到心理契约理论的支持的。这也正是心理契约、个性化交易等研究逐渐升温的原因。只有了解了员工需求与目标基础上的人力资源管理实践才能做到“有的放矢”。

就管理实践意义而言，了解工作多维度承诺的相关理论和研究结果，并着眼于那些能够实施的人力资源政策或实践，利用承诺之间的传导关系，创造有利于承诺之间积极影响的环境，有助于组织提升员工在组织中的整体承诺水平，保持人力资源的稳定性并在此基础上激发其更大的价值与潜力；同时还有助于组织全面地了解员工，促进员工与组织之间的互动，让组织更受欢迎。

1. 对于组织招聘的意义

组织都想招募到优秀的人才，但优秀人才能够稳定并发挥作用才能保证组织招募优秀人才的初衷得以贯彻。工作多维度承诺的理论表明，员工多维度承诺由目标承诺和工作伦理驱动。有较高目标承诺和工作伦理的员工，其他承诺形式的水平也较高。因此，组织在招聘时需要注重员工目标与需求，注重他们对目标的重视和坚定程度，同时考量他们的工作伦理水平。鉴于P-O fit的调节作用，组织需要寻找那些坚定追求自我目标，价值观和目标又与组织相合的员工，这样的员工目标与组织目标一致，为实现个人目标着力奋进也即是为了组织利益贡献力量，个人与组织达到了统一。反观对于组织中目标与组织不一致的员工，需要通过组织文化的影响力，通过组织价值观和目标的影响与同化，使得个人目标与组织目标一致。

另外，对于工作伦理，招聘过程中需要增加对员工工作伦理的考量。作为不断完善的市场经济体制和现代管理制度，都要求员工有基本的工作伦理水平。未来的职场，一定的工作伦理水平是必要的要素。因此在招聘环节需要对员工的工作伦理进行评估，选择那些工作伦理较强的个体进入组织。而对于例如应届生等初入职场的群体，组织需要给予员工良好的社会化过程，这就需要培训体系的支撑。良好的社会化水平保证员工拥有较高的工作伦理水平。

2. 对组织培训的意义

工作多维度承诺的理论模型也为组织的培训与发展实践提供了借鉴。组织对员工的培训促进其发展是组织与员工双方的需要，针对招聘的应届生而言，组织应该做好职业培训的支撑，同时也要做好价值观培训，采取多种形式和方式让组织价值观影响员工，以保证其有良好的社会化水平。同时需要做好岗前培训工作，该工作对于增强员工工作认同具有重要的引导作用。对于其他员工，组织可以通过提供的社会化过程和人力资源管理与文化影响使其认同组织目标和价值观基础上的,在进行对于其能力等为内容的培训。增加对员工的培训内容,以之作为组织对员工的投入方式,和支持方式有助于促进支持性环境的形成。

3. 对职业规划的意义

鉴于模型中职业承诺的桥梁作用,组织需要做好个人的职业规划工作。人力资源实践者和管理者需要关心员工的个人发展,结合员工自身情况,帮助其确定职业发展计划或做职业发展引导工作。这样做有助于组织引导下员工职业承诺的形成,同时增强员工的归属感,激发其将职业认同践行为实际工作时的积极性和创造性,提高组织效益。同时也要求组织给予员工职业发展支持和空间,保证员工个人发展与组织发展的协调一致性。组织协助个人确定的职业发展规划,有助于组织动态了解和控制个人的职业状态和职业阶段,从而给予针对性的培训和沟通。只有这样,方能促使个人发展计划的顺利实施并实现。

为增强工作承诺和职业承诺,组织管理实践还需要加强工作预览(Job Preview):首先,提供信息让员工更好地了解工作是否匹配;其次,降低员工入职前的期望,以免入职失望;再次,为解决可能困难提前准备;最后,开诚布公,加强信息交流,取得相互信赖。组织在进行工作分配的时候,需要全面地考虑员工职业发展方面的要求,做好工作分配,使得工作能够实现其职业发展的目标,实现其对职业的认同。另外,组织需要从组织引导的角度帮助员工实现对职业的认知与规划,提高其对于职业的承诺水平,进而能够更加接受组织为其分配的工作。即便有工作与职业不匹配的时候,组织需要做好解释工作,阐明原因和调整方案,方能消除员工在职业承诺不能得以实现时表现出的不满和不安定感。

4. 对组织管理的意义

组织需要建立一个组织需求与员工需求的对话机制,从心理契约和动态交换的角度进行考量。因为个人的需求和目标是可能随不同需求的满足、目标的实现而改变的。因此,组织需要动态了解员工的需求变化情况,通过组织手段进行需求引导,使得员工目标保持与组织一致。对于特殊需求,员工同组织建立个性化交易是解决需求动态变化的手段。该手段需要平衡考虑员工与组织的需求。

5. 建立组织支持环境,并做好解读

当员工认为自己是组织中重要的一员,而非被组织视为商品的时候,才会有强烈的归属感,方能对组织产生强烈的组织承诺。创造支持环境,是视员工为组织重要资源的最好表现。感知到的组织支持氛围需要组织实行支持性的人力资源政策。实施参与式管理让员工参与决策过程、创造组织的公平环境,做出公平的奖罚政策,同时为员工提供成长的机会等。组织给予支持性人力资源管理实践时,需要对以上实践进行解析,让员工明确每种政策或者实践背后真实的用意,从而不会使政策和实践得到错误的理解和信息。在这样的措施下,让员工产生感知到支持的心理环境,进而加快不同承诺之间的传递关系。另外,组织还需要注重主管组织承诺的水平,采用与提升员工组织承诺相似的手段提升主管组织承诺。主管组织承诺能够影响下属、组织和其自身的关系。组织在实践当中应动态地掌握员工尤其是主管对组织的承诺水平。

7 结论与展望

7.1 研究结论

本研究基于以往工作多维度承诺研究的理论模型,结合中国现阶段情境,对中国情境下工作多维度承诺模型进行了探讨,研究了工作多维度承诺相关的一系列理论问题。结合本研究的目的与主要研究问题,研究的主要结论可归纳如下。

1. 关于工作多维度承诺概念理论的研究结论

本研究在对以往工作多维度承诺主要模型进行分析的基础上认为,组织承诺、工作卷入、职业承诺和工作伦理是普遍共识的工作多维度承诺结构的构成成分。同时结合中国现阶段的情境,提出了中国情境下工作多维度承诺是一个综合构念,并基于高权力距离和中国传统儒家文化中等级关系的文化传统和改革开放,新生代员工进入职场的背景,提出工作多维度承诺除了包含基础成分之外,还需要加入个人对其目标的承诺和对主管的承诺两个承诺形式。不同的承诺形式之间相互影响、相互推动,在工作环境中对员工态度、行为产生重要的影响。研究检验的结果反映,六个维度彼此相关又相互区分,共同构成工作多维度承诺结构。

2. 关于工作多维度承诺各维度之间关系的研究结论

本研究基于所提出的工作多维度承诺,依据社会交换理论认为在中国情境下,员工由个人目标承诺、工作伦理和职业承诺推动,以工作为媒介与工作环境中的对象进行交换并表现出承诺。本研究对所假设的承诺之间的关系进行了检验。在假设的工作多维度承诺关系中,工作伦理对工作卷入、组织承诺和主管承诺的积极影响均得到支持,但对职业承诺的积极影响未得到支持;目标承诺对工作卷入、组织承诺和职业承诺的积极效应得到支持。可以看出工作伦理和目标承诺对其他承诺都有积极的影响,能够推动其他承诺表现出更高的水平。而工作卷入的中介效应也得到了支持,说明本研究根据以往研究和社会交换理论思想提出的工作作为媒介的理论设想得到支持。工作卷入对组织承诺和主管承诺的积极影响也得到了支持。主管承诺对组织承诺的积极影响也得到了支持,但职业承诺对组织承诺的影响并未得到支持。本研究所构建的工作多维度承诺相互关系中 11 个影响关系仅 2 个不显著,也说明承诺之间关系得到了良好的回答。

3. 关于工作多维度承诺与产出变量间关系的研究结论

本研究在研究了工作多维度承诺各维度关系的基础上,还验证了一系列其与主要结果变量之间关系的理论假设。本研究根据对象一致性假设和近因性假设提出工作多维度承诺与产出变量的关系。总体而言,员工组织承诺对其离职意愿、组织公民行为和工作绩效均有积极影响。但主管承诺对离职意愿、组织公民行为和工作绩效的积极影响均未得到支持。这与以往研究结论似乎不一致。但考虑到以往研究在对比组织承诺和主管承诺对产出变量影响时并未考虑主管承诺对组织承诺的影响,因此出现这样的结果也为三者关系进行了更好的解读。另外,工作卷入、职业承诺也会减弱员工的离职意愿,因此,在研究离职意愿时更有必要使用工作多维度承诺。

4. 关于调节作用的研究结论

本研究同时还对变量之间的影响关系进行了进一步的解读,提出员工对于工作环境的感知能够调节其承诺之间的关系和其承诺与产出之间的关系。检验结果证实了人与组织的匹配能够加强目标承诺对组织承诺的积极影响;主管的组织承诺能够加强员工的主管承诺对其组织承诺的积极影响; PIED 能加强工作伦理对组织承诺的积极影响; POS 能加强组织承诺对组织公民行为的积极影响; PSS 能加强工作伦理对主管承诺的积极影响。而 PIED 对职业承诺和组织承诺之间关系起调节作用; POS 在组织承诺和离职意愿的关系之间起调节作用;POS 在组织承诺和工作绩效的关系之间起调节作用;PSS 在工作卷入与主管承诺的关系间起调节作用都没有得到支持。虽然有假设未得到支持,但还是能够看出员工对环境的感知,能够推动承诺之间和承诺与产出变量之间的关系。

7.2 主要创新点

根据以往研究对学术研究的贡献和价值评判的标准,本研究的主要创新点在于以下四个方面。

1. 基于中国情境重构并验证了工作多维度承诺结构

关于工作多维度承诺的研究,是以各种承诺相关研究发展为基础而提出的。其重要意义在于探讨工作环境中员工所拥有的一般的、较为普遍的承诺形式。自 Morrow 提出工作多维度承诺概念,并提出相应的工作多维度承诺模型后,其与 Randall 和 Cote 的模型就成了工作多维度承诺研究领域两个最为常用的经典模型。但各自模型中均存在一定的不足,在实证研究中得到了反映。而且虽然工作多维度承诺在西方研究领域得到了广泛关注,但就本研究所知几乎没有国内研究对该领域给予关注,这不能不说是一种遗憾。

Cohen 表示工作多维度承诺研究应该以以往该结构研究中得到广泛共识的成分为基础,按照不同的情境加入不同特殊的承诺形式。本研究在充分回顾工作多维度承诺研究基础上,保留了在研究中得到广泛共识的四个承诺维度,并结合现阶段劳动力资源最显著的特点是追求自我目标的实现和个性的保留与延续基础上加入个人目标承诺维度;同时结合中国的文化环境加入了主管承诺维度,由此构成了本研究的工作多维度承诺模型。通过备择模型的比较验证了本研究的工作多维度承诺理论模型。该模型突破了以往研究中仅关注个人对交换对象承诺的局限性,不仅从理论上而且从情境上丰富了工作多维度承诺研究。

2. 构建并验证了工作承诺各维度之间的关系模型

本研究继承发展以往工作多维度承诺研究中关于各维度承诺的理论观点,采用了以聚焦为基础的各形式承诺的概念定义和操作定义,建立了工作多维度承诺的操作测量模型。修订了组织承诺、工作卷入、工作伦理、职业承诺和主管承诺的量表,同时借鉴目标设定理论中组织目标承诺的概念发展并修订了个人目标承诺的量表。通过两轮修正不断改进量表信度。这些概念模型和操作测量方面上的创新改进了以往研究的不足，丰富了工作多维度承诺的理论体系。

本研究依据社会交换理论，在社会交换过程中对各维度之间的关系进行解读，提出员工在工作环境的社会交换中，是以自身需求和伦理为推动力的理论观点。所提出的关系模型，以目标承诺和工作伦理为驱动、以工作卷入为中介，将对不同对象的承诺形成一个有机的整体。研究发现，目标承诺对工作卷入、组织承诺和职业承诺均具有积极的影响，也验证了工作伦理、工作卷入对主管承诺有积极的影响，同时工作卷入的中介作用也得到了证实。这些关系的验证具有一定的开创意义，从而更为清晰地揭示了社会交换过程当中工作承诺各维度之间的相互影响及其复杂的影响机制。

3. 构建并验证了工作多维度承诺与产出变量的关系模型

根据以往承诺研究中承诺与产出变量关系的近因性假设和对象一致性假设，构建了工作多维度承诺与产出变量的复杂影响机制模型，检验了承诺与多个结果变量之间一系列的关系假设。研究所证实的组织承诺不仅对产出变量具有直接影响而且是主管承诺与产出变量之间的重要中介，这一发现弥补了以往研究的不足。对于理论假设的检验，进一步发展了承诺与组织行为学研究中重要产出的关系。同时，该模型为组织人力资源管理实践提供了理论依据，也为更好地理解人与工作环境的关系提供了借鉴。

4. 探索性地分析并验证了个人对工作环境的感知和主管的相关因素对承诺之间、承诺与产出之间关系的影响

以往工作多维度承诺研究仅聚焦于承诺之间的相互影响和其对产出变量的影响，但是缺乏对他们之间关系更为细致的认识。Meyer 和 Allen（1997）表明承诺形式之间是兼容的还是冲突的应该有中间变量进行影响。Vandenberghe 和 Scanpello（1994）与 Cohen（2003）均表示了研究需要关注情境因素在不同承诺关系间的调节作用的观点。但可惜的是，较少研究对该方面进行研究，尤其是工作多维度承诺领域。因此，本研究探索性地引入人与组织的匹配、感知到的组织对员工发展的投入、感知到的组织支持、感知到的主管支持以及主管的组织承诺对承诺之间、承诺与产出之间的关系进行更为详细的解读，弥补了以往工作多维度承诺研究仅聚焦于承诺之间及其对产出变量影响的不足，更为细致地反映了员工与组织之间通过多维度承诺的相互作用。

综上所述，本研究的结论丰富了工作多维度承诺理论体系，拓展了工作多维度承诺构成的理论观点，揭示了工作多维度承诺各维度之间、承诺维度与产出变量之间的不同影响，为管理者有效预测员工态度和行为提供了理论依据和方法指导。

7.3 研究局限

尽管本研究按照实证研究的基本规范完成了整个研究工作，得到了相应的结论，达成了研究的主要目的，但“没有研究是完美的”，本研究仍有一定的局限性，现就相关内容做以下讨论。

1. 共同方法偏差

在组织行为学研究领域，共同方法偏差问题是使用调查问卷方式进行实证分析的研究所面临的共同问题，在研究中广泛存在。该问题也是受到关注的研究问题之一。通过研究的不断积累和规范性的增强，国内外的研究者都逐渐在其研究中注意该问题。因为受测者可能受社会赞许效应或一致性动机的影响，会对测量产生偏差。另外因变量与自变量同时采用自报告形式测量就会引起共同方法偏差进而影响研究结果。

本研究测量方法采用了两种手段：其一是让员工采用自评价的方式对自我的承诺水平和感知到的工作环境进行测量；其二是让员工的主管对员工的绩效水平进行评价，包含组织公民行为和工作绩效。但这种配对评价的方式仍旧是感知测量的方式，同样受到共同方法偏差的影响。虽然采用问卷测量方式进行的组织行为研究中无法完全避免共同方法偏差的影响，但可以在研究中采取措施降低共同方法偏差的影响，其中采用多个数据来源是常用而有效的方式。另外，在数据验证阶段也要对共同方法偏差进行检验保证其不足以影响研究结果。本研究就采用了多个来源数据，同时在验证中进行数据检验的方法。

首先，本研究使用上下级配对的方式，对员工的相关构念进行评价。Johnson，Holladay 和 Quinones 表示增加了数据来源的多样性，对数据有一定的纠偏效果，能够降低样本的同源偏差，即降低共同方法偏差的影响。因此，本研究采用的配对的采样方式从一定程度上降低了共同方法偏差的影响。

其次，为提高样本多样性，本研究在采样时请每位主管评价的员工为 1~2 人。而且如果主管评价两位员工，也请他们从绩效有区分的员工当中选择样本，即从绩效较好的员工和绩效较差的员工中各选一位。另外，在每个组织仅发放 15~20 套问卷，保证每个组织中发放的样本相当，降低组织规模带来的影响，提高样本的多样性。

最后，在共同方法偏差的检验方面，根据 Podsakoff 等（2003）的建议，使用 Harman 检验即主成分因子分析的方法对共同方法偏差进行了检验，结果表明共同方法偏差并不严重。另外，同样根据 Podsakoff 等（2003）的建议，进行了自变量、结果变量、调节变量的验证性因子分析，对他们之间的区分效度进行了检验。良好的区分效度也同时表明了共同方法偏差并不会对本研究造成严重影响。

通过以上方法，本研究控制了共同方法偏差的影响，使得其对本研究的影响并不严重。今后的研究可以在控制和检验共同方法偏差方面进一步深入，例如，选取客观指标或者增加评价来源的方式等等。

2. 采用截面数据进行研究

本研究采用了截面数据进行了变量之间关系的研究，但截面研究并不能反映变量之间的因果关系。如果希望得到变量间因果关系的结论，需要从研究设计上采用纵向研究（Longitudinal Study）的方式。这种研究设计能够通过时间的先后顺序反映变量之间的因果关系影响。本研究的理论框架，反映了个人在目标承诺、工作伦理和职业承诺推动下，以工作为载体在工作环境中进行社会交换的过程，因此如果采用纵向设计则能够更加动态地反映这一过程，检验变量之间的影响关系。由于研究条件所限，本研究没能采取纵向研究的方式不能说不是一种遗憾，本研究认为以纵向研究的方式进行工作多维度承诺研究可能会有更有趣的发现。

7.4 未来研究建议

承诺相关研究领域一直备受关注而且硕果累累,其中工作多维度承诺是对人在工作环境中承诺形式的集中探讨。本研究在前人研究基础上,在中国情景下,对工作多维度承诺作了进一步研究,未来在该领域仍有许多问题值得探讨。具体看来,本研究建议从以下几个方面进行研究推进。

首先,正如局限性中所言,未来研究需要进行纵向研究的研究设计。通过纵向研究设计揭示随着时间的变化承诺之间的因果关系,进一步验证本研究通过社会交换理论所构建的理论框架。同时该设计也能更好地解释承诺与产出变量之间的关系,揭示在何时间,哪种承诺对某一产出变量的影响更强,从而更好地预测结果变量。

其次,在以聚焦为基础的工作多维度承诺研究成熟后,逐步加入承诺基础的成分,促进工作多维度承诺与各个承诺形式研究的互动。工作多维度承诺研究以各个承诺形式得到发展为基础,工作多维度承诺对于承诺之间关系的探讨和相互间区分效度的探讨有助于各种承诺的逐步完善与发展。但同时关注聚焦和基础的研究要控制研究的复杂性和构念之间的区分性,从而使得研究能够取得良好效果。

最后,以新的方法研究工作多维度承诺。以往以变量为核心的研究受到了以人为中心的研究的挑战。以人为中心的研究,以潜在剖面分析(Latent Profile Analysis,简称 LPA)方法,通过个人多种指标的特点更加有效地进行聚类,并研究每一类人其影响因素和产出变量存在的差异,从而更好地指导组织管理实践。对于工作多维度承诺而言,能够以个人的承诺特点进行聚类,研究不同类型承诺组合人群的共同特点。

参考文献

[1] 赵曙明. 人力资源管理理论研究现状分析 [J]. 外国经济与管理，2005，27(1)：15-26.

[2] DRUCKER P. The future that has already happened[J]. Futurist，1998，32(8)：16-18.

[3] 樊耘,阎亮,马贵梅. 权力需要，组织承诺与角色外行为的关系研究:基于组织文化的调节效应 [J]. 科学学与科学技术管理，2013，34(1)：135-146.

[4] 申晓刚. “80 后” 知识型员工特征及其激励对策研究 [J]. 中国商界，2010(7)：171.

[5] COHEN A. Multiple commitments in the workplace：an integrative approach[M]. Hillsdale，NJ：Erlbaum，2003.

[6] COHEN A. Values and commitment：a test of schwartz's human values theory among arab teachers in Israel[J]. Journal of Applied Social Psychology，2010，40(8)：1921-1947.

[7] REICHERS A E. A review and reconceptualization of organizational commitment[J]. The Academy of Management Review，1985，10(3)：465-476.

[8] MORROW P C. Concept redundancy in organizational research：the case of work commitment[J]. The Academy of Management Review. 1983，8(3)：486-500.

[9] RANDALL D M，COTE J A. Interrelationships of work commitment constructs[J]. Work and Occupations，1991，18(2)：194-211.

[10] BECKER T E. Foci and bases of commitment：are they distinctions worth making? [J]. The Academy of Management Journal，1992，35(1)：232-244.

[11] MORROW P C. The theory and measurement of work commitment[M]. Greenwich，CT：JAI Press，1993.

[12] COHEN A. Work commitment in relation to withdrawal intentions and union effectiveness[J]. Journal of Business Research，1993，26(1)：75-90.

[13] COHEN A. Relationships among five forms of commitment：an empirical assessment[J]. Journal of Organizational Behavior，1999，20(3)：285-308.

[14] COHEN A. The relationship between commitment forms and work outcomes：a comparison of three models[J]. Human Relations，2000，53(3)：387-417.

[15] MORIN A J S，MORIZOT J，BOUDRIAS J，et al. A multifoci person-centered perspective on workplace affective commitment：a latent profile/factor mixture analysis[J]. Organizational Research Methods，2011，14(1)：58-90.

[16] O'REILLY C，CHATMAN J. Organizational commitment and psychological attachment：the effects of compliance，identification，and internalization on prosocial behavior[J]. Journal of Applied Psychology，1986，71(3)：492-499.

[17] MEYER J P，ALLEN N J. A three-component conceptualization of organizational commitment[J]. Human Resource Management Review，1991，1(1)：61-89.

[18] MEYER J P, ALLEN N J. Commitment in the workplace: theory, research, and application[M]. Thousand Oaks, CA: Sage, 1997.

[19] BLAU G, RYAN J. On measuring work ethic: a neglected work commitment facet[J]. Journal of Vocational Behavior, 1997, 51(3): 435-448.

[20] WIENER Y, VARDI Y. Relationships between job, organization, and career commitments and work outcomes: an integrative approach[J]. Organizational Behavior and Human Performance, 1980, 26(1): 81-96.

[21] BLAU G, BOAL K. Using job involvement and organizational commitment interactively to predict turnover[J]. Journal of management, 1989, 15(1): 115-127.

[22] CLUGSTON M, HOWELL J P, DORFMAN P W. Does cultural socialization predict multiple bases and foci of commitment? [J]. Journal of Management, 2000, 26(1): 5-30.

[23] MORROW P C, MCELROY J C. Work commitment and job satisfaction over three career stages[J]. Journal of Vocational Behavior, 1987, 30(3): 330-346.

[24] HACKETT R D, LAPIERRE L M, HAUSDORF P A. Understanding the links between work commitment constructs[J]. Journal of Vocational Behavior, 2001, 58(3): 392-413.

[25] BLAU G J. The measurement and prediction of career commitment[J]. Journal of Occupational Psychology, 1985, 58(4): 277-288.

[26] COHEN A. An examination of the relationship between work commitment and work outcomes among hospital nurses[J]. Scandinavian Journal of Management, 1998, 14(1-2): 1-17.

[27] REDMAN T, SNAPE E. Unpacking commitment: multiple loyalties and employee behaviour[J]. Journal of Management Studies, 2005, 42(2): 301-328.

[28] HUNT S D, MORGAN R M. Organizational commitment: one of many commitments or key mediating construct? [J]. The Academy of Management Journal, 1994, 37(6): 1568-1587.

[29] FREUND A, CARMELI A. The relationship between work commitment and organizational citizenship behavior among lawyers in the private sector[J]. The Journal of Behavioral and Applied Management, 2004, 5(2): 93-113.

[30] COHEN A. The relation between commitment forms and work outcomes in jewish and arab culture[J]. Journal of Vocational Behavior, 1999, 54(3): 371-391.

[31] STINGLHAMBER F, BENTEIN K, VANDENBERGHE C. Extension of the three-component model of commitment to five foci[J]. European Journal of Psychological Assessment, 2002, 18(2): 123-138.

[32] VAN VUUREN M, VELDKAMP B P, DE JONG M D T, et al. Why work? aligning foci and dimensions of commitment along the axes of the competing values framework[J]. Personnel Review, 2008, 37(1): 47-65.

[33] COHEN A. A value based perspective on commitment in the workplace：an examination of Schwartz’s basic human values theory among bank employees in Israel[J]. International Journal of Intercultural Relations，2009，33(4)：332-345.

[34] VANDENBERGHE C，BENTEIN K，STINGLHAMBER F. Affective commitment to the organization，supervisor，and work group：antecedents and outcomes [J]. Journal of Vocational Behavior，2004，64(1)：47-71.

[35] 龙立荣，方俐洛，凌文辁. 组织职业生涯管理与员工心理与行为的关系 [J]. 心理学报，2002，34(1)：97-105.

[36] 唐琳琳，王重鸣，孟晓斌. 多层次承诺影响技术员工离职意向的比较研究 [J]. 人类工效学，2008(1)：1-5.

[37] TSUI A S. Contextualization in Chinese management research[J]. Management and Organization Review，2006，2(1)：1-13.

[38] BECKER H S. Notes on the concept of commitment[J]. The American Journal of Sociology，1960，66(1)：32-40.

[39] KANUNGO R N. Measurement of job and work involvement.[J]. Journal of Applied Psychology，1982，67(3)：341.

[40] CARSON K D，BEDEIAN A G. Career commitment：construction of a measure and examination of its psychometric properties[J]. Journal of Vocational Behaviour，1994，44：237.

[41] LEE K，CARSWELL J J，ALLEN N J. A meta-analytic review of occupational commitment：relations with person- and work-related variables[J]. Journal of Applied Psychology，2000，85(5)：799-811.

[42] LAWLER E E，HALL D T. Relationship of job characteristics to job involvement，satisfaction，and intrinsic motivation[J]. Journal of Applied psychology，1970，54(4)：305.

[43] PORTER L W，STEERS R M，MOWDAY R T，et al. Organizational commitment，job satisfaction，and turnover among psychiatric technicians[J]. Journal of Applied Psychology，1974，59(5)：603-609.

[44] CHEN Z. Further investigation of the outcomes of loyalty to supervisor：job satisfaction and intention to stay[J]. Journal of Managerial Psychology，2001，16(8)：650-660.

[45] BLAU P M，SCOTT W R. Formal organizations：a comparative approach[M]. Stanford University Press，1962.

[46] MOWDAY R T，STEERS R M，PORTER L W. The measurement of organizational commitment[J]. Journal of Vocational Behavior，1979，14(2)：224-247.

[47] WIENER Y. Commitment in organizations：a normative view[J]. The Academy of management review，1982，7(3)：418-428.

[48] LOWREY W，BECKER L B. Commitment to journalistic work：do high school and college activities matter？[J]. Journalism & Mass Communication Quarterly，2004，81(3)：

528-545.

[49] MEYER J P, STANLEY D J, HERSCOVITCH L, et al. Affective, continuance, and normative commitment to the organization: a meta-analysis of antecedents, correlates, and consequences[J]. Journal of Vocational Behavior, 2002, 61(1): 20-52.

[50] MEYER J P, HERSCOVITCH L. Commitment in the workplace: toward a general model[J]. Human Resource Management Review, 2001, 11(3): 299-326.

[51] BLAU P M. Exchange and power in social life[M]. New York: Wiley, 1964.

[52] SALANCIK G R. Commitment is too easy! [J]. Organizational Dynamics, 1977, 6(1): 62-80.

[53] EISENBERG R, FASOLO P, DAVIS-LAMASTRO V. Perceived organizational support and employee diligence, commitment, and innovation[J]. Journal of Applied Psychology, 1990, 75(1): 51-59.

[54] OLIVER N. Work rewards, work values, and organizational commitment in an employee-owned firm: evidence from the UK[J]. Human Relations, 1990, 43(6): 513-526.

[55] GREGERSEN H B. Multiple commitments at work and extrarole behavior during three stages of organizational tenure[J]. Journal of Business Research. 1993, 26(1).

[56] BOSHOFF C, MESL G. The impact of multiple commitments on intentions to resign: an empirical assessment[J]. British Journal of Management. 2000, 11(2): 255-272.

[57] COHEN A, FREUND A. A longitudinal analysis of the relationship between multiple commitments and withdrawal cognitions[J]. Scandinavian Journal of Management, 2005, 21(3): 329-351.

[58] 王莉,石金涛,孙学敏. 员工留职原因与组织承诺关系的实证研究 [J]. 管理评论, 2007, 19(1): 12-18.

[59] CROPANZANO R, MITCHELL M S. Social exchange theory: an interdisciplinary review[J]. Journal of Management, 2005, 31(6): 874-900.

[60] HOMANS G C. Social behavior as exchange[J]. American Journal of Sociology, 1958, 63(6): 597-606.

[61] LAWLER E J, THYE S R. Bringing emotions into social exchange theory[J]. Annual Review of Sociology, 1999, 25: 217-244.

[62] RHOADES L, EISENBERGER R. Perceived organizational support: a review of the literature[J]. Journal of Applied Psychology, 2002, 87(4): 698-714.

[63] 刘小平,王重鸣. 组织承诺及其形成过程研究 [J]. 南开管理评论, 2001, 4(6): 58-62.

[64] STINGLHAMBER F, VANDENBERGHE C. Organizations and supervisors as sources of Support and targets of commitment: a longitudinal study[J]. Journal of Organizational Behavior, 2003, 24(3): 251-270.

[65] RESTUBOG S L D, BORDIA P, TANG R L. Effects of psychological contract breach on performance of IT employees: the mediating role of affective commitment[J]. Journal of

Occupational and Organizational Psychology, 2006, 79(2): 299-306.

[66] SHORE L M, BARKSDALE K. Examining degree of balance and level of obligation in the employment relationship: a social exchange approach[J]. Journal of Organizational Behavior, 1998, 19(1): 731-744.

[67] GRAEN G B, UHL-BIEN M. Relationship-based approach to leadership: development of leader-member exchange (LMX) theory of leadership over 25 years: applying a multi-level multi-domain perspective[J]. The Leadership Quarterly, 1995, 6(2): 219-247.

[68] ARGYRIS C. Understanding organizational behavior[M]. Homewood, IL: Dorsey Press, 1960.

[69] LEVINSON H, PRICE C R, MUNDEN K J, et al. Men, management, and mental health[M]. Harvard University Press Cambridge, MA, 1962.

[70] SCHEIN E H, SCHEIN E. Career dynamics: matching individual and organizational needs[M]. MA: Addison-Wesley Reading, 1978.

[71] ROUSSEAU D M, TIJORIWALA S A. Assessing psychological contracts: issues, alternatives and measures[J]. Journal of Organizational Behavior, 1998, 19(1): 679-695.

[72] SCANDURA T A, LANKAU M J. Relationships of gender, family responsibility and flexible work hours to organizational commitment and job satisfaction[J]. Journal of Organizational Behavior, 1998, 18(4): 377-391.

[73] GUEST D E. The psychology of the employment relationship: an analysis based on the psychological contract[J]. Applied Psychology, 2004, 53(4): 541-555.

[74] 李原,郭德俊. 组织中的心理契约 [J]. 心理科学进展, 2002, 10(1): 83-90.

[75] COYLE SHAPIRO J, KESSLER I. Consequences of the psychological contract for the employment relationship: a large scale survey*[J]. Journal of management studies, 2002, 37(7): 903-930.

[76] ROUSSEAU D. Psychological contracts in organizations: understanding written and unwritten agreements[M]. Sage Publications, Incorporated, 1995.

[77] BECKER T E, BILLINGS R S, EVELETH D M, et al. Foci and bases of employee commitment: implications for job performance[J]. Academy of Management Journal, 1996: 464-482.

[78] CHENG B, JIANG D, RILEY J H. Organizational commitment, supervisory commitment, and employee outcomes in the Chinese context: proximal hypothesis or global hypothesis? [J]. Journal of Organizational Behavior, 2003, 24(3): 313-334.

[79] SIDERS M A, GEORGE G, DHARWADKAR R. The relationship of internal and external commitment foci to objective job performance measures[J]. The Academy of Management Journal, 2001, 44(3): 570-579.

[80] FREUND A, CARMELI A. An empirical assessment: reconstructed model for five universal forms of work commitment[J]. Journal of Managerial Psychology, 2003, 18(7):

708-725.

[81] CARMELI A, GEFEN D. The relationship between work commitment models and employee withdrawal intentions[J]. Journal of Managerial Psychology, 2005, 20(2): 63-86.

[82] BECKER T E, RANDALL D M, RIEGEL C D. The multidimensional view of commitment and the theory of reasoned action: a comparative evaluatio[J]. Journal of Management, 1995, 21(4): 617-638.

[83] MEYER J P, ALLEN N J, SMITH C A. Commitment to organizations and occupations: extension and test of a three-component conceptualization[J]. Journal of Applied Psychology, 1993, 78(4): 538-551.

[84] VANDENBERGHE C, STINGLHAMBER F, BENTEIN K, et al. An examination of the cross-cultural validity of a multidimensional model of commitment in Europe[J]. Journal of Cross-Cultural Psychology, 2001, 32(3): 322-347.

[85] SMITH P C, M. K L, C. H. The measurement of satisfaciton in work and retirement[M]. Chicago,IL: Rand McNally, 1969.

[86] RANDALL D M. The consequences of organizational commitment: methodological investigation[J]. Journal of Organizational Behavior, 1990, 11(5): 361-378.

[87] JAROS S J. An assessment of meyer and allen's (1991) three-component model of organizational commitment and turnover intentions[J]. Journal of Vocational Behavior, 1997, 51(3): 319-337.

[88] VAN VIANEN A E, SHEN C T, CHUANG A. Person-organization and person-supervisor fits: employee commitments in a Chinese context[J]. Journal of Organizational Behavior, 2011, 32(6): 906-926.

[89] FEATHER N T. Protestant ethic, conservation and values[J]. Journal of Personality and Social Psychology, 1984, 46(5): 1132-1141.

[90] ARANYA N, JACOBSON D. An empirical study of theories of organizational and occupational commitment[J]. The Journal of Social Psychology, 1975, 97(1): 15-22.

[91] BLOOD M R. Work values and job satisfaction[J]. Journal of Applied Psychology, 1969, 53(6): 456-459.

[92] MIRELS H L, GARRETT J B. The protestant ethic as a personality variable[J]. Journal of Consulting and Clinical psychology, 1971, 36(1): 40.

[93] FURNHAM A. Predicting protestant work ethic beliefs[J]. European Journal of Personality, 1987, 1(2): 93-106.

[94] HILL R B, PETTY G C. A new look at selected employability skills: a factor analysis of the occupational work ethic[J]. Journal of Vocational Education Research, 1995, 20(4): 59-73.

[95] MCCORTNEY A L, ENGELS D W. Revisiting the work ethic in America[J]. The Career Development Quarterly, 2003, 52(2): 132-140.

[96] 王明辉，郭玲玲，赵国祥，等. 组织员工工作伦理的结构 [J]. 心理学报，2009，41(9)：853-862.

[97] 王明辉，郭玲玲，凌文辁. 组织中的工作伦理研究概况 [J]. 心理科学进展，2007，15(6)：956-961.

[98] FURNHAM A. The protestant work ethic：the psychology of work-related beliefs and behaviours[M]. London：Routledge，1990.

[99] MILLER M J，WOEHR D J，HUDSPETH N. The meaning and measurement of work ethic：construction and initial validation of a multidimensional inventory[J]. Journal of Vocational Behavior，2002，60(3)：451-489.

[100] BOATWRIGHT J R，SLATE J R. Development of an instrument to assess work ethics[J]. Development，2002，39(4)：36-62.

[101] FURNHAM A. Predicting protestant work ethic beliefs[J]. European Journal of Personality，1987，1(2)：93-106.

[102] BRAUCHLE P E，AZAM M S. Factorial invariance of the occupational work ethic inventory (OWEI)[J]. Journal of Vocational Education Research，2004，29(2)：121-131.

[103] ROKHMAN W. The effect of islamic work ethics on work outcomes[J]. Electronic Journal of Business Ethics and Organization Studies，2010，15(1)：21-27.

[104] FURNHAM A. The protestant work ethic：a review of the psychological literature[J]. European Journal of Social Psychology，1984，14(1)：87-104.

[105] COOPER-HAKIM A，VISWESVARAN C. The construct of work commitment：testing an integrative framework[J]. Psychological Bulletin，2005，131(2)：241-259.

[106] BLAU G，PAUL A，JOHN N. On developing a general index of work commitment.[J]. Journal of Vocational Behavior，1993，42(3)：298-314.

[107] COLARELLI S M，BISHOP R C. Career commitment functions，correlates，and management[J]. Group & Organization Management，1990，15(2)：158-176.

[108] ALLEN N J，MEYER J P. The measurement and antecedents of affective，continuance and normative commitment to the organization[J]. Journal of Occupational Psychology，1990，63(1)：1-18.

[109] 龙立荣，方俐洛，凌文辁，等. 职业承诺的理论与测量 [J]. 心理学动态，2000，8(4)：39-45.

[110] DE JONG E. The impact of motivation on the career commitment of Dutch literary translators[J]. Poetics，1999，26(5)：423-437.

[111] BLAU G J. Further exploring the meaning and measurement of career commitment[J]. Journal of Vocational Behavior，1988，32(3)：284-297.

[112] ARANYA N，POLLOCK J，AMERNIC J. An examination of professional commitment in public accounting[J]. Accounting，Organizations and Society，1981，6(4)：271-280.

[113] BLAU G. Testing for a four-dimensional structure of occupational commitment[J]. Jour-

nal of Occupational and Organizational Psychology, 2003, 76(4): 469-488.

[114] CARSON K D, CARSON P P, BEDEIAN A G. Development and construct validation of a career entrenchment measure[J]. Journal of Occupational and Organizational Psychology, 1995, 68(4): 301-320.

[115] 裴艳,刘晓虹,陶红. 护士职业承诺结构的研究 [J]. 心理科学, 2007, 30(6): 1485-1489.

[116] GOULET L R, SINGH P. Career commitment: a reexamination and an extension[J]. Journal of Vocational Behavior, 2002, 61(1): 73-91.

[117] 刘耀中. 电信员工职业承诺因素结构的研究 [J]. 心理科学, 2006, 29(4): 994-997.

[118] SOMECH A. Antecedents and consequences of teacher organizational and professional commitment[J]. Educational Administration Quarterly, 2002, 38(4): 555-577.

[119] CHANG E. Career commitment as a complex moderator of organizational commitment and turnover intention[J]. Human Relations, 1999, 52(10): 1257-1278.

[120] LODAHL T M, KEJNAR M. The definition and measurement of job involvement[J]. Journal of Applied Psychology, 1965, 49(1): 24-33.

[121] LAWLER E E, HALL D T. Relationship of job characteristics to job involvement, satisfaction, and intrinsic motivation.[J]. Journal of Applied psychology, 1970, 54(4): 305-312.

[122] SALEH S D, HOSEK J. Job Involvement: concepts and measurements[J]. Academy of Management Journal, 1976, 19(2): 213-224.

[123] RABINOWITZ S, HALL D T. Organizational research on job involvement[J]. Psychological bulletin, 1977, 84(2): 265.

[124] MORROW P C, MCELROY J C. On assessing measures of work commitment[J]. Journal of Organizational Behavior, 1986, 7(2): 139-145.

[125] DECI E L, RYAN R M. Self-Determination[M]. Wiley Online Library, 1985.

[126] BROWN S P. A meta-analysis and review of organizational research on job involvement[J]. Psychological Bulletin, 1996, 120(2): 235-255.

[127] FISHER C D, GITELSON R. A meta-analysis of the correlates of role conflict and ambiguity[J]. Journal of Applied Psychology, 1983, 68(2): 320-333.

[128] DIEFENDORFF J M, BROWN D J, KAMIN A M, et al. Examining the roles of job involvement and work centrality in predicting organizational citizenship behaviors and job performance[J]. Journal of Organizational Behavior, 2002, 23(1): 93-108.

[129] CHUGHTAI A A. Impact of job involvement on in-role job performance and organizational citizenship behavior[J]. Journal of Behavioral and Applied Management, 2008, 9(4): 169-183.

[130] MOWDAY R T, PORTER L W, STEERS R M. Employee-organization linkages: the psychology of commitment, absenteeism, and turnover[M]. New York: Academic press,

1982.

[131] BLAU G J, BOAL K B. Conceptualizing how job involvement and organizational commitment affect turnover and absenteeism[J]. The Academy of Management Review, 1987, 12(2): 288-300.

[132] FRONE M R, RICE R W. Work-family conflict: the effect of job and family involvement[J]. Journal of Organizational Behavior, 1987, 8(1): 45-53.

[133] FRONE M R, RUSSELL M, COOPER M L. Job stressors, job involvement and employee health: a test of identity theory[J]. Journal of Occupational and Organizational Psychology, 2011, 68(1): 1-11.

[134] LAWLER E J. Affective attachments to nested groups: a choice-process theory[J]. American Sociological Review, 1992, 57(3): 327-339.

[135] HREBINIAK L G, ALUTTO J A. Personal and role-related factors in the development of organizational commitment[J]. Administrative Science Quarterly. 1972, 17(4): 555-573.

[136] NG T W H, FELDMAN D C. Idiosyncratic deals and organizational commitment[J]. Journal of Vocational Behavior, 2010, 76(3): 419-427.

[137] RITZER G, TRICE H M. An empirical study of Howard Becker's side-bet theory[J]. Social Forces, 1969, 47(4): 475-478.

[138] REICHERS A E. A review and reconceptualization of organizational commitment[J]. The Academy of Management Review, 1985, 10(3): 465-476.

[139] BENNETT H, DURKIN M. The effects of organisational change on employee psychological attachment an exploratory study[J]. Journal of Managerial Psychology, 2000, 15(2): 126-146.

[140] MCGEE G W, FORD R C. Two (or more?) dimensions of organizational commitment: reexamination of the affective and continuance commitment scales.[J]. Journal of Applied Psychology, 1987, 72(4): 638-641.

[141] 凌文辁,张治灿,方俐洛. 影响组织承诺的因素探讨 [J]. 心理学报, 2001, 33(3): 259-263.

[142] STEERS R M. Antecedents and outcomes of organizational commitment[J]. Administrative Science Quarterly, 1977, 22(1): 46-56.

[143] BATEMAN T S, STRASSER S. A longitudinal analysis of the antecedents of organizational commitment[J]. The Academy of Management Journal, 1984, 27(1): 95-112.

[144] MATHIEU J E, ZAJAC D M. A review and meta-analysis of the antecedents, correlates, and cosequences of organizational commimtment[J]. Psychological Bulletin, 1990, 108(2): 171-194.

[145] CHEN Z X, TSUI A S, FARH J. Loyalty to supervisor vs organizational commitment: relationships to employee performance in China[J]. Journal of Occupational and Organi-

zational Psychology, 2002, 75(3): 339-356.

[146] 王颖,王娅. 主管承诺对个体行为的影响机制研究 [J]. 科研管理, 2009, 30(2): 166-170.

[147] BECKER T E, BILLINGS R S. Profiles of commitment: an empirical test[J]. Journal of Organizational Behavior, 1993, 14(2): 177-190.

[148] WASTI S A, CAN Ö. Affective and normative commitment to organization, supervisor, and coworkers: do collectivist values matter? [J]. Journal of Vocational Behavior, 2008, 73(3): 404-413.

[149] LANDRY G, PANACCIO A, VANDENBERGHE C. Dimensionality and consequences of employee commitment to supervisors: a two-study examination[J]. The Journal of Psychology, 2010, 144(3): 285-312.

[150] LIDEN R C, MASLYN J M. Multidimensionafity of leader-member exchange: an empirical assessment through scale development[J]. Journal of Management, 1998, 24(1): 43-72.

[151] JIANG D, CHENG B. Affect- and role-based loyalty to supervisors in Chinese organizations[J]. Asian Journal of Social Psychology, 2008, 11(3): 214-221.

[152] YANG J, MOSSHOLDER K W. Examining the effects of trust in leaders: a bases-and-foci approach[J]. The Leadership Quarterly, 2010, 21(1): 50-63.

[153] LANDRY G, VANDENBERGHE C. Role of commitment to the supervisor, leader-member exchange, and supervisor-based self-esteem in employee-supervisor conflicts[J]. The Journal of Social Psychology, 2009, 149(1): 5-27.

[154] WONG Y T, WONG C S, NGO H Y. Loyalty to supervisor and trust in supervisor of workers in Chinese joint ventures: a test of two competing models [J]. International Journal of Human Resource Management, 2002, 13(6): 883-900.

[155] BECKER T E, KERNAN M C. Matching commitment to supervisors and organizations to in-role and extra-role performance[J]. Human Performance, 2003, 16(4): 327-348.

[156] COHEN A. On the discriminant validity of the meyer and allen measure of organizational commitment: how does it fit with the work commitment construct? [J]. Educational and Psychological Measurement, 1996, 56(3): 494-503.

[157] JAROS S J. An assessment of Meyer and Allen’s (1991) three-component model of organizational commitment and turnover intentions[J]. Journal of Vocational Behavior, 1997, 51(3): 319-337.

[158] BROOKE P P, RUSSELL D W, PRICE J L. Discriminant validation of measures of job satisfaction, job involvement, and organizational commitment[J]. Journal of Applied Psychology, 1988, 73(2): 139-145.

[159] BLAU G. TESTING the generalizability of a career commitment measure and its impact on employee turnover [J]. Journal of Vocational Behavior, 1989, 35(1): 88-103.

[160] MATHIEU J E, FARR J L. Further evidence for the discriminant validity of measures of organizational commitment, job involvement, and job satisfaction[J]. Journal of Applied Psychology, 1991, 76(1): 127-133.

[161] CHAN A W, SNAPE E, REDMAN T. Multiple foci and bases of commitment in a Chinese workforce[J]. The International Journal of Human Resource Management, 2011, 22(16): 3290-3304.

[162] MUELLER C W, WALLACE J E, PRICE J L. Employee commitment resolving some issues[J]. Work and occupations, 1992, 19(3): 211-236.

[163] YOON J, BAKER M R, KO J. Interpersonal attachment and organizational commitment: subgroup hypothesis revisited[J]. Human Relations, 1994, 47(3): 329-351.

[164] 樊耘,张旭,颜静. 对组织承诺三因素模型被质疑问题的思考 [J]. 西安交通大学学报(社会科学版), 2012, 32(4): 50-56.

[165] GUNZ H P, GUNZ S P. Professional/organizational commitment and job satisfaction for employed lawyers[J]. Human Relations, 1994, 47(7): 801-828.

[166] VANDENBERG R J, SCARPELLO V. A longitudinal assessment of the determinant relationship between employee commitments to the occupation and the organization[J]. Journal of Organizational Behavior, 1994, 15(6): 535-547.

[167] PENG K Z, NGO H, SHI J, et al. Gender differences in the work commitment of Chinese workers: an investigation of two alternative explanations[J]. Journal of World Business, 2009, 44(3): 323-335.

[168] KINNIE N, HUTCHINSON S, PURCELL J. 'Fun and surveillance': the paradox of high commitment management in call centres[J]. International Journal of Human Resource Management, 2000, 11(5): 967-985.

[169] PORTER L W, STEERS R M. Organizational, work, and personal factors in employee turnover and absenteeism[J]. Psychological bulletin, 1973, 80(2): 151-176.

[170] ROBBINS S P. Organizational behavior: concepts, controversies, and applications[M]. Englwood Cliffs, NJ: Prentice-Hall, 2001.

[171] MOBLEY W H. Intermediate linkages in the relationship between job satisfaction and employee turnover[J]. Journal of applied psychology, 1977, 62(2): 237-240.

[172] STEEL R P, OVALLE N K. A review and meta-analysis of research on the relationship between behavioral intentions and employee turnover[J]. Journal of Applied Psychology, 1984, 69(4): 673-686.

[173] GRIFFETH R W, HOM P W, GAERTNER S. A meta-analysis of antecedents and correlates of employee turnover: update, moderator tests, and research implications for the next millennium[J]. Journal of Management, 2000, 26(3): 463-488.

[174] MICHAELS C E, SPECTOR P E. Causes of employee turnover: a test of the mobley, griffeth, hand, and meglino model[J]. Journal of Applied Psychology, 1982, 67(1):

53-59.

[175] KHATRI N, FERN C T, BUDHWAR P. Explaining employee turnover in an Asian context[J]. Human Resource Management Journal, 2001, 11(1): 54-74.

[176] CAMPBELL J P, MCCLOY R A, OPPLER S H, et al. A theory of performance[M]. San Francisco: Jossey-Bass, 1993.

[177] ROGERS E W, WRIGHT P M. Measuring organizational performance in strategic human resource management: problems, prospects and performance information markets[J]. Human Resource Management Review, 1998, 8(3): 311-331.

[178] BORMAN W C, MOTOWIDLO S J. Task performance and contextual performance: the meaning for personnel selection research[J]. Human Performance, 1997, 10(2): 99-109.

[179] VAN DYNE L, CUMMINGS L L, PARKS J M. Extra-role behaviors: in pursuit of construct and definitional clarity(a bridge over muddied water)[J]. Research in Organizational Behavior, 1995, 17: 215-285.

[180] EATON S C. If you can use them: flexibility policies, organizational commitment, and perceived performance[J]. Industrial Relations: A Journal of Economy and Society, 2003, 42(2): 145-167.

[181] BORMAN W C, WHITE L A, DORSEY D W. Effects of ratee task performance and interpersonal factors on supervisor and peer performance ratings.[J]. Journal of Applied Psychology, 1995, 80(1): 168.

[182] KATZ D. The motivational basis of organizational behavior[J]. Behavioral Science, 1964, 9(2): 131-146.

[183] ORGAN D W. Organizational citizenship behavior: It's construct clean-up time[J]. Human Performance, 1997, 10(2): 85-97.

[184] BORMAN W C, MOTOWIDLO S J. Task performance and contextual performance: the meaning for personnel selection research[J]. Human Performance, 1997, 10(2): 99-109.

[185] ORGAN D W. Organizational citizenship behavior: the good soldier syndrome[M]. Lextington: MA:Lexington, 1988.

[186] WILLIAMS L J, ANDERSON S E. Job satisfaction and organizational commitment as predictors of organizational citizenship and in-role behaviors[J]. Journal of Management, 1991, 17(3): 601-617.

[187] COLEMAN V I, BORMAN W C. Investigating the underlying structure of the citizenship performance domain[J]. Human Resource Management Review, 2000, 10(1): 25-44.

[188] LEPINE J A, EREZ A, JOHNSON D E. The nature and dimensionality of organizational citizenship behavior: a critical review and meta-analysis[J]. Journal of Applied Psycholo-

gy, 2002, 87(1): 52-65.

[189] PODSAKOFF P M, MACKENZIE S B, PAINE J B, et al. Organizational citizenship behaviors: a critical review of the theoretical and empirical literature and suggestions for future research[J]. Journal of Management, 2000, 26(3): 513-563.

[190] ALLEN N J, MEYER J P. Affective, continuance, and normative commitment to the organization: an examination of construct validity[J]. Journal of Vocational Behavior, 1996, 49: 252-276.

[191] DUNHAM R B, GRUBE J A, CASTANEDA M B. Organizational commitment: the utility of an integrative definition.[J]. Journal of Applied Psychology, 1994, 79(3): 370-380.

[192] VAN VIANEN A E M, SHEN C, CHUANG A. Person-organization and person-supervisor fits: employee commitments in a Chinese context[J]. Journal of Organizational Behavior, 2010, 32(6): 906-926.

[193] REDDING S G, HSIAO M. An empirical study of overseas Chinese managerial ideology[J]. International Journal of Psychology, 1990, 25(3-6): 629-641.

[194] 陈晓萍. 跨文化管理 [M]. 北京: 清华大学出版社, 2009.

[195] 廖建桥,赵君,张永军. 权力距离对中国领导行为的影响研究 [J]. 管理学报, 2010, 7 (7): 988-992.

[196] 杨国枢. 中国人的心理与行为: 本土化研究 [M]. 北京: 中国人民大学出版社, 2004.

[197] 李路路,李汉林. 单位组织中的资源获得 [J]. 中国社会科学. 1999, 6(1): 90-105.

[198] FARH J, EARLEY P C, LIN S. Impetus for action: a cultural analysis of justice and organizational citizenship behavior in Chinese society[J]. Administrative Science Quarterly, 1997, 42(3): 421-444.

[199] FRYXELL G E, DOOLEY R S, LI W. The role of trustworthiness in maintaining employee commitment during restructuring in China[J]. Asia Pacific Journal of Management, 2004, 21(4): 515-533.

[200] KRISTOF BROWN A L, ZIMMERMAN R D, JOHNSON E C. Consequences of individuals' fit at work: a meta-analysis of person-Job, person-organization, person-group, and person-supervisor fit[J]. Personnel Psychology, 2005, 58(2): 281-342.

[201] 张翼,樊耘,邵芳,等. 关于人与环境匹配的结构 - 过程模型 [J]. 管理科学, 2008, 10 (5): 65-73.

[202] 韩翼,廖建桥. 组织承诺研究的综述 [J]. 人类工效学, 2005, 11(3): 58-60.

[203] EARLEY P C. Social loafing and collectivism: a comparison of the United States and the People's Republic of China[J]. Administrative Science Quarterly, 1989, 34(4): 565-581.

[204] HOFSTEDE G. Culture's consequences: international differences in work-related values[M]. 5ed. London: Sage Publications, 1980.

[205] TRIANDIS H C. The self and social behavior in differing cultural contexts[J]. Psychological Review, 1989, 96(3): 506-520.

[206] 周晓虹. 改革开放以来中国社会心态的变迁：有关中国经验的另一种解读 [J]. 中国社会科学辑刊, 2009(2): 1-11.

[207] RALSTON D A, EGRI C P, STEWART S, et al. Doing business in the 21st century with the new generation of Chinese managers: a study of generational shifts in work values in China[J]. Journal of International Business Studies, 1999, 30(2): 415-427.

[208] CHEN X, CEN G, LI D, et al. Social functioning and adjustment in Chinese children: the imprint of historical time[J]. Child Development, 2005, 76(1): 182-195.

[209] WONG Y T E. The Chinese at work : collectivism or individualism? [J]. Hong Kong Institute of Business Studies Working Paper Series, 2001, Paper 31.

[210] OYSERMAN D, COON H M, KEMMELMEIER M. Rethinking individualism and collectivism: evaluation of theoretical assumptions and meta-analyses[J]. Psychological Bulletin, 2002, 128(1): 3-72.

[211] OLIVER R L. Whence consumer loyalty? [J]. the Journal of Marketing, 1999, 63(4): 33-44.

[212] 凌文辁,张治灿,方俐洛. 中国职工组织承诺的结构模型研究 [J]. 管理科学学报, 2000, 3(2): 76-81.

[213] GOULET L R, SINGH P. Career commitment: a reexamination and an extension[J]. Journal of Vocational Behavior, 2002, 61(1): 73-91.

[214] SCHNAKE M. Organizational citizenship: a review, proposed model, and research agenda[J]. Human Relations, 1991, 44(7): 735-759.

[215] KIDRON A. Work values and organizational commitment.[J]. Academy of Management Journal. 1978, 21(2): 239-247.

[216] COOK J, WALL T. New work attitude measures of trust, organizational commitment and personal need non - fulfilment[J]. Journal of Occupational Psychology, 1980, 53(1): 39-52.

[217] EDWARDS J R. Person-job fit: a conceptual integration, literature review, and methodological critique[M]. John Wiley & Sons, 1991.

[218] MEYER J P, BECKER T E, VANDENBERGHE C. Employee commitment and motivation: a conceptual analysis and integrative model[J]. Journal of Applied Psychology, 2004, 89(6): 991-1007.

[219] COOK J, WALL T. New work attitude measures of trust, organizational commitment and personal need non - fulfilment[J]. Journal of Occupational Psychology, 1980, 53(1): 39-52.

[220] 王霞霞,张进辅. 国内外职业承诺研究述评 [J]. 心理科学进展, 2007, 15(3): 488-497.

[221] SCHNEIDER B. The people make the place[J]. Personnel psychology, 1987, 40(3): 437-453.

[222] WITT L A. Reactions to work assignment as predictors of organizational commitment: the moderating effect of occupational identification[J]. Journal of Business Research, 1993, 26(1): 17-30.

[223] WALLACE J E. Professional and organizational commitment: compatible or incompatible? [J]. Journal of Vocational Behavior, 1993, 42(3): 333-349.

[224] O'DRISCOLL M P, RANDALL D M. Perceived organisational support, satisfaction with rewards, and employee job involvement and organisational commitment[J]. Applied Psychology, 1999, 48(2): 197-209.

[225] ARYEE S, CHEN Z X. Leader-member exchange in a Chinese context: antecedents, the mediating role of psychological empowerment and outcomes[J]. Journal of Business Research, 2006, 59(7): 793-801.

[226] EISENBERGER R, KARAGONLAR G, STINGLHAMBER F, et al. Leader-member exchange and affective organizational commitment: the contribution of supervisor's organizational embodiment[J]. Journal of Applied Psychology, 2010, 95(6): 1085-1103.

[227] CHEUNG M F Y, WU W, CHAN A K K, et al. Supervisor-subordinate Guanxi and employee work outcomes: the mediating role of job satisfaction[J]. Journal of Business Ethics, 2009, 88(1): 77-89.

[228] WANG Y. Emotional bonds with supervisor and co-workers: relationship to organizational commitment in China's foreign-invested companies[J]. The International Journal of Human Resource Management, 2008, 19(5): 916-931.

[229] PRICE J L, MUELLER C W. A causal model of turnover for nurses[J]. Academy of Management Journal. 1981, 24(3): 543-565.

[230] BEDEIAN A G, KEMERY E R, PIZZOLATTO A B. Career commitment and expected utility of present job as predictors of turnover intentions and turnover behavior[J]. Journal of Vocational Behavior, 1991, 39(3): 331-343.

[231] ORGAN D W, RYAN K. A meta-analytic review of attitudinal and dispositional predictors of organizational citizenship behavior[J]. Personnel psychology, 1995, 48(4): 775-802.

[232] NG T W H, FELDMAN D C. Affective organizational commitment and citizenship behavior: linear and non-linear moderating effects of organizational tenure[J]. Journal of Vocational Behavior, 2011, 79(2): 528-537.

[233] SOMERS M J, BIRNBAUM D. Work-related commitment and job performance: It's also the nature of the performance that counts[J]. Journal of Organizational Behavior, 1998, 19(6): 621-635.

[234] MAYER R C, SCHOORMAN F D. Predicting participation and production outcomes

through a two-dimensional model of organizational commitment.[J]. Academy of Management Journal, 1992, 35(3): 671-684.

[235] KONOVSKY M A, CROPANZANO R. Perceived fairness of employee drug testing as a predictor of employee attitudes and job performance.[J]. Journal of applied psychology, 1991, 76(5): 698.

[236] GORDON M E, LADD R T. Dual allegiance: renewal, reconsideration, and recantation[J]. Personnel Psychology, 1990, 43(1): 37-69.

[237] KRISTOF A L. Person - organization fit: an integrative review of its conceptualizations, measurement, and implications[J]. Personnel psychology, 1996, 49(1): 1-49.

[238] LEVINSON H. Reciprocation: the relationship between man and organization[J]. Administrative Science Quarterly, 1965, 9(4): 370-390.

[239] KUVAAS B, DYSVIK A. Perceived investment in employee development, intrinsic motivation and work performance[J]. Human Resource Management Journal, 2009, 19(3): 217-236.

[240] CHAY H L, BRUVOLD N T. Creating value for employees: investment in employee development[J]. International Journal of Human Resource Management, 2003, 14(6): 981-1000.

[241] DUKE A B, GOODMAN J M, TREADWAY D C, et al. Perceived organizational support as a moderator of emotional labor/outcomes relationships[J]. Journal of Applied Social Psychology, 2009, 39(5): 1013-1034.

[242] 李锐,凌文辁. 上司支持感对员工工作态度和沉默行为的影响 [J]. 商业经济与管理, 2010(5): 31-39.

[243] 张燕,王辉,樊景立. 组织支持对人力资源措施和员工绩效的影响 [J]. 管理科学学报, 2008, 11(2): 120-131.

[244] STAMPER C L, JOHLKE M C. The impact of perceived organizational support on the relationship between boundary spanner role stress and work outcomes[J]. Journal of Management, 2003, 29(4): 569-588.

[245] EISENBERGER R, STINGLHAMBER F, VANDENBERGHE C, et al. Perceived supervisor support: contributions to perceived organizational support and employee retention[J]. Journal of Applied Psychology, 2002, 87(3): 565-573.

[246] SHANOCK L R, EISENBERGER R. When supervisors feel supported: relationships with subordinates' perceived supervisor support, perceived organizational support, and performance[J]. Journal of Applied Psychology, 2006, 91(3): 689-695.

[247] ROUSSEAU D M, FRIED Y. Location, location, location: contextualizing organizational research*[J]. Journal of Organizational Behavior, 2001, 22(1): 1-13.

[248] BRISLIN R W. Back-translation for cross-cultural research[J]. Journal of Cross-Cultural Psychology, 1970, 1(3): 185-216.

[249] HOLLENBECK J R，KLEIN H J，O' LEARY A M，et al. Investigation of the construct validity of a self-report measure of goal commitment.[J]. Journal of Applied Psychology，1989，74(6)：951-956.

[250] CABLE D M，DERUE D S. The convergent and discriminant validity of subjective fit perceptions[J]. Journal of applied psychology，2002，87(5)：875-883.

[251] EISENBERGER R，STINGLHAMBER F，VANDENBERGHE C，et al. Perceived supervisor support：contributions to perceived organizational support and employee retention[J]. Journal of Applied Psychology. 2002，87(3)：565-573.

[252] KUVAAS B，DYSVIK A. Exploring alternative relationships between perceived investment in employee development，perceived supervisor support and employee outcomes[J]. Human Resource Management Journal，2010，20(2)：138-156.

[253] VANDENBERGHE C，BENTEIN K. A closer look at the relationship between affective comnnitment to supervisors and organizations and turnover[J]. Journal of Occupational and Organizational Psychology，2009，82：331-348.

[254] MOORMAN R H，BLAKELY G L. Individualism - collectivism as an individual difference predictor of organizational citizenship behavior[J]. Journal of organizational behavior，1995，16(2)：127-142.

[255] VAN DYNE L，VANDEWALLE D，KOSTOVA T，et al. Collectivism，propensity to trust and self-esteem as predictors of organizational citizenship in a non-work setting[J]. Journal of Organizational Behavior，2000，21(1)：3-23.

[256] PODSAKOFF P M，MACKENZIE S B，LEE J，et al. Common method biases in behavioral research：a critical review of the literature and recommended remedies[J]. Journal of Applied Psychology. 2003，88(5)：879-903.

[257] JOHNSON S K，HOLLADAY C L，QUINONES M A. Organizational citizenship behavior in performance evaluations：distributive justice or injustice？[J]. Journal of Business and Psychology，2009，24(4)：409-418.

[258] 郭志刚. 社会统计分析方法：SPSS 软件应用 [M]. 2 版. 北京：中国人民大学出版社，2015.

[259] NUNNALLY J. Psychometric theory[M]. New York：McGraw- Hill，1978.

[260] 侯杰泰，温忠麟，成子娟. 结构方程模型及其应用 [M]. 北京：教育科学出版社，2004：41-171.

[261] BENTLER P M，YUAN K. Structural equation modeling with small sample：test statistics[J]. Multivariate Behavioral Research，1999，34(2)：181-197.

[262] HU L，BENTLER P M，KANO Y. Can test statistics in covariance structure analysis be trusted？[J]. Psychological Bulletin，1992，112(2)：351-362.

[263] SCHUMACKER R E，LOMAX R G. A beginner' s guide to structural equation modeling[M]. 2nd ed. Mahwah：Lawrence Erlbaum Associates Publishers，2004.

[264] 吴明隆. 结构方程模式 SIMPLIS 的应用 [M]. 2 版. 台北：五南出版社，2008.

[265] JÖRESKOG K G，SÖRBOM D. LISREL 8：structural equation modeling with the SIMPLIS command language[M]. Chicago，IL，US：Scientific Software International，1993.

[266] MARSH H W，WEN Z，HAU K. Structural equation models of latent interactions：evaluation of alternative estimation strategies and indicator construction[J]. Psychological Methods，2004，9（3）：275-300.

[267] GERBING D W，ANDERSON J C. An updated paradigm for scale development incorporating unidimensionality and its assessment[J]. Journal of Marketing Research，1988，25（2）：186-192.

[268] 杨国枢，文崇一，吴聪先，等. 社会及行为科学研究法：上册 [M]. 13 版. 重庆：重庆大学出版社，2006.

[269] BAGOZZI R P，YI Y. On the evaluation of structural equation models[J]. Journal of the Academy of Marketing Science，1988，16（1）：74-94.

[270] BAGOZZI R P，Yi Y，PHILLIPS L W. Assessing construct validity in organizational research[J]. Administrative Science Quarterly，1991，36（3）：421-458.

[271] 温忠麟，侯杰泰，马什赫伯特. 结构方程模型检验：拟合指数与卡方准则 [J]. 心理学报，2004，36（2）：186-194.

[272] KAISER H F. An index of factorial simplicity[J]. Psychometrika，1974，39（1）：31-36.

[273] PODSAKOFF P M，MACKENZIE S B，LEE J，et al. Common method biases in behavioral research：a critical review of the literature and recommended remedies.[J]. Journal of Applied Psychology，2003，88（5）：879-903.

[274] WHEELER A R，GALLAGHER V C，BROUER R L，et al. When person-organization（mis）fit and（dis）satisfaction lead to turnover：the moderating role of perceived job mobility[J]. Journal of Managerial Psychology，2007，22（2）：203-219.

[275] VERQUER M L，BEEHR T A，WAGNER S H. A meta-analysis of relations between person-organization fit and work attitudes[J]. Journal of Vocational Behavior，2003，63（3）：473-489.

[276] 刘小平. 组织承诺研究综述 [J]. 心理学动态，1999，7（4）：31-37.

[277] CHO S，JOHANSON M M，GUCHAIT P. Employees intent to leave：a comparison of determinants of intent to leave versus intent to stay[J]. International Journal of Hospitality Management，2009，28（3）：374-381.

[278] DAWLEY D，HOUGHTON J D，BUCKLEW N S. Perceived organizational support and turnover intention：the mediating effects of personal sacrifice and job fit[J]. The Journal of Social Psychology，2010，150（3）：238-257.

[279] JOHNSON S K，HOLLADAY C L，QUINONES M A. Organizational citizenship behavior in performance evaluations：distributive justice or injustice？[J]. Journal of Business and Psychology，2009，24（4）：409-418.

[280] TSUI A S, PEARCE J L, PORTER L W, et al. Alternative approaches to the employee-organization relationship: does investment in employees pay off? [J]. Academy of Management Journa, 1997, 40(5): 1089-1121.